U0846143

普通高等教育会计类专业系列教材

成 本 会 计

（第三版）

主 编 王会云 王思武 张 娟

副主编 喻 骅 智 浩 吴 雷

科 学 出 版 社

北 京

内 容 简 介

本书以会计法为指导，依据最新的《企业会计准则》《企业财务通则》，以及企业会计制度，重点阐述成本会计的基本理论、费用核算及产品成本核算方法等内容；同时，本书也概括介绍成本管理的方法、成本报表的编制和分析及其他行业的成本核算等。

本书除了全面、系统、科学地介绍成本会计的经济业务、基本方法和基本程序，还在每章节内容的编排上进行创新。例如，在每章的章首增加“内容提要”“知识结构”“导入案例”，每节设置“问题与思考”。每章的“导入案例”可以很快抓取学生的注意力，再配合每节的“问题与思考”，能够很好地调动学生学习成本会计的积极性和主动性。本书通过对章节结构编排的创新，能够使读者清楚每章内容的重点和难点。

本书既可作为普通高等院校会计学、财务管理、审计学等经管类专业学生的学习用书，也可作为从事成本管理等相关工作的会计从业人员、自学会计专业人员的参考用书。

图书在版编目（CIP）数据

成本会计/王会云，王思武，张娟主编．—3 版．—北京：科学出版社，2022.2

（普通高等教育会计类专业系列教材）

ISBN 978-7-03-070370-5

Ⅰ．①成… Ⅱ．①王… ②王… ③张… Ⅲ．①成本会计-高等学校-教材 Ⅳ．①F234.2

中国版本图书馆 CIP 数据核字（2021）第 218713 号

责任编辑：任锋娟 王 琳 / 责任校对：赵丽杰

责任印制：吕春珉 / 封面设计：东方人华设计部

科 学 出 版 社 出版

北京东黄城根北街 16 号

邮政编码：100717

http://www.sciencep.com

三河市中晟雅豪印务有限公司 印刷

科学出版社发行 各地新华书店经销

*

2006 年 11 月第 一 版 2022 年 2 月第十次印刷

2016 年 1 月第 二 版 开本：787×1092 1/16

2022 年 2 月第 三 版 印张：16 1/2

字数：391 000

定价：49.00 元

（如有印装质量问题，我社负责调换〈中晟雅豪〉）

销售部电话：010-62136230 编辑部电话：010-62135763-2015（HF02）

版权所有，侵权必究

第三版前言

成本会计是一门理论与实践并重、应用性很强的学科。为了更好地服务于应用型大学培养高素质应用型财会专业人才的需求，编者在多年从事成本会计一线教学和从业实践经验的基础上，紧密结合成本会计学科的最新发展动态，对《成本会计》进行了重新组织编写，从而形成本书。本书具备以下几个特点。

1）内容的应用性更强。本书的编写人员多为“双师型”教师，长年从事一线教学，又具有丰富的实践经验。本书每章章首增加“内容提要”“知识结构”“导入案例”；每节增加“问题与思考”；每章结尾处均设置“本章小结”，并根据每章内容需要增加不同练习，如“理论知识练习”“实务操作练习”“案例分析题”“案例讨论题”。这样设置使本书无论是对教师授课还是对学生自学使用，都体现了更强的应用性。

2）使用的对象更具体。本书内容主要适用于普通高等院校培养高素质、应用型会计学、财务管理、审计学等经管类本科专业人才。因此，本书在知识的广度与深度、方法及应用上的难度不是很高。

3）更加强调时效性。本书根据我国最新发布的《企业会计准则》和会计法律法规进行编写。例如，使用最新的会计科目，所有的案例、习题都结合最新的税收制度而编制。

本书由王会云、王思武、张娟担任主编，由喻骅、智浩、吴雷担任副主编，具体的编写分工如下：第一章、第二章、第六章由王会云编写，第三章、第十一章由喻骅编写，第四章、第五章由张娟编写，第七章、第八章由王思武编写，第九章由智浩编写，第十章由吴雷编写。全书最后由王会云总纂、修改和定稿。

编者在编写本书的过程中参考了许多专家、学者的研究成果，在此向相关作者表示诚挚的谢意。

受编者的水平和时间所限，书中难免有不足之处，恳请各位读者批评指正。

编　者

2021 年 3 月

第一版前言

随着社会主义市场经济的逐步完善和现代企业制度的建立，企业只有不断强化经营管理，才能在激烈的市场竞争中得以生存和发展。成本管理是企业经营管理的重要组成部分，掌握和运用成本会计理论和基本方法，对于降低产品成本、提高企业经济效益有着重要意义。

本书吸收现代会计理论的最新研究成果，结合我国会计改革的实践和高等教育会计教学的经验，注意与相关学科的内容衔接，注意理论联系实际，内容完整，具有较强的理论性、实用性和可操作性。

本书具有以下特点。

1）以制造业为主，比较全面地介绍了不同行业的企业生产经营成本的会计核算方法，因而具有较强的实用性。

2）紧密联系当前成本工作的要求，突出实务，注意兼顾会计技术职称考试科目《成本会计》的考试大纲和注册会计师考试的要求，强调实践性操作。

3）在阐述上力求深入浅出，层次清晰，文字简明扼要，内容浅显易懂。每章后附有习题，使学生得到系统训练。

4）突出教学要点，既有利于学生突破学习重点和难点，又为教师扩展教学内容留有余地。

本书由谢培苏编写第一、二、六、七、八、九、十、十一、十四、十五、十六章，牟伟明编写第三、四、五章，王会云编写第十二、十三章。东南大学陈良华教授担任主审。

由于编者学识和时间有限，书中难免会有不足及疏漏之处，恳请读者批评指正。

目　录

第一章　总　　论

内容提要

本章内容分为四节，分别介绍成本的含义、分类及作用，成本会计的演进发展与学科定位，成本会计的职能与任务，成本会计的对象和工作组织等。通过学习本章内容，重点理解成本的含义及分类，了解成本会计的演进发展、职能和任务，熟悉成本会计的对象和工作组织，为后续学习成本核算方法做好理论铺垫。

知识结构

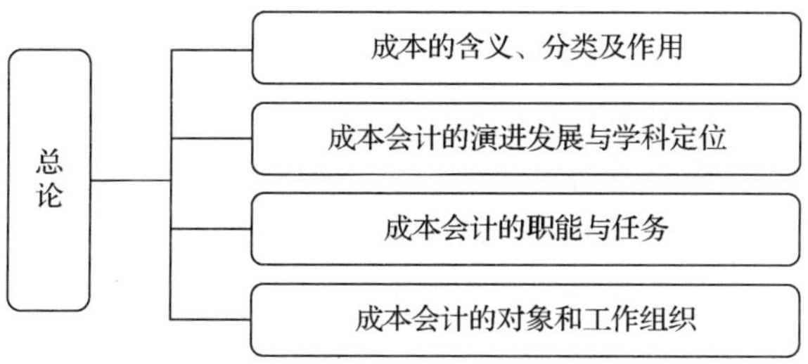

导入案例

【资料】李乐和王明于2020年7月大学毕业后共同出资300万元，开办了一家服装厂。他们招聘了5名管理人员、10名技术工人，经过6个月的筹建后，开始生产服装；其中，筹建期内支付员工薪酬5万元、办公费2万元、差旅费1万元、业务招待费2万元，购入一批生产设备100万元（使用寿命10年）、办公设备12万元（使用寿命5年），支付借款利息3万元、注册登记费0.5万元；当年生产经营6个月，发生服装生产用材料费60万元，支付服装设计费3万元、职工薪酬30万元（其中，行政管理人员薪酬10万元），产品广告费用3万元，产品销售收入230万元。

【问题】根据上述资料，思考并讨论以下问题。

1）如何区分企业的支出、费用和成本？区分企业的成本与费用在企业经营管理中是否重要？

2）经过半年筹建、半年运营后，你认为该服装厂是盈利还是亏损？具体如何计算？

第一节　成本的含义、分类及作用

成本作为一个价值范畴，在社会主义市场经济中是客观存在的。加强成本管理，努力降低成本，无论是对提高企业经济效益，还是对提高整个国民经济的宏观经济效益，都是极为重要的。要做好成本管理工作就必须首先从理论上充分认识成本的含义。

一、成本的含义

无论在经济学还是会计学中，成本都是一个非常重要的概念，也是会计人员应当掌握并熟练运用的一个会计术语。在现实的经济管理工作中，成本问题无所不在、无时不有。因此，学习成本会计，首先必须明确成本的经济本质及其含义。

何谓成本？从一般意义上理解，成本可以被理解为从事某种生产经营活动花费的本钱或耗费的货币。关于货币耗费，通常涉及以下几个问题：第一，是谁耗费了货币？即成本主体问题。第二，货币是为何种经营活动耗费的？即成本客体问题。第三，货币耗费在哪些用途上？即成本要素问题。第四，耗费的货币代表了什么样的经济关系？即成本性质问题。对于上述问题的不同回答，可以引出不同学科对成本概念的不同理解。

（一）政治经济学对成本概念的理解

在政治经济学中，成本是属于价值范畴的一个概念。根据马克思的成本价格理论，商品价值（W）＝物化劳动价值（C）＋活劳动价值（V）＋剩余价值（M）。在此表述中，马克思把商品的价值（W）分为生产中所消耗的生产资料价值（C）、劳动者为自己劳动创造的价值（V）和劳动者为社会劳动创造的价值（M）三个组成部分。马克思分别从耗费和补偿两个角度对成本进行了论述：从耗费的角度看，成本是商品生产中所消耗的物化劳动和活劳动中必要劳动的价值，即 $C+V$ 部分，它是成本最基本的经济内涵；从补偿的角度看，成本是补偿商品生产中资本消耗的价值尺度，即成本价格，它是成本最直接的表现形式。

概括来说，成本的经济内容包括三个方面：首先是产品生产过程中消耗的劳动对象的转移价值，如材料消耗、燃料耗费、动力耗费等；其次是产品生产过程中劳动资料磨损转移的价值，如机器设备、厂房等固定资产的折旧费，工具、模具等低值易耗品的摊销费；最后是劳动者的社会必要劳动转移的价值，表现为工资性支出。上述三个方面的内容构成了产品的“理论成本”，也是规范成本开支内容的客观依据。

在实际工作中，为了促使企业加强经济核算，节约资源耗费，减少生产损失，对于劳动者为社会创造的价值（如利息、部分税金等企业支出），以及不形成产品价值的损失（如废品损失、停工损失等），也允许计入产品成本；为了简化成本核算工作，对于难以按产品归集的某些属于 C 或 V 的耗费，作为期间费用直接计入当期损益。因此，企业实际生产经营成本的构成和范围由国家通过有关法规制度来界定，与理论成本有一定的差别。

问题与思考

➢ 查阅资料分析春秋航空是如何获得较好的经营业绩的。

（二）会计学对成本概念的理解

在会计学中，成本是一个既简单又复杂的概念。有关成本概念的界定源于对成本构成内容的不同认识，如从成本计算对象方面考虑所形成的产品成本概念和目的物成本概念等。美国会计学会与标准委员会将成本定义为：成本是为了实现一定的目的而付出的（或可能付出）用货币测定的价值牺牲。

在财务会计中，使用成本概念有两个目的：一是资产计价，即成本是为取得资产或某种利益所发生的资金耗费，如将各种资产的购置支出定义为资产的取得成本；二是将成本同费用区别开来。成本的实质是价值牺牲或利益放弃，主要表现为资金的耗费，目的是为了形成资产。费用是企业在销售商品、提供劳务等日常活动中所发生的经济利益的流出，是需要在利润表中与收入进行配比的要素项目。费用也可以理解为是伴随资产的减少而由成本转化而来的。在财务会计中一般只考虑明显成本（生产者在生产要素市场上购买或租用所需要的生产要素的实际支出），这是为满足货币计量假设与权责发生制假设的要求。

在管理会计中，成本是用于企业内部经营管理的各种成本的总称，主要包括变动成本、机会成本、边际成本、差别成本、沉没成本、责任成本、质量成本等。由于要借助成本信息进行各种经营决策，管理会计中的成本概念更接近经济学中的成本概念，既考虑从货币支出层面上界定的明显成本，也考虑隐含成本。隐含成本是指生产者自己所拥有的且被用于该企业生产过程中的那些生产要素的总价格。

由此，我们可以看出，会计学对成本概念的理解更加概括，会计学成本不仅能用来解释产品成本，还能用来解释实际工作中遇到的各种成本。会计学成本的一般含义是：成本是特定会计主体为了达到一定目的而发生的可以用货币计量的代价。具体包括以下几层含义。

1）成本必须发生于某一特定的会计主体。

2）成本的发生是有目的的。

3）成本能够或应该能够用货币来加以计量。

4）为了满足经营管理的实际需要，管理者应使用不同的成本概念。

二、成本的分类

由于成本的含义会随着服务对象的不同而不同，因此，为了满足“不同的成本服务于不同的目的”的需要，我们有必要了解成本的各种分类，正确理解不同分类标准下各种成本的含义。

（一）按企业经营目标的不同分类

根据社会分工对各类企业的划分，除了工业企业，还有交通运输业、建筑施工企业、商品流通企业、邮电通信企业、种植养殖业、饮食旅游服务业、金融保险业等各类企业。这些实行独立经济核算的企业，都需要按照企业自身生产经营特点组织成本核算。因此，按企业经营目标的不同，可以将企业成本划分为生产性成本和服务性成本两大类。

1. 生产性成本

生产性成本是指生产性企业为生产一定质量和数量的产品，在生产要素上耗费的物化劳动（C）和生产者必要的活劳动（V）的补偿价值。生产性企业是指那些通过一系列生产工艺过程，采用一定的技术方法，将投入的生产要素有机结合起来，生产出具有某种使用价值和实物形态产品的企业。生产性企业包括工业企业、建筑施工企业、种植养殖企业等。这类企业的劳动成果都有特定的实物形态，能够以产品产出的地点和时间确定成本计算对象、归集生产费用，从而计算产品成本。生产性成本可分为制造成本和非制造成本，具体如下。

（1）制造成本

制造成本通常由直接材料、直接人工和制造费用构成，是产品生产过程中所发生的成本。直接材料是指加工后直接构成产品实体或主要部分的材料成本。直接人工又被称为直接工资，是指生产过程中对材料进行直接加工制成产品所耗用的生产工人的工资薪酬。制造费用通常是指生产中所发生的除直接材料及直接人工以外的其他费用，通常由间接材料、间接人工和其他制造费用三个部分构成。

在制造成本中，直接材料与直接人工的和一般被称为主要成本，而直接人工和制造费用的和被称为加工成本。制造成本是否应全额作为产品成本处理，须根据成本计算方法来确定。在完全成本计算模式下，制造成本全额作为产品成本处理；但在变动成本计算方法下，只将制造成本中的直接材料、直接人工和变动制造费用作为产品成本，固定制造费用则作为期间成本处理。

（2）非制造成本

对生产企业而言，非制造成本应被视为期间费用，也被称为经营管理费用，主要包括管理费用、财务费用和销售费用。

2. 服务性成本

服务性成本是指服务性企业为提供某种劳务在生产要素上个别耗费的物化劳动（C）和提供劳动者必要的活劳动（V）的补偿价值。服务性企业是指那些以具有某种服务功能的设施，满足某方面需要的企业，包括交通运输企业、商品流通企业、邮电通信企业、饮食宾馆旅游企业、金融保险企业等。这类企业的劳动成果一般不具有实物形态，只能按照提供劳务的性质、数量和质量，归集所发生的经营费用，计算成本。

（二）按成本与特定对象的关系分类

按成本与特定对象的关系，成本可分为直接成本和间接成本。

1. 直接成本

直接成本是指与某一特定对象（产品、劳务、加工步骤或部门）之间具有直接联系，可按特定标准直接归属于该对象的成本。由于直接成本可直接归属于某一特定对象，故直接成本又被称为可追溯成本。

2. 间接成本

间接成本是指与某一特定对象之间没有直接联系，无法按某一特定标准直接归属有关对象的成本。由于间接成本的发生与许多对象都有联系，只有选择适当的分配标准在各对象之间进行分配，才能归属于某一特定对象，因此，间接成本又被称为共同成本。

将成本划分为直接成本和间接成本，对于正确计算产品成本十分重要。凡是直接成本，必须根据原始凭证直接计入该种产品的成本计算对象；凡是间接成本，则要选择合理的分配标准分配给相关的成本计算对象。分配标准是否恰当，将直接影响成本计算的正确性。

（三）按成本与业务量的依存关系分类

按成本与业务量的依存关系（即成本性态），成本可分为变动成本、固定成本与混合成本三类。

1. 变动成本

变动成本是指其发生总额随业务量（可以是产量，也可以是直接人工小时、机器小时或其他）的变动而正比例增减变动的成本。但就单位成本变动而言，则是固定的，如直接材料、直接人工汇总的计件工资等。

2. 固定成本

固定成本是指在相关范围内其发生总额不随业务量的增减变动而变动的成本。但就单位固定成本而言，则是随业务量的增减变动呈反向变动。根据固定成本形成的原因，固定成本又可以进一步划分为约束性固定成本和酌量性固定成本两类。例如，厂房、机器设备的折旧、保险费等就属于约束性固定成本；而研究开发费、广告宣传费等属于酌量性固定成本。

3. 混合成本

混合成本是指其发生总额虽受业务量变动的影响，但其变动幅度并不与业务量的变动保持严格的比例关系的成本。也就是说，混合成本同时兼有变动成本和固定成本的特征，并可视具体情况进一步划分为半变动成本和半固定成本。对于混合成本，为了便于管理，应采用适当的方法将其分解为变动成本和固定成本两部分。因此，根据成本的属性，从根本上说，混合成本只有变动成本和固定成本两大类。

将成本划分为变动成本和固定成本两类，对于成本的预测、决策和分析，特别是控制和寻求降低成本的途径具有重要的作用。

（四）按成本在经济工作中的作用分类

成本在经济工作中的作用，除了满足考核企业耗费水平、正确计算企业损益的需要，还必须为企业的生产经营决策提供依据。为此，按成本在经济工作中的作用，可以将企业成本划分为财务成本和管理成本两大类。

1. 财务成本

财务成本是根据国家统一的财务和会计法规及制度核算出来的，用于编制财务报表和从事企业内部管理的成本。财务成本也被称为法定成本或制度成本。目前，我国会计核算都是按照这种成本入账的。正确计算企业的财务成本，对于保证合理的价值补偿，正确计算企业期末存货价值和盈利，考核企业成本费用水平，按照税法规定计算企业利润，缴纳税金，具有重要的意义。

财务成本在企业中有多种多样的表现形式。例如，在生产性企业中，财务成本还可以进一步划分为采购成本、生产成本和期间成本等。

2. 管理成本

管理成本是指用于企业内部经营管理的各种成本的总称，是根据财务成本和其他有关资料进行不同的归类、分析和调整后计算出来的，是对财务成本的进一步深化和发展。管理成本着重为企业管理部门的预测、决策、控制和业绩评级等职能服务。在实际工作中，为适应经营管理的需要，企业会运用不同的成本概念。

（1）付现成本和沉没成本

付现成本和沉没成本是按费用发生是否需要支付现金等流动资产来划分的。

付现成本是指某项决策引起的、需要在将来动用现金等流动资产的成本，它是未来成本。企业在短期经营决策中，其付现成本的大小往往会决定企业最终方案的选择。企业在取舍决策方案时，特别是当企业的资金处于紧张状态、向市场筹措资金比较困难时，往往会因支付能力的不足放弃付现成本低的方案而选择总成本较高的方案。只有符合企业目前实际支付能力的方案，才算得上是最优方案。付现成本往往是企业在制定决策时需要考虑的一种成本。

沉没成本是指过去的决策所引起的并已经支出的且现在的决策不能改变的成本。该成本的发生不需要动用本期现金等流动资产，它所涉及的是以前的付现成本，如固定资产的折旧费用、无形资产的摊销费用等。从广义上说，凡是过去已经发生的、不是目前决策所能改变的成本，都是沉没成本；从狭义上说，沉没成本是指过去发生的、在一定情况下无法补偿的成本。沉没成本往往是一种与决策无关的成本。

从决策角度看，不同时期发生的成本对决策会产生不同的影响。因此，区分付现成本与沉没成本有助于正确判断成本的时效性，避免决策失误。

（2）历史成本和重置成本

历史成本和重置成本是以资产不同时期的价值作为计量依据来划分的。

历史成本是指根据实际已发生的支出而计算的成本。例如，购买的材料，按照购入时的买价、运费及其他采购费用作为其历史成本；自制的设备，按照该设备所消耗的材料、人工及制造费用等作为该设备的历史成本。历史成本是财务会计中的一个很重要的概念。由于历史成本具有客观的参考价值，因此，在计算资产的价值和企业的净收益时，一般用历史成本作为确定销售成本的依据。但在物价波动较大的情况下，如果生产周期较长，用较早购入的原材料的历史成本与现时的产品售价相配比，所计算出的利润就会显得偏高而不够客观，特别是当企业将所获利润全部分配完时，对于由销售收入的实现所补偿的原材料成本，因物价的上涨而无法采购到相同数量的原材料，这样会影响企业的再生产活动。由于历史成本已经发生或支出，它对企业未来的决策不存在影响力。

重置成本也被称为现行成本，是按照现在的市场价格购买与目前所持有的某项资产相同或相似的资产所需付出的成本，它带有现时估计的性质。与财务会计不同，管理会计立足现在，面向未来，强调信息的相关性。因此，在有关的决策中，如企业定价决策，侧重考虑的是重置成本信息，而不是历史成本信息。

由于通货膨胀、技术进步等因素，某项资产的重置成本与历史成本之间的差异比较大，企业在制定决策时，不能根据历史成本来估值，而应该以重置成本为依据。

（3）相关成本和非相关成本

相关成本和非相关成本是按费用的发生是否与所决策的问题相关来划分的。

相关成本是指与特定决策相关、决策时必须加以考虑的未来成本。例如，当决定是否接受一批订单时，生产该批订单所需发生的各种成本即为相关成本。相关成本通常随决策的产生而产生、随决策的改变而改变，从根本上影响着决策方案的取舍。属于相关成本的有差量成本、边际成本、机会成本、付现成本、专属成本、重置成本等。

非相关成本是指与特定决策不相关的成本，因而企业制定决策时可以不予以考虑。例如，接受特殊订货时，原有的固定成本就属于非相关成本，因为即使不接受这批特殊订货，这些固定成本也照样发生。非相关成本不随决策的产生而产生，也不随决策的改变而改变，对决策不具有影响力。属于非相关成本的有历史成本、沉没成本、共同成本等。

区分相关成本和非相关成本，可以使企业在决策中避免把精力耗费在收集那些无关紧要的信息和资料上，减少得不偿失的劳动。

（4）机会成本

机会成本是指企业在做出最优决策时必须考虑的一种成本。

机会成本是指从多个可供选择的方案中为选取一种最优方案而放弃次优方案的收益。由于资源的稀缺性，资源用于某一方案就不能同时用于另一方案。为了保证经济资源得到最佳的利用，即选择资源利用的最优方案，在分析所选方案（机会）的收益时，就要将所放弃方案中的最高收益额视作选定方案所付出的代价，这种被放弃的次优方案的最高收益额即为所选方案的机会成本。在选择最优方案时，如果考虑了机会成本，所选方案的收益仍为正数，则该方案即为最优方案；如果考虑了机会成本后，所选方案的收益为负数，则该方案就不是最优方案。

机会成本不是实际所需支付的成本，也不记入账簿，有时甚至难以计量。但是，为了保证所做决策是最优的，企业就要将机会成本作为一个现实的重要因素加以考虑。

由于人们对成本的认识不同，经营管理决策中对成本指标的需要亦不一样。作为重要的会计信息，成本可以按照不同的标准进行分类，以满足企业成本管理的不同需要。

三、成本的作用

在市场经济条件下，成本在经济管理中具有极其重要的作用。

（一）成本是补偿企业生产耗费的尺度

为了保证再生产的顺利进行，企业生产中的耗费必须从商品销售收入中得到补偿。整个补偿数额的多少，是以成本作为衡量尺度的。只有按成本数额得到足够的补偿，才能保证企业再生产的正常进行，否则，企业正常生产就会受到威胁。除此之外，企业除了用收入补偿耗费，还必须有盈余，这样才能满足企业简单再生产和扩大再生产的需要，进而满足社会的需要。企业盈余的多少主要取决于成本的高低，在产品销售价格不变的情况下，降低成本，就会使企业的盈利水平上升。因此，成本作为补偿尺度对确定企业经营损益，正确处理企业和国家之间的分配关系，也具有非常重要的意义。

（二）成本是反映企业工作质量的一个综合指标

因为成本是生产耗费的综合反映，所以产品设计的好坏、生产工艺是否合理、固定资产的利用情况、费用开支的节约和浪费、劳动生产率的高低、产品质量的好坏、管理工作和生产组织的水平及供产销环节是否协调等，即企业全部工作的好坏，最终都会在成本指标的高低上反映出来。因此，成本是衡量企业生产经营活动质量的综合指标。由于成本的高低涉及企业所有部门和全体员工，是一项综合性的经济指标，因此，需要所有部门和全体员工的共同努力，这样才能使成本水平不断降低。

（三）成本是企业进行产品价格制定的一项重要因素

在商品经济中，产品价格是产品价值的货币表现。产品价格应大体上符合产品的价值。无论是国家还是企业，在制定产品价格时都应遵循价值规律的基本要求。但在现阶段，人们还不能直接计算产品的价值，而只能计算产品的成本，通过成本间接、相对地掌握产品的价值。因此，成本就成了影响产品价格的重要因素。

当然，产品的定价是一项复杂的工作，应考虑的因素有很多，如国家的价格政策及其他经济政策、各种产品的比价关系、产品和市场上的供求关系及市场竞争态势等。因此，可以说产品成本只是影响产品价格的重要因素之一。

（四）成本是企业进行经营决策的重要依据

在市场经济条件下，企业要在激烈的竞争中取胜，就要面向市场，对生产计划的安排、工艺方案的选择、新产品的开发等采用现代化管理的手段进行经营预测，从而做出正确的决策。同时，为了更好地对企业进行控制，还必须定期或不定期地对企业的生产经营情况进行分析，从而采取有效措施，促使企业完成各项计划任务。只有及时提供准确的成本资料，才能使预测、决策和分析等活动建立在可靠的基础上。所以，成本指标就成为企业进行预测、决策和分析的重要数据资料。

第二节 成本会计的演进发展与学科定位

一、成本会计的演进发展

成本会计是随着商品经济的发展和管理水平的提高而逐步形成并不断发展起来的。

（一）成本会计的产生（20 世纪 20 年代以前）

有关史料记载，早在 16 世纪的欧洲就出现了成本会计的萌芽。当时大多数手工工场采用自己独创的成本计量方法来控制和降低成本消耗量，成本计量主要借助统计方法来实现，成本记录大都是在会计账户之外进行的。17～18 世纪，手工业发展相对迟缓，在手工业中依旧采用传统的商业会计账户体系和簿记方法，成本会计没有受到重视，成本会计学科发展缓慢。

成本会计作为一个完整的理论与方法体系，形成于工业革命之后。19 世纪，随着英国工业革命的完成，机器化生产代替了手工劳动，工厂制代替了手工工场，企业规模不断扩张，需要大量资金购买昂贵的生产设备，致使折旧费用大幅增长，加之生产工艺的日益复杂及产品品种日趋多样化，间接费用的分配成为企业成本计算的一大难题。同时，由于企业间的竞争日趋加剧，企业管理汇总需要提供比较准确的成本数据；为了满足有关各方对成本信息资料的需求和企业管理的需要，重视成本、提高成本的准确性已成为必然趋势；成本计算由统计核算逐步纳入复式账簿系统，成本核算与会计核算逐步结合起来，成本记录与会计记录开始一体化，从而形成了真正意义上的成本会计。

成本会计在这一阶段取得了长足的发展，但其目的仅局限于对生产过程中的生产消耗进行系统的汇集与计算，以确定存货成本和销货成本，采用的主要是比较传统的分批法和分步法，实质上还属于以记录为主的成本会计。

问题与思考

- 查阅资料了解我国成本会计的起源。
- 泰勒科学管理思想的核心是什么？

（二）成本会计的发展（20 世纪 20 年代至 80 年代中期）

资本主义的工业革命给企业迅速发展提供了社会和物质技术等条件，与此同时，伴随工人运动的兴起，资本家再也不能无限制地延长工人的劳动时间、提高工人的劳动强度。另外，企业赖以生存的外部环境也日趋复杂，竞争越来越激烈，因此，单纯的事后核算型成本会计已经满足不了企业管理和社会的需求。在这种双重压力下，成本会计得以不断发展。

改革首先来自 19 世纪末期未受传统成本会计观念约束的工程管理界。在工程师和会计师的共同努力下，标准成本制度逐步从理论实验阶段转入实施阶段，为生产过程的成本控制提供了条件。

同时，由于重工业的发展和劳动分工的细化，企业预算编制问题也日益复杂化，传统的经验估计方法已经不适用。科学管理运动对预算编制的完善也起到了促进作用。但标准成本制度完全确立之后，预算编制也随之逐渐完善和系统化。由此，成本计算方法和管理方法有了明显的突破，成本会计不仅事后计算成本，还向事中、事前发展。这种全方位的管理扩展了成本会计的职能。成本会计从此进入了黄金发展阶段，即近代成本会计阶段。

新技术在 20 世纪三四十年代得到广泛的应用和发展，极大地推动了整个社会及经济的发展。伴随社会资本开始高度集中、跨国公司日渐增多、企业规模不断扩张、生产经营日趋多元化的新形势的出现，过分强调生产管理和生产效率的泰勒科学管理方法显现出诸多不足。此时，涌现出“行为科学”“数量管理”“决策学派”“权变学派”等多种管理思想和管理方法，为成本会计的发展提供了理论和工具上的帮助，使得成本会计的内涵和外延有了很大的发展，由过去只重视满足外部财务报表使用者的需要，转而开始重视内部管理决策和控制的需要；由只对实际成本的计量，扩展为对实际成本和未来预期成本的计量；由只建立单一成本计量模式，扩建为建立多元成本计量模式，满足多用户和多目标的需要。

第二次世界大战后，美国公司的规模越来越大，其企业管理思想越来越复杂，其企业管理开始由集权制转向分权制。为加强对企业内部各级、各单位的考核，责任会计的思想出现了。责任会计主张在企业内部建立成本中心、利润中心和投资中心，强化对责任中心的业绩考核，从而使成本目标进一步转化为各级、各单位的责任成本，使成本的控制更为有效。

20 世纪 50 年代，质量成本受到了关注。到 60 年代，质量成本概念基本形成，并确定了质量成本项目，以及质量成本的计算和分析方法。就在同一时期，目标成本的管理方法开始受到人们的重视，目标管理与全面预算的结合，使得成本管理朝目标化方向迈进。

上述方法的提出促进了成本会计的蓬勃发展，但其理论还不成熟，因此在信息化到来之前，成本会计的发展相对比较缓慢。

（三）成本会计面临的机遇和挑战（20 世纪 80 年代中期至今）

伴随着信息化的不断加剧，企业现有的管理理论和管理方法，以及现行的成本会计理论和计量模式都受到了巨大的冲击，但同时信息化也为成本会计的发展提供了前所未有的机遇。

随着新的管理技术的不断涌现，相继出现了全面质量管理（total quality management，TQM）、敏捷制造（agile manufacturing，AM）、准时制（just in time，JIT）、企业资源计划（enterprise resource planning，ERP）和供应链管理（supply chain management，SCM）等方法。在新的管理环境下，原有的成本会计理论和计量模式暴露出一些问题：一是成本重心的前移，使传统的成本信息出现“时滞”。相关资料显示，制造业产品的 75%以上的成本在研发阶段已经确定，只注重生产过程中核算和控制的成本计量模式容易导致信息失真。二是传统的成本会计过分追求量而忽略质，从而不够关心核心竞争力，与现代管理思想不符合。三是传统成本管理基准点是短期的，反映企业短期的成本信息，将固定成本进行短期的期间化处理，淹没了大量的战略信息，使企业绩效难以真正得到体现。四是传统成本将间接费用简单处理，没有揭示业务活动背后真正的成本动因。因此，成本会计必须进行变革，以适应现代化管理的需要，协助管理者在新环境下进行有效的管理控制。由此可见，环境造就了成本会计的发展，随着成本理论和实践的不断深入，也涌现出许多新的成本计量方法，如作业成本法等。

尽管近年来许多新的成本会计方法和思想层出不穷，但迄今为止仍未能形成一套公认的行之有效的成本会计体系。因此，建立一个立足于信息化社会，满足不断发展的现代管理要求的系统的成本会计理论体系，是企业当前乃至今后很长一段时间需要面对的紧迫课题。

二、成本会计的学科定位

成本会计的学科定位开始受到关注，是在其发展成为一个相对完整的理论和方法体系之后。成本会计与财务会计和管理会计有着密切的、内在的联系。财务会计中关于资产的计价及其价值耗费的核算是成本核算的基础，反过来，财务会计也要依据成本会计所提供的有关成本费用信息进行存货等资产的计价和利润的计算确定。管理会计是在成本会计的基础上产生和发展起来的，它的诸多方面都与成本有关，成本会计所提供的信息是管理会计所需资料的重要来源。

早期，成本会计隶属于财务会计体系，因其主要服务于对外报告所需的销货成本和存货成本等信息。近年来，随着企业面临的竞争日益加剧，企业管理水平的提升，企业内部管理对成本信息的要求越来越高，成本会计也越来越多地服务于企业的内部管理。由此，成本会计成为既为财务会计服务又为管理会计服务的一个相对独立的学科。而且，由于内部管理的迫切需要，为管理会计服务的成本会计理论和方法得以长足的发展，管理会计越来越依赖丰富、准确的成本信息。因此，有人将这部分成本会计的内容与管理会计合称为成本管理会计。

综上所述，现代成本会计是成本的总体框架下的一部分相对独立的内容，既服务于财务会计又服务于管理会计，而且有越来越偏重管理会计的趋势。

第三节　成本会计的职能与任务

一、成本会计的职能

由于现代成本会计与管理紧密结合，因此，成本会计的职能实际上包括成本管理的事前、事中和事后的各个环节。现代成本会计的主要职能有成本预测、成本决策、成本计划、成本控制、成本核算、成本分析和成本考核。

（一）成本预测

成本预测是指根据与成本有关的各种数据及其各种技术经济因素的依存关系，采用一定的程序、方法和模型，对未来的成本水平及其变化趋势做出科学的推测。通过成本预测，可以减少生产经营的盲目性，有利于选择最优方案，挖掘降低成本、费用的潜力。

（二）成本决策

成本决策是指在成本预测的基础上，按照既定的要求和目标，运用专门的方法，在若干个与生产经营和成本有关的方案中，选择最优方案，据以制定目标成本。成本决策对于促进企业正确地制定成本计划、提高经济效益具有十分重要的意义。

（三）成本计划

成本计划是指根据成本决策所制定的目标成本，具体规定在计划期内为完成经营活动所需支出的成本、费用，确定各种产品的成本水平，并提出为达到目标成本水平所应采用的各种措施。成本计划是降低成本、费用的具体目标，也是进行成本控制、成本分析和成本考核的依据。

（四）成本控制

成本控制是指在生产经营过程中，根据成本计划具体制定原材料、燃料、动力和工时等消耗定额及各项费用定额，对各项实际发生的成本、费用进行审核、控制，并及时反馈实际费用和标准之间差异及其原因，进而采取措施，以保证成本计划的顺利执行。

（五）成本核算

成本核算是指对生产经营过程中实际发生的成本、费用按照一定的对象和标准进行归集与分配，并采用适当的成本计算方法，计算出各对象的总成本和单位成本。成本核算是对成本计划的执行结果，也就是成本控制结果的事后反映。成本核算还可以为制定产品价格提供依据。

（六）成本分析

成本分析是指根据成本核算所提供的成本数据和其他有关资料，通过与本期计划成本、上期同期实际成本、本企业历史先进水平，以及国内外先进企业的成本等进行比较，分析产品成本的水平与构成变动等情况，研究成本变动的因素和原因，挖掘降低成本的潜力。成本分析可以为成本考核提供依据，为未来成本的预测和决策，以及编制新的成本计划提供资料。

（七）成本考核

成本考核是指企业将计划成本或目标成本指标进行分解，制定企业内部的成本考核指标，分别下达给各内部责任单位，明确它们在完成成本指标时的经济责任，并定期对成本计划的执行结果进行评定和考核。成本考核应当与奖惩制度相结合，根据成本考核的结果进行奖惩，以便充分调动企业职工执行成本计划、提高经济效益的积极性。

在成本会计的各项职能中，成本核算是最基本的职能，它提供企业管理所需要的成本信息资料。没有成本核算，成本的预测、决策、计划、控制和分析都无法进行；同时，成本核算也是对成本计划预期目标是否实现的最后检验。因此，没有成本核算，就没有成本会计。成本会计的其他职能正是在成本核算的基础上，随着企业经营管理要求的提高和管理科学的发展而逐步形成的。成本预测是成本会计职能的第一个环节，是成本决策的前提；成本决策是成本预测的结果，是制定成本计划的依据，在成本会计中居于中心地位；成本计划是成本决策的具体化；成本控制是对成本计划的实施进行监督，是实现成本决策既定目标的保证；成本分析和成本考核是实现成本决策和成本计划目标的有效手段。

综上所述，成本会计的各项职能相互联系、互为条件，并贯穿企业生产经营活动的全过程。

问题与思考

- 成本会计各项职能之间有什么关系？
- 如何理解成本会计的任务？

二、成本会计的任务

成本会计的任务是成本会计职能的具体化，也是人们期望成本会计应达到的目的和对成本会计的要求。成本会计的任务具体表现在以下几个方面。

（一）正确计算产品成本，及时提供成本信息

进行产品成本的计算是成本会计的基础。企业只有首先确保产品成本的正确性，才能保证盈亏计算和存货计价的正确性，确保有效地考核成本计划的完成情况，为成本的预测、决策和成本目标的规划，以及财务报表的编制提供可靠的成本信息。

（二）开展成本预测，进行成本决策

为了适应社会生产发展的需要，成本会计还需要做好成本预测和成本决策工作。进行成本预测时，需要充分收集资料，采用科学方法，既要在产品投产前也要在生产过程中进行成本预测；成本决策是在成本预测的基础上，通过经济评价、合理判断，做出的正确决策。

（三）制定目标，加强成本控制

目标成本是企业在一定时期内为保证目标利润而制定的成本控制指标。目标成本的制定直接影响成本控制的有效性。因此，在制定目标成本时，企业应确保所依据的数据具有可靠性，同时要确保目标的切实可实现性。成本控制是在目标成本的基础上进行的，是目标成本的实施过程。成本控制对目标成本的分指标进行归口分级控制，以产品成本形成的全过程为对象，结合生产经营各阶段的特点进行有效控制，分别从人、财、物的

使用效果出发，立足于成本效益的提高。

（四）做好成本分析，严格成本考核

现代企业应建立成本责任制，把成本责任制指标分解落实到各部门、各层次和各相关人员，实行责权利相结合，以提高全体职工降低成本的责任心和积极性，从而增强企业活力。成本考核是成本责任制顺利进行的保证，通过考核，可以分清责任，正确评价各责任单位的工作绩效，起到鼓励先进、鞭策落后的作用。只有通过成本考核，把成本管理的好坏同每个人的切身利益紧密结合起来，才能促使企业全员改进工作、降低成本、增加效益。

第四节　成本会计的对象和工作组织

一、成本会计的对象

成本会计的对象是指成本会计所要反映和监督的内容。明确成本会计的对象，对于确定成本会计的任务，研究和运用成本会计的方法，更好地发挥成本会计在经济管理中的作用，有着非常重要的意义。成本会计的对象是各行业企业生产经营业务的成本和经营管理费用。因为各行业涉及成本费用的业务活动内容不同，生产经营管理的过程、方式和内容不同，所以成本会计的对象也有所不同。

（一）制造业成本会计的对象

制造业的主要经营活动包括材料物资采购、产品制造和产品销售三个环节。因此，制造业成本会计的对象是材料物资采购成本、产品制造成本、产品销售成本，以及各项经营管理费用。产品制造成本是成本会计的主要内容，包括对制造产品消耗的各种材料费、人工费和制造费用等的核算与监督。企业在对供、产、销各环节进行经营管理的过程中发生的管理费用、财务费用和销售费用，将直接影响当期损益核算，这也是成本会计的重要内容。

（二）商品流通企业成本会计的对象

商品流通企业的主要经营活动是商品的采购、存储和销售。因此，商品流通企业的成本会计对象是商品采购成本和商品销售成本，以及各项商品流通费用。为了简化核算，商品的采购成本和销售成本均直接按进价确定，不包括相关费用。商品流通费用是商品流通企业的经营管理费用，具体包括采购、存储、销售商品所发生的营业费用，以及在经营管理中发生的管理费用和财务费用。这些费用虽不计入采购成本和销售成本，但将直接影响当期损益的核算，也应当作为成本会计的对象。

（三）其他行业企业成本会计的对象

其他行业企业成本会计的对象，总的来说是成本和不计入成本的相关费用，但不同行业的生产经营特点不同，其核算和管理的内容也各有不同。

施工企业的基本经济活动是进行建筑工程的施工，其成本会计的对象是工程成本，以及不计入工程成本的管理费用、财务费用。交通运输企业主要从事公路、铁路、航空和水上运输，其成本会计的对象是各种运输成本，以及不计入运输成本的管理费用、财务费用。旅游、饮食服务企业主要为人们提供旅游观光、临时食宿和其他生活服务，其成本会计的对象是营业成本，以及不计入营业成本的营业费用、管理费用和财务费用。

二、成本会计工作的组织

为了充分发挥成本会计的职能作用，高效完成成本会计的任务，企业需要科学地组织成本会计工作。成本会计工作的组织具体包括成本会计工作组织的原则、成本会计机构、配备成本会计人员、建立和健全成本会计制度等。

（一）成本会计工作组织的原则

一般来说，企业应根据本单位生产经营的特点、生产规模的大小和成本管理的要求等具体情况来组织成本会计工作。具体来说，成本会计工作的组织一般遵循以下几个主要原则。

1. 成本会计工作与技术相结合

成本是一项综合性的经济指标，受诸如产品设计、加工工艺等各种因素的影响。因此，在现代成本会计工作组织上应贯彻与技术相结合的原则，要求成本人员改变传统的知识结构，需要具备进行成本预测、学习与经营决策相适应的生产技术方面的知识，从而在成本管理上实现经济与技术的结合，使成本会计工作真正发挥其应有的作用。

2. 成本会计工作与经济责任制相结合

实行成本管理上的经济责任制是降低成本的一条重要途径。由于成本会计工作涉及面广、信息变化快，企业应充分发挥成本会计的优势，将其与成本管理上的经济责任制有机地结合起来，从而使成本管理工作取得更好的效果。

3. 成本会计工作建立在广泛的职工群众基础上

成本的高低取决于各部门、车间、班组和职工的工作质量。各级部门的职工群众往往是最熟悉企业生产经营情况的，因此，为了实现降低成本的目标，我们需要充分调动广大职工群众在成本管理上的积极性和创造性。企业的成本会计人员需要做好成本管理方面的宣传工作，吸引广大职工群众参与成本管理工作，增强职工的成本意识和参与意识，从而把成本会计工作建立在广泛的职工群众基础上。

（二）成本会计机构

企业的成本会计机构属于企业会计机构的组成部分，是企业内部直接从事成本会计工作的组织机构。由于成本管理的重要性和复杂性，通常应视企业规模的大小和生产经营管理的特点，设置若干层次的专门成本会计机构。一般应在厂部会计机构内设置成本会计科（组），在厂级各有关职能部门和下属各车间（班组）设置成本会计组或配备专（兼）职成本会计人员，厂部成本会计机构负责对企业内部各级成本会计机构进行业务上的指导和监督。

企业内部各级成本会计机构之间的分工方式包括集中工作方式和非集中工作方式。

1. 集中工作方式

成本会计工作的集中工作方式是指成本核算、成本报表的编制和分析等成本会计工作，都由厂部的会计部门集中处理，车间、班组等部门只负责登记有关原始记录和填制有关原始凭证，对它们进行初步的审核、整理和汇总，为厂部进一步工作提供资料。这种工作方式的优点是：便于厂部成本会计机构及时全面地掌握企业的成本信息，集中使用计算机进行成本数据处理，还可以减少成本会计机构的层次和成本会计人员的数量。但是这种工作方式不便于直接从事生产经营活动的各单位和职工及时掌握成本信息、及时控制成本和推行责任成本制。

2. 非集中工作方式

非集中工作方式又被称为分散方式，是指成本会计工作分散由厂级以下成本会计机构或人员分别进行。企业内部根据管理需要分级设置成本核算单位，各级成本核算单位配备核算人员，对本单位发生的成本进行明细核算，并编制适应日常管理所需的成本报表；厂部会计部门则负责对各级核算单位成本会计工作的指导、监督和考核，处理不便于分散进行的成本会计工作，如汇总产品的成本、进行成本的综合分析等。采用非集中工作方式的利弊与采用集中工作方式的利弊正好相反。

（三）配备成本会计人员

成本会计工作是一项涉及面广、综合性强的管理工作，必须配备专门的成本会计人员去完成这项工作。成本会计工作的重要性和特殊性要求从事该项业务的会计人员必须具备较强的业务能力和高水平的职业道德，如熟悉成本会计的一般原理和方法、熟悉企业成本的形成过程，对企业生产流程有比较全面的了解，要坚持不懈地学习并提高自己的知识技能；同时，成本会计人员要脚踏实地、实事求是，具备敢于坚持原则的作风和敬业精神，能够做到严格遵守国家的有关法规、制度和财经纪律，深入了解企业生产经营的实际情况，注意成本管理中存在的问题，并及时提出改进成本管理的意见和建议。

（四）建立和健全成本会计制度

成本会计制度是成本会计工作的规范，是会计法规和企业会计制度的一个重要组成部分。企业应遵循国家有关法律、法规、准则的规定，制定适应企业生产经营特点和管理要求的内部成本会计制度。

由于各行各业的生产经营特点和管理要求不同，所制定的成本会计制度也有所不同。但就工业企业来说，成本会计制度一般包括以下几个方面的内容：①成本预测和决策制度；②成本计划、费用预算编制制度；③成本控制制度；④成本核算制度；⑤成本信息提供和相关报表编制制度；⑥成本分析和改善成本措施落实制度；⑦成本考核和奖励制度；⑧其他有关成本会计制度。

成本会计制度是开展成本会计工作的依据和行为规范，成本会计制度是否科学、合理直接影响成本会计工作的成效。因此，制定成本会计制度是一项复杂而细致的工作。成本会计制度的制定，需要有关人员不仅熟悉国家有关法律、法规、制度等的规定，还要深入基层做广泛深入的调查和研究工作，在反复试点、具备充分依据的基础上进行。成本会计制度一经确定，就应认真贯彻执行。但随着时间的推移，实际情况往往会发生变化，如果出现新的情况，企业应根据情况的变化，及时对成本会计制度进行修订和完善，以确保成本会计制度的科学性和合理性。

问题与思考

- 商品流通企业成本会计的对象是什么？
- 如何理解成本会计工作组织的原则？

本 章 小 结

成本是企业为生产一定种类和数量的产品及提供劳务等所耗费而又必须补偿的物化劳动和活劳动中必要劳动价值的货币表现，是企业再生产过程中的补偿尺度。成本的经济内涵决定了成本在经济工作中具有重要作用，它是补偿企业生产耗费的尺度，是制定产品价格的基础，是衡量企业经营管理水平的重要标志，是企业经营决策的重要参考。成本会计是企业财务会计的一个分支，是以提高经济效益为目的，运用财务会计方法对企业生产经营管理中的成本及相关费用进行核算和监督的一种管理活动。它与财务会计既有联系又有区别。成本会计的基本职能是成本核算和成本监督。现代成本管理应具有成本预测、决策、计划、控制、核算、分析、考核七个方面的职能。其中，成本核算是进行成本管理的基础。成本会计工作的根本任务是为企业生产经营管理提供成本数据和信息，并促使企业不断降低成本费用、提高经济效益。企业内部各级成本会计机构之间的分工方式包括集中工作方式和非集中工作方式。

理论知识练习

一、问答题

1. 分别从政治经济学和会计学的角度阐述成本的内涵。
2. 马克思的理论成本与实际工作中所应用的成本二者有何联系和区别？

3．成本都有哪些分类标准？各自分类标准的意义是什么？

4．试述成本会计的职能、任务和对象。

5．成本会计工作组织的原则及成本会计的工作方式有哪些？

二、思考题

指出下列各项活动分别属于成本会计的哪项职能。

1．为通用汽车公司的产品设计者分析采用新型灯头对产品成本的影响。

2．为联合利华公司的同步分支机构记录其成本费用的开支。

3．解释总公司的某一家分公司的生产经理的业绩报告。

4．为福特汽车公司了解原油价格的变动对汽车需求量的影响提供相关资料。

5．帮助三菱公司下属的一个制造部门决定从韩国购买部件还是从中国购买部件。

6．为丰田公司的一家分厂编制一份预算。

案例分析题

金科公司 202×年 12 月发生下列业务。

1）购买一套生产设备，专用发票列示价款 400 000 元，增值税税额 68 000 元，以银行存款支付。

2）生产产品领用材料 50 000 元。

3）支付生产工人工资 240 000 元、管理人员工资 60 000 元。

4）向灾区人民捐款 50 000 元。

5）本月生产厂房及设备折旧 30 000 元。

6）以现金支付维修厂房费用 18 000 元。

7）支付本季度短期借款利息 28 900 元。

8）支付生产车间水电费 16 000 元、管理部门水电费 9 000 元。

9）按本月支付工资的 15%计提职工福利费。

10）支付下年度设备的租金 24 000 元。

11）本月发生废品损失 1 500 元。

12）支付职工生活困难补助 2 000 元。

13）支付广告费 4 500 元。

要求：根据上述资料，分析确定哪些属于期间费用，哪些属于产品成本，并计算具体的金额。

第二章　工业企业成本核算的要求和一般程序

内容提要

本章内容分为三节，分别介绍工业企业成本核算的意义和要求、费用的分类，以及成本核算的一般程序和账户设置等内容。通过学习本章内容，了解和熟悉成本核算的原则和要求，了解费用的分类，理解产品成本核算的一般程序，掌握产品成本核算过程中的主要账户结构及内容。

知识结构

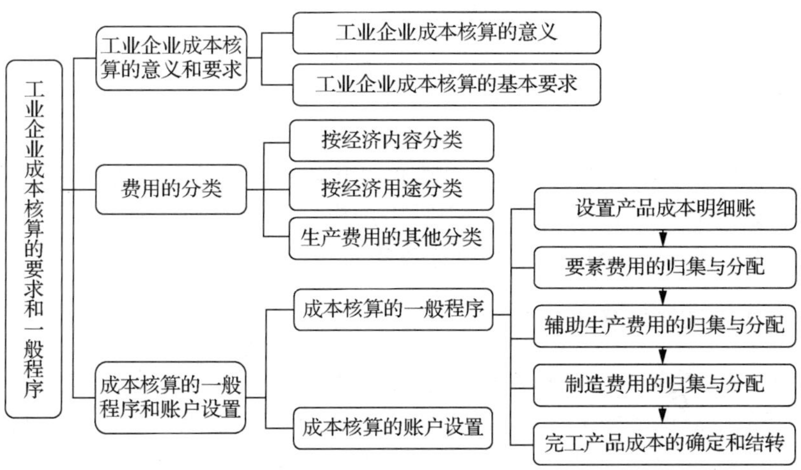

导入案例

【资料】小李大学毕业后，进入一家新成立的工业企业负责成本会计工作。小李入职后，根据工作需要，对企业生产经营情况进行了主动调研。然而，让小李困惑的是，该企业并没有建立她在校期间从课堂上所学到的成本会计制度，没有材料的收发与产成品入库、出库等成本核算所需要的原始凭证，为保密更没有员工的工资发放表……那么，该如何核算企业在生产经营活动中发生的各项耗费？如何计算该企业的产品成本？

【问题】根据上述资料，思考并讨论以下问题。

1）成本核算的主要内容有哪些？开展成本核算应遵循哪些原则？

2）成本核算的程序和工作步骤是什么？开展成本核算应设置哪些账簿？

第一节　工业企业成本核算的意义和要求

成本核算就是按照国家有关的法规、制度和企业经营管理者的要求，对生产经营过程中实际发生的各种劳动耗费进行计算，并进行相应的账务处理，提供真实、有用的成本信息。

一、工业企业成本核算的意义

成本核算首先要对各项生产费用进行审核和控制，然后根据应计入产品成本的生产费用的用途和地点加以归集和分配，计算产品总成本和单位成本。因此，成本核算应包括生产费用核算和产品成本计算两个基本环节。生产费用核算是运用专门的账户，核算和监督企业在一定时期内耗费了哪些费用，并按经济内容的性质或发生的地点加以归集和分配，是产品成本计算的前提，是整个成本核算的基础环节。产品成本计算是运用专门的方法，反映按产品品种、类别、批别或生产步骤归集和分配的生产费用，并计算出各产品的总成本和单位成本。二者同时进行，是生产费用的对象化过程，是整个成本核算的关键环节。

工业企业组织产品成本核算工作具有非常重要的意义，主要表现在以下三个方面。

1）通过成本核算，提供成本信息资料，是确定企业盈利、制定产品价格和编制财务报表的依据。

2）通过成本核算，反映和监督各项消耗定额及成本计划的执行情况，可以控制生产过程中人力、物力和财力的耗费，从而改善经营管理，促使企业进一步降低产品成本。

3）通过成本核算，反映和监督在产品占用资金的增减变动和结存情况，为加强在产品资金的管理、提高资金周转速度和有效地使用资金提供资料。

二、工业企业成本核算的基本要求

企业由于生产类型的特点和管理要求等方面的不同，其成本核算也具有不同的特点。但对所有企业来说，成本核算提供的信息应具备相关、及时、准确的特征。成本核算提供的信息只有符合以上特征才能充分发挥其应有的作用。因此，各工业企业进行成本核算既要严格遵循《企业会计准则》《企业财务通则》对会计核算的基本要求，也要符合企业生产特点和成本管理的要求，具体表现在以下几个方面。

（一）正确划分各种费用支出的界限

为了正确进行成本核算、计算产品成本，企业必须正确划分以下各种费用支出的界限。

1. 正确划分资本性支出与收益性支出的界限

企业的支出主要区分为两个方面：资本性支出和收益性支出。资本性支出是指其收益期长于一个会计期间，即支出的效益涉及多个会计年度，如固定资产的购置支出、无形资产的购置支出等。收益性支出是指其收益期不超过一个会计期间即支出只涉及本年度，在发生时应计入产品成本或作为期间费用单独核算。财务制度明确规定了资本性支出和收益性支出各自的范围，要求企业严格遵照执行。正确划分资本性支出和收益性支出的界限，可以正确计算资产的价值，以及各期的产品成本和损益，客观反映企业的成本信息和资产信息，坚决抵制成本乱摊行为和随意改变成本开支范围的行为。

2. 正确划分产品成本与期间费用的界限

企业日常生产经营过程中发生的各种费用，应当划分清楚哪些应计入产品成本，哪些不应计入产品成本而应计入期间费用。一方面，企业为生产产品而在生产过程中消耗的直接材料、直接人工，以及用于产品生产的其他间接费用，应当计入产品成本，作为成本费用核算。另一方面，企业会发生一些与产品生产没有直接关系的支出，如为管理和组织企业生产经营活动而发生的管理费用、为销售产品而发生的销售费用及财务费用，在发生的当时直接计入当期损益，作为期间费用处理。因此，要正确计算产品成本和期间费用，就必须正确划分产品成本费用和期间费用的界限。

3. 正确划分各会计期间费用的界限

企业应按月计算和考核盈亏。企业当月发生的收益性支出，应当按照权责发生制的原则，正确划分各会计期间的费用界限。当期发生的费用应当期全部入账，不能延到下期。《企业会计准则》要求企业的会计核算应当以权责发生制为基础。企业只有正确划分各会计期间的费用界限，严格掌握待摊和预提费用的分配，才能如实反映各会计期间的成本费用水平，正确计算各种产品的成本和损益。

4. 正确划分各种产品成本的费用界限

为了分析和考核各种产品的成本计划或成本定额的执行情况，应分别计算各种产品的成本。如果是为生产某种产品而单独发生的生产费用，应直接计入所属产品成本；如果是几种产品生产过程中共同发生的生产费用，应选择合理的分配方法，分配计入各相关产品的成本。分清不同产品的成本，并与它们的计划成本、标准成本进行对比，能揭示产品成本的超支或节约情况，防止出现在盈利产品与亏损产品之间随意转移生产费用的错误做法。

5. 正确划分完工产品与在产品的费用界限

在月末计算产品成本时，如果某种产品已经全部完工，这种产品的各项生产费用之和就是该产品的完工产品成本；如果某种产品全部没有完工，这种产品的各项生产费用之和就是该产品的月末在产品成本；如果某种产品期末既有完工产品又有在产品，则应当将这种产品的各项生产费用，采用适当的分配方法在完工产品与月末在产品之间进行分配，分别计算该产品的完工产品成本和月末在产品成本。产品成本在完工产品和在产品之间的划分问题是成本计算的主要问题，因为在产品、产成品成本是此消彼长的关系，所以要防止企业利用在产品成本调节完工产品的成本和利润。

问题与思考

- 资本性支出和收益性支出有什么区别？
- 举例说明哪些支出属于资本性支出，哪些支出属于收益性支出。

（二）做好成本核算的各项基础工作

为了加强成本审核、控制，正确、及时地计算成本，企业应当做好以下各项基础工作。

1. 做好消耗定额的制定和修订工作

产品的各项消耗定额，既是编制成本计划、分析和考核成本水平的依据，也是审核和控制成本的标准，且在计算产品成本时，往往要用产品的原材料和工时定额消耗量或定额费用作为分配实际费用的标准。因此，为了加强生产管理和成本管理，企业必须建立和健全定额管理制度，凡是能够制定定额的各种消耗，都应当制定先进、合理、切实可行的消耗定额，并随着生产的发展、技术的进步、劳动生产率的提高，不断修订消耗定额，以充分发挥其应用的作用。

2. 建立健全材料物资的计量、收发、领退和盘点等制度

成本核算是以价值形式来核算企业生产经营管理中的各项费用的，但价值形式的核算是以实物计量为基础的。因此，为了进行成本管理，正确计算成本，企业必须建立健全材料物资的计量、收发、领退和盘点制度。凡是材料物资的收发、领退，在产品、半成品的内部转移，以及产成品的入库等，均应填制相应的凭证，办理审批手续，并严格进行计量和验收。库存的各种材料物资，车间的在产品、产成品均应按规定进行盘点。只有这样，才能保证账实相符，保证成本计算的正确性。

3. 建立健全原始记录工作

原始记录是反映生产经营状况的原始资料，是进行成本预测、编制成本计划、进行成本核算、分析消耗定额和成本计划执行情况的依据。因此，工业企业对生产过程中材料的领用、动力与工时的消耗、费用的支出、废品的产生、在产品及半成品的内部转移、产品质量的检验及产成品的入库等，都要有真实的原始记录。成本核算人员要同企业的计划统计、生产技术、劳动工资、产品物资供销等有关部门，认真制定既符合成本核算需要又符合各方面管理需要，既科学、简便易行又讲求实效的原始记录制度；同时还要组织有关职工认真做好各种原始凭证的登记、传递、审核和保管工作，以便正确、及时为成本核算和其他有关方面提供资料和信息。

4. 做好企业内部计划价格的制定和修订工作

在计划管理基础较好的企业，为了分清企业内部各单位的经济责任，便于分析和考核企业内部各单位成本计划的完成情况和管理业绩，以及加速和简化核算工作，应对原材料、半成品、企业内部各车间相互提供的劳务（如修理、运输等）制定内部计划价格，作为企业内部结算和考核的依据。内部计划价格要尽可能符合实际，保持相对稳定，一般在同一年度内保持不变。在制定了内部计划价格的企业中，各项原材料的耗用、半成

品的转移，以及各车间不同部门之间相互提供劳务等，都要首先按计划价格计算（这种按实际生产耗用量和计划价格计算的成本，被称为计划价格成本）。月末计算产品实际成本时，再在计划价格成本的基础上，采用适当的方法计算各产品应负担的价格差异（如材料成本差异），将产品的计划价格成本调整为实际成本。这样既可以加速和简化核算工作，又可以分清内部各单位的经济责任。

第二节　费用的分类

工业企业生产经营过程中的耗费是多种多样的，为了科学地进行成本管理，正确计算产品成本和期间费用，需要对种类繁多的费用进行合理分类。费用可以按照不同的标准进行分类，其中最基本的是按费用的经济内容和经济用途进行分类。

一、按经济内容分类

企业的生产经营过程，也是物化劳动（劳动对象和劳动手段）和活劳动耗费的过程，因而生产经营过程中发生的费用，按其经济内容可划分为劳动对象的费用、劳动手段的费用和活劳动方面的费用三大类。这三类可以称为费用的三大要素。为了具体反映各项费用的构成和水平，还应在此基础上将其进一步划分为如下费用要素。

1）外购材料。外购材料是企业为进行生产经营而耗用的一切从外单位购进的原料及主要材料、半成品、辅助材料、包装物、修理用备件和低值易耗品等。

2）外购燃料。外购燃料是指企业为进行生产经营而耗用的一切从外单位购进的各种固体、液体和气体燃料。

3）外购动力。外购动力是指企业为进行生产经营活动而耗用的从外单位购进的各种动力，包括热力、电力和蒸汽等。

4）工资。工资是指企业所有应计入生产费用的职工工资。

5）折旧费用。折旧费用是指企业所拥有或控制的固定资产按照使用情况计提的折旧费。

6）利息支出。利息支出是指企业应计入财务费用的借入款项的利息支出减利息收入后的净额。

7）税金。税金是指企业计入生产经营费用的各种税金，包括印花税、房产税、车船使用税和土地使用税等。

8）其他费用。其他费用是指不属于以上各要素的费用，如职工的差旅费、租赁费、外部加工费等。

将费用分为若干要素的作用：①可以反映企业一定时期内在生产经营中发生了哪些费用，金额各是多少，据以分析企业各时期各种费用的构成和水平；②反映了企业生产经营中外购材料和燃料费用及职工工资的实际支出，因而可以为企业核定储备资金定额、考核储备资金的周转速度，以及编制材料采购资金计划和劳动工资计划提供资料。

但是，这种分类不能说明各项费用的用途，因而不便于分析各种费用的支出是否节约和合理。

二、按经济用途分类

按照经济用途，可以将企业发生的费用划分为应计入产品成本、劳务成本的费用和不应计入产品成本、劳务成本的费用两大类。

（一）应计入产品成本、劳务成本的费用

应计入产品成本、劳务成本的费用可以进一步划分为直接费用和间接费用。其中，直接费用包括直接材料、直接燃料和动力、直接人工，间接费用是指制造费用。

1）直接材料。直接材料是指用于产品生产、构成产品实体的原料、主要材料，以及有助于产品形成的辅助材料费用。

2）直接燃料和动力。直接燃料和动力是指直接用于产品生产的各种自制和外购的燃料及动力费用。

3）直接人工。直接人工是指直接参与产品生产的工人的薪酬费用。

4）制造费用。制造费用是指间接用于产品生产的各项费用，以及虽然直接用于产品生产，但不便于直接计入产品成本，因而没有专设项目的费用（如机器设备的折旧费）。制造费用包括企业内部生产单位（分厂、车间）管理人员的薪酬费用、固定资产折旧费、租赁费（不包括融资租赁费）、机物料消耗、低值易耗品摊销、取暖费、水电费、办公费、运输费、保险费、设计制图费、试验检验费、劳动保护费、季节性或大修理期间的停工损失及其他制造费用等。

企业可根据生产特点和管理要求对上述成本项目做适当调整。对于管理上需要单独反映、控制和考核的费用，以及产品成本中所占比例较大的费用，应专设成本项目；否则，为了简化核算，不必专设成本项目。

（二）不应计入产品成本、劳务成本的费用

不应计入产品成本和劳务成本的费用，又被称为期间费用，是指企业当期发生的需要从当期收入得到补偿的费用，因为其仅与当期实现的收入相关，所以计入当期损益。期间费用具体分为管理费用、销售费用和财务费用。

1）管理费用。管理费用是指企业为组织和管理企业生产经营所发生的各项费用，具体包括企业筹建期间发生的开办费，董事会和行政管理部门在企业经营管理中发生的费用，或者应由企业统一负担的公司经费（包括行政管理部门职工薪酬费、修理费、机物料消耗、低值易耗品摊销、办公费和差旅费等）、工会经费、社会保险费、劳动保险费、董事会费（包括董事会成员津贴、会议费和差旅费等）、聘请中介机构费、咨询费（含顾问费）、诉讼费、业务招待费、技术转让费、矿产资源补偿费、无形资产摊销费、职工教育经费、研究与开发费、排污费等。

2）销售费用。销售费用是指企业在销售商品、提供劳务的过程中发生的各种费用，包括企业为销售产品而专设销售机构的各项费用。

3）财务费用。财务费用是指企业为筹集生产经营所需资金而发生的各项费用，包括利息支出（减利息收入）、汇兑损失（减汇兑收益）及相关的手续费等。

问题与思考

➢ 产品成本与生产费用有什么联系和区别？
➢ 费用按经济用途和经济内容分类有什么不同？

三、生产费用的其他分类

（一）生产费用按与生产工艺的关系分类

计入产品成本的各项生产费用，按与生产工艺的关系可以分为直接生产费用和间接生产费用。直接生产费用是指由生产工艺本身引起的、直接用于产品生产的各项费用，如原料费用、主要材料费用、生产工人工资和机器设备的折旧费等。间接生产费用是指与生产工艺没有直接联系、间接用于产品生产的各项费用，如机物料消耗、车间管理人员工资和车间厂房折旧费等。

（二）生产费用按计入产品成本的方法分类

计入产品成本的各项生产费用，按计入产品成本的方法，可以分为直接计入费用（一般称为直接费用）和间接计入（或称为分配计入）费用（一般称为间接费用）。直接计入费用是指可以分清是哪种产品所耗用的、可以直接计入某种产品成本的费用。间接计入费用是指不能分清是哪种产品耗用的、不能直接计入某种产品成本，而必须按照一定的标准分配计入有关的各种产品成本的费用。

生产费用按与产品工艺的关系分类和按计入产品成本的方法分类既有联系又有区别。它们之间的联系表现为，直接生产费用在多数情况下是直接计入费用，如原料、主要材料费用大多能直接计入某种产品成本；间接生产费用在多数情况下是间接计入费用，如机物料消耗大多需要按照一定的标准分配计入有关的各种产品成本。但它们毕竟是对生产费用的两种不同分类，直接生产费用与直接计入费用、间接生产费用与间接计入费用不能等同。例如，在只生产一种产品的企业（或车间）中，直接生产费用和间接生产费用都可以直接计入这种产品的成本，因而均属于直接计入费用；又如，在用同一种原材料同时生产几种产品的联产品生产企业（或车间）中，直接生产费用和间接生产费用都需要按照一定的标准分配计入有关的各种产品成本，因此都属于间接计入费用。

第三节 成本核算的一般程序和账户设置

一、成本核算的一般程序

成本核算的一般程序是指企业在生产经营过程中发生的各项费用，按照成本核算的要求，采用一定的方法，逐步进行归集和分配，最后计算出产品成本的过程。成本核算的一般程序归纳如下。

（一）设置产品成本明细账

会计人员应首先确定产品成本计算对象和成本计算期，然后根据产品成本计算对象，设置产品成本明细账。

（二）要素费用的归集与分配

会计人员对生产中产品所耗用的材料，可以根据领料凭证编制材料费用分配表；对发生的人工费用，可根据产量通知单等产量记录凭证编制工资费用分配表等。凡是能直接计入成本计算对象的费用，都应根据各要素费用分配表直接记入“基本生产成本”“辅助生产成本”账户及有关明细账户；不能直接计入成本计算对象的费用，应先进行归集，再记入“制造费用”账户及有关明细账户。

（三）辅助生产费用的归集与分配

会计人员对归集在“辅助生产成本”账户及其明细账户的费用，除将完工入库的自制工具等产品的成本转为存货成本外，还要按受益对象和所耗用的劳务数量，编制辅助生产费用分配表，据以登记“基本生产成本”等账户及有关明细账户。

（四）制造费用的归集与分配

各基本生产车间制造费用归集后，会计人员应分别针对不同车间，月末编制制造费用分配表，将制造费用分配计入本车间产品成本，即记入“基本生产成本”账户及其明细账户。

（五）完工产品成本的确定和结转

经过以上的费用分配，各成本计算对象应负担的生产费用已全部记入有关产品的成本明细账，如果当月产品全部完工，所归集的生产费用即完工产品成本；如果全部未完工，所归集的生产费用即为期末在产品成本；如果只有部分完工，则需要采用一定的方法将生产费用在完工产品和期末在产品之间进行分配，以确定本期完工产品成本，并将完工验收入库的产成品从“基本生产成本”账户及其明细账户结转至“库存商品”账户及有关明细账户。

问题与思考

- 企业进行产品成本核算时需要遵循的一般核算程序是什么？
- “基本生产成本”账户的借贷方分别记录哪些内容？

二、成本核算的账户设置

为了核算产品成本，企业一般应设置“生产成本”一级账户。但为了分别核算基本生产成本和辅助生产成本，还应在“生产成本”一级账户下，分别设置“基本生产成本”和“辅助生产成本”两个二级账户。企业也可以根据需要简化处理，将“基本生产成本”和“辅助生产成本”直接设置为两个一级账户。除此之外，企业还须设置核算间接费用的“制造费用”账户，核算期间费用的“销售费用”、“管理费用”和“财务费用”账户。同时，企业还可根据需要，设置单独核算废品损失和停工损失的“废品损失”和“停工损失”账户。

（一）“基本生产成本”账户

基本生产是指为完成企业主要生产目的而进行的产品生产。为了归集基本生产所发生的各种生产费用，计算基本生产产品成本，企业应设置“基本生产成本”账户。该账户借方登记企业为进行基本生产而发生的各种费用；贷方登记转出的完工入库的产品成本；余额在借方，表示基本生产的在产品成本，即基本生产在产品占用的资金。

“基本生产成本”账户应按产品品种或产品批别、生产步骤等成本计算对象设置产品成本明细账（或称为基本生产成本明细账、产品成本计算单），按产品成本项目分设专栏或专行。基本格式如表 2-1 所示。

表 2-1　基本生产成本明细账

车间：第一车间　　　　产品名称：甲产品　　　　单位：元

年		凭证号数	摘要	成本项目			合计
月	日			直接材料	直接人工	制造费用	
			期初在产品成本				
			本月生产费用				
			生产费用合计				
			本月完工产品成本				
			完工产品单位成本				
			月末在产品成本				

（二）“辅助生产成本”账户

辅助生产是指为基本生产服务而进行的产品生产和劳务供应。辅助生产所提供的产品和劳务，有的对外销售，但这不是主要目的。为了归集辅助生产所发生的各种费用，计算辅助生产所提供的产品和劳务的成本，企业应设置“辅助生产成本”账户。该账户的借方登记进行辅助生产而发生的各种费用，贷方登记完工入库产品的成本和分配转出的劳务成本；如果有余额，余额一般在借方，表示辅助生产车间在制品的成本，即辅助生产车间在产品占用的资金。

“辅助生产成本”账户应按辅助生产车间或生产的产品、劳务设置明细分类账，账中按辅助生产的成本项目或费用分设专栏或专行进行明细登记。

（三）“制造费用”账户

“制造费用”账户用来归集和分配企业为生产产品和提供劳务而发生的各项间接费

用，包括工资、福利费、水电费、办公费、折旧费、修理费、劳动保护费、机物料消耗等不能直接计入产品成本的费用。该账户的借方登记当期的各种实际发生的制造费用，贷方登记分配结转后应由各种产品负担的制造费用；月末一般没有余额。

“制造费用”账户应按不同车间、部门设置明细分类账，账内按费用项目设立专栏进行明细登记。

（四）“废品损失”账户

废品损失是指企业在生产过程中发现的不可修复废品的生产成本及可修复废品的修复费用，以及扣除回收的废品残料价值和应收账款赔款以后的净损失。该账户的借方登记不可修复废品的生产成本和可修复废品的修复费用，贷方登记残料回收的价值、应收的赔款及转出的废品净损失（废品净损失应由同种产品成本负担）。结转后该账户期末无余额。

“废品损失”账户应按车间设置明细分类账，账内按产品品种分设专户，并按成本项目设置专栏或专行进行明细登记。

（五）“停工损失”账户

停工损失是指企业或生产车间、班组在停工期内（非季节性停工期间）发生的各项费用，包括停工期内支付的直接人工费和应负担的制造费用。“停工损失”账户用来归集和分配停工损失，该账户的借方登记发生的停工损失，贷方登记停工损失的转出。停工损失中应由责任人赔偿的部分转入其他应收款，自然灾害造成的停工损失部分转入营业外支出，停工的净损失由产品成本负担。期末结转后，该账户无余额。

“停工损失”账户应当按照不同车间和部门分别设立明细账，账内按照产品品种分别设立专户，按照成本项目或专栏分别进行登记。

（六）“管理费用”账户

“管理费用”账户用来核算企业为组织和管理企业生产经营所发生的各项费用。该账户的借方登记发生的各项管理费用，贷方登记期末转入“本年利润”账户的管理费用。期末结转后，该账户明细账应按照费用项目设立专栏进行核算。

（七）“销售费用”账户

“销售费用”账户用来核算企业在销售商品和材料、提供劳务的过程中发生的各种费用。该账户的借方登记发生的各项销售费用，贷方登记期末转入“本年利润”账户的销售费用。期末结转后，该账户无余额。该账户明细账应按照费用项目设立专栏进行核算。

（八）“财务费用”账户

“财务费用”账户用来核算企业为筹集生产经营所需要的资金而发生的筹集费用，包括利息支出、汇兑差额及相关手续费、企业发生的现金折扣或收到的现金折扣、未确认融资费用的摊销、分期收款销售方式下“未实现融资收益”的摊销等。该账户的借方登记发生的各项财务费用，贷方登记冲减财务费用的利息收入、汇兑收益、收到的现金折扣及期末转入“本年利润”账户的财务费用。期末结转后，该账户无余额。该账户明细账应按照费用项目设立专栏进行核算。

本 章 小 结

本章主要阐述了工业企业成本核算的基本要求、成本的分类，以及成本核算的一般程序和账户设置等内容。成本核算的要求是工业企业进行成本核算应遵循的原则和规范；成本的分类主要是将成本按照不同的标准进行分类，方便企业对成本进行预测、决策、控制及考核等。本章最后介绍了产品成本核算的一般程序和相关账户体系，其中最重要的账户有“基本生产成本”“辅助生产成本”“制造费用”等账户。

理论知识练习

一、单项选择题

1. 下列各项费用中，不属于产品生产成本的有（　　）。
   A. 直接材料　　B. 直接人工　　C. 销售费用　　D. 制造费用
2. 为防止在盈利产品与亏损产品之间任意增减生产费用，以盈补亏，应正确划分（　　）。
   A. 生产费用与经营管理费用的界限　　B. 各月的费用界限
   C. 各种产品的费用界限　　D. 完工产品和在产品的费用界限
3. 以下不属于期间费用的是（　　）。
   A. 管理费用　　B. 财务费用　　C. 销售费用　　D. 制造费用
4. 以下不属于费用按经济用途分类的是（　　）。
   A. 直接材料　　B. 直接人工　　C. 外购材料　　D. 制造费用
5. “辅助生产成本”明细账可以按（　　）设置。
   A. 成本计算对象　　B. 辅助生产车间
   C. 要素费用　　D. 基本生产车间
6. 以下不属于管理费用的有（　　）。
   A. 印花税　　B. 董事会费　　C. 业务招待费　　D. 广告费
7. 以下不属于费用按经济内容分类的是（　　）。
   A. 外购材料　　B. 制造费用　　C. 职工薪酬　　D. 折旧费
8. 下列各项中，构成制造费用的是（　　）。
   A. 所有的直接材料、直接人工和管理费用
   B. 除直接人工之外的所有的制造成本

C．除直接材料和直接人工之外的所有的制造成本
D．所有的营销和管理费用

二、多项选择题

1．为正确进行成本核算，必须正确划分以下各种费用支出的界限（　　）。
A．正确划分生产经营支出与营业外支出的界限
B．正确划分产品成本与期间费用的界限
C．正确划分各产品成本的费用界限
D．正确划分各会计期间费用的界限

2．成本核算的各项基础工作主要有（　　）。
A．做好消耗定额的制定和修订工作
B．建立健全原始记录工作
C．建立健全材料物资的计量、收发、领退和盘点等制度
D．做好企业内部计划价格的制定和修订工作

3．制造费用的明细项目有（　　）。
A．工资　B．折旧费　C．销售费用　D．租赁费

4．“基本生产成本”账户可以按照（　　）设置明细账户。
A．产品的品种　B．产品的批别或批次
C．产品的生产步骤　D．产品的生产工艺

5．下列费用，不计入产品生产成本的有（　　）。
A．车间机器设备的修理费用
B．企业行政管理部门设备的折旧费
C．工会经费和董事会经费
D．劳动保险费用

6．生产费用按其计入产品成本的方法分为（　　）。
A．直接生产费用　B．直接计入费用
C．间接生产费用　D．间接计入费用

7．生产费用按其与生产工艺的关系分为（　　）。
A．直接生产费用　B．直接计入费用
C．间接生产费用　D．间接计入费用

8．工业企业在生产经营中发生的费用，可以分为（　　）。
A．生产费用　B．产品成本　C．期间费用　D．制造费用

三、判断题

1．营业外支出与企业生产经营活动没有直接关系，不能作为企业的成本或费用。（　　）

2．企业某一会计期间实际发生的生产费用总和就是该会计期间产成品成本的总和。（　　）

3．直接生产费用都是直接计入费用，间接生产费用都是间接计入费用。 （ ）

4．将应计入产品成本的生产费用计入期间费用，会造成企业当期利润的虚高。 （ ）

5．定额的制定既要先进合理又要切合实际，应随生产技术水平的提高而不断修订。 （ ）

6．费用按经济内容分类和按经济用途分类没有任何区别。 （ ）

7．管理成本着重为企业管理部门的预测、决策、控制和业绩评价等职能服务。 （ ）

8．对生产企业而言，非制造成本应视为期间费用，也被称为经营管理费用，主要包括管理费用、财务费用和制造费用。 （ ）

案例讨论题

某公司是著名的制药企业，注册资本 2 000 万元。所有产品均按 GMP （good manufacturing practice，良好生产规范）标准和要求组织生产。公司已先后通过了片剂、胶囊剂、口服原料药、冻干粉针剂、口服液等国家药品 GMP 认证。公司建立了以杭州营销总部为中心的全国性营销网络，在国内一些大中线城市建立了销售片区，形成了全国性的营销网络，负责公司生产的制剂类药品的销售。企业取得自营进出口权，出口销售额达亿元。公司原产品成本的核算方式下原始数据的收集困难，而且准确性和及时性不易保证；产品成本计算所需的大量数据来自物流部门，部门间的协调和沟通不顺畅。原始数据的质量直接影响产品成本信息的质量。产品成本的核算虽然可以核算出产品的生产成本，但是对于成本的波动无法提供有力的解释，无法量化各种因素对产品成本的影响。这些因素包括材料价格变化、材料使用效率、开工率变化、工厂作业效率变化、制造费用变化等，企业无法制定具有针对性的解决方案。产品成本的核算由于在较高的层次上就使用了分摊的方法，而不是认定的方法，数据只具有总量上的意义，而缺乏明细分析的意义。例如，产品多、规模大的企业无法提供各种产品、各批次的准确成本。

讨论：假如你负责该厂的产品成本核算工作，试结合本章所学内容讨论如何解决该厂目前面对的诸如产品品种多样、原始数据收集困难、数据的及时性和准确性不能保证、部门之间沟通不畅等问题。

第三章　要素费用的核算

内容提要

本章内容分为三节，分别介绍材料费用的核算、人工费用的核算和其他费用的核算。费用核算的过程主要就是将各项费用在有关账簿（主要为明细分类账簿）中，按要求系统地不断归集和分配的过程，其最终目的是计算本期完工产品和期末在产品的成本。通过学习本章内容，掌握材料费用、工资费用及其他费用的特点，熟练运用材料费用、工资费用及其他费用的归集和分配的方法。材料费用和工资费用是本章学习的难点。

知识结构

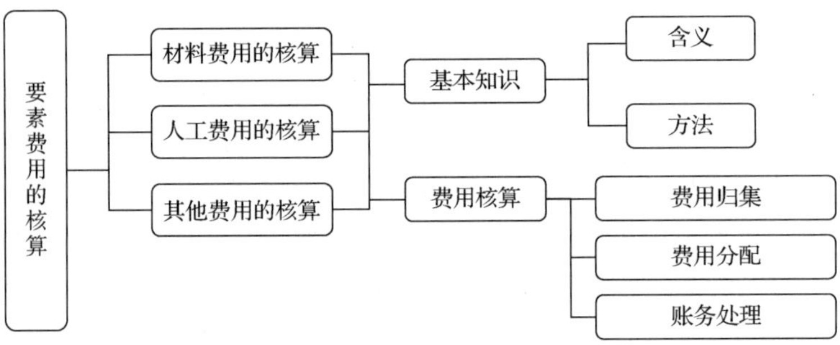

导入案例

【资料】朝阳办公家具厂的产品有两种——办公桌和办公椅，有三个车间，第一车间是家具面板生产车间，第二车间是组装车间，第三车间是修理车间。第一车间生产面板是不分产品领用原材料的，本月共发生材料费用 856 000 元，人工费用 578 300 元，制造费用 633 250 元；第二车间组装主要发生的是加工过程，本月共发生人工费用 365 000 元，制造费用 218 000 元；第三车间承担全厂的维修服务，本月共发生修理费用 79 800 元，维修工时 200 小时。本月共完工办公桌 10 000 张，办公椅 13 000 把。

【问题】根据上述资料，思考并讨论以下问题。

1）第一车间发生的材料费用和人工费用是否需要分配？应该如何选择分配标准？

2）第三车间的修理费用能否全部计入期间费用？若不能，则应该如何分配？

第一节　材料费用的核算

材料费用包括企业生产经营过程中耗费原材料、燃料、低值易耗品、包装物等而发生的费用。进行材料费用的核算首先要进行材料发出的核算，然后根据发出材料的具体用途，分配材料费用，将其计入各种产品成本和各种经营管理费用。

一、材料费用的归集

（一）材料发出的核算

材料发出应根据领料单和领料登记表等发料凭证进行。会计部门应对发料凭证所列材料的种类、数量和用途等进行审核，检查所领材料的种类和用途是否符合规定，数量有无超过定额或计划。只有经过审核、签章的发料凭证才能据以发料，并作为材料发出核算的凭证。

生产所剩余料，应该编制退料单，据以退回仓库。对于车间已领未用、下月需要继续耗用的材料，为了简化核算工作，可以采用“假退料”办法，即材料实物不动，只是填制一份本月的退料单，表示该项余料已经退库，从当月领用数量中扣除，同时编制一份下月的领料单，表示该项余料又作为下月的领料出库。

为了进行材料收入、发出和结存的明细核算，应该按照材料的品种、规格设立材料明细账。账中根据收发料凭证登记收发材料的数量和金额，并根据期初结存材料的数量和金额，以及本期收发材料的数量和金额，计算登记期末结存材料的数量和金额。

材料收发结存的日常核算，可以按照材料的实际成本计价进行，也可以先按材料的计划成本计价进行，月末计算材料成本差异率，将发出材料的计划成本调整为实际成本。

1. 按实际成本计价进行的材料发出的核算

在按实际成本计价进行材料日常核算的情况下，收料凭证按收入材料的实际成本计价。材料明细账中收入材料的金额，应根据实际成本计价的收料凭证登记，账中发出材料的金额，应采用先进先出法、个别计价法、全月一次加权平均法或移动加权平均法等方法计算登记，并按算出的实际单位成本对发料凭证进行计价。

为了进行收发结存的总分类核算，应该设立“原材料”等总账账户。根据收料凭证和发料凭证定期汇总编制按实际成本反映的收料凭证汇总表和发料凭证汇总表，并据以汇总登记“原材料”等总账账户。

2. 按计划成本计价进行的材料发出的核算

在按计划成本计价进行材料日常核算的情况下，材料的收发凭证都按材料的计划单位成本计价。材料明细账中收入材料和发出材料的金额都应根据收发料凭证按计划成本登记。

在这种情况下，为了进行材料的总分类核算，也应设立“原材料”等总账账户，根据收料凭证汇总表和发料凭证汇总表按计划成本汇总登记。为了核算材料采购的实际成本、计划成本和成本差异，调整发出材料的成本差异，计算发出和结存材料的实际成本，还应设立“材料采购”和“材料成本差异”两个总账账户，并应按照材料类别设立“物资采购”明细账和“材料成本差异”明细账。

“材料采购”账户的借方反映采购材料的实际成本，应根据材料买价和运杂费等付款凭证或其汇总凭证登记；贷方反映验收的计划成本，应根据收料凭证或其汇总凭证登记。已验收的材料的实际成本大于计划成本的差额，为材料采购成本的超支差异，应从该账户的贷方转入“材料成本差异”账户的借方；已经验收材料的计划成本大于实际成本的差额，为材料采购成本的节约差异，应从该账户的借方转入“材料成本差异”账户的贷方。“材料采购”账户在转出材料物资采购成本差异以后，如果还有余额，余额一定在借方，为已经采购但尚未验收的在途材料物资的实际成本。

“材料成本差异”账户的借方反映材料物资成本的超支差异，应根据转账凭证从“材料采购”等账户的贷方转入；贷方反映材料成本的节约差异，应根据转账凭证从“材料采购”等账户的借方转入。“材料成本差异”账户的借方余额为结存材料的成本超支额，贷方余额为结存材料的成本节约额。“原材料”等材料账户按计划成本反映的余额，加上“材料成本差异”账户的借方余额或者减去“材料成本差异”账户的贷方余额，即为结存材料物资的实际成本。

为了调整发出材料的成本差异，计算发出材料的实际成本，还应根据“原材料”等材料账户登记的月初结存材料和本月收入材料的计划成本，以及“材料成本差异”账户登记的月初结存材料和本月收入材料的成本差异，计算成本差异率，其计算公式为

材料成本差异率＝（月初结存材料成本差异＋本月收入材料成本差异）÷（月初结存材料计划成本＋本月收入材料计划成本）×100%

根据材料成本差异率和发出材料的计划成本，可计算发出材料的成本差异和实际成本，其计算公式为

发出材料的成本差异＝发出材料的计划成本×材料成本差异率

发出材料的实际成本＝发出材料的计划成本＋发出材料的成本差异

上列各计算公式中的材料成本差异，若为超支差异，用正数表示；若为节约差异，用负数表示。计算成本差异率，可以从材料和材料成本差异账户的一级账和二级账中获得基础资料。

【例 3-1】有关账户列示如下。

原材料

借方	贷方
期初余额 95 000	
本期入库 190 000	本期出库 238 050

材料成本差异

借方	贷方
期初余额 1 900	
本期入库 6 650	

原材料成本差异率＝（1 900＋6 650）÷（95 000＋190 000）×100%＝3%

发出材料的成本差异＝238 050×3%＝7 141.5（元）

发出材料的实际成本＝238 050＋7 141.5＝245 191.5（元）

问题与思考

- 发出材料费用金额的确认方法有哪几种？
- 这些方法导致的材料成本差别是否会影响后续的产品成本计算？

（二）材料费用的归集

企业应根据全部领料凭证（如果有退料，则应根据退料单抵减领料数）汇总编制耗用（发出）材料汇总表，归集材料费用。在归集直接材料费用时，凡能分清某一成本计算对象的费用，都应单独列示，以便直接计入该对象的产品成本计算单中，属于几个成本计算对象共同耗用的直接材料费用，应当选择适当的方法，分配计入各成本计算对象的产品成本计算单中。

二、材料费用的分配

（一）材料费用的分配方法

对于需要分配计入各成本计算对象的直接材料费用，在选择分配方法时，要遵循合理、简便的原则，一般可以选用重量（体积、产品产量）分配法、定额耗用量比例分配法、系数分配法等。

1. 重量分配法

重量分配法是以各种产品的重量为标准来分配材料费用的方法。如果企业生产的几种产品共同耗用同种材料，而耗用量的多少与产品重量有直接联系，就可以选用重量分配法。与重量分配法类似的还有产品产量分配法、产品体积分配法等。重量分配法的计算公式为

费用分配率＝各种产品共同耗用的直接材料费用÷各种产品的重量之和

某产品应分配的材料费用＝该产品总重量×直接材料费用分配率

【例 3-2】某企业本月生产甲、乙、丙三种产品共同耗用 C 种原材料 72 000 元，本月三种产品净重分别为 10 000 千克、20 000 千克、30 000 千克。按重量分配法分配如下。

费用分配率＝72 000÷（10 000＋20 000＋30 000）＝1.2

甲产品应分配的材料费用＝10 000×1.2＝12 000（元）

乙产品应分配的材料费用＝20 000×1.2＝24 000（元）

丙产品应分配的材料费用＝30 000×1.2＝36 000（元）

2. 定额耗用量比例分配法

定额耗用量比例分配法是以各种产品的材料消耗总定额（定额耗用量或定额费用）为标准来分配直接材料费用的方法。采用此方法，要求企业对各种产品的材料消耗都制定出比较合理的定额。这种方法的计算公式为

费用分配率＝各种产品共同耗用的直接材料费用÷各种产品直接材料消耗定额之和

某产品材料消耗总定额＝该产品实际产量（投产量）×单位产品材料消耗定额（或定额费用）

某产品应分配材料费用＝该产品材料消耗总定额×费用分配率

【例 3-3】某企业生产 A、B、C 三种产品，本月共同耗用丙种原材料 4 000 千克，每千克实际平均价格为 6.60 元，计 26 400 元；三种产品丙材料消耗定额分别为 2 千克、

4 千克和 6 千克；本月三种产品投产量分别为 120 件、180 件和 240 件。丙材料费用分配如下。

1）计算丙材料消耗总定额（表 3-1）。

表 3-1 丙材料消耗总定额计算表

产品名称	投产数量/件	单位产品消耗定额/千克	材料消耗总定额/千克
A 产品	120	2	240
B 产品	180	4	720
C 产品	240	6	1 440
合计			2 400

2）编制丙材料费用分配表（表 3-2）。

表 3-2 丙材料费用分配表

产品名称	材料消耗总定额/千克	分配率	分配金额/元
A 产品	240	11	2 640
B 产品	720	11	7 920
C 产品	1 440	11	15 840
合计	2 400	11	26 400

3. 系数分配法

系数分配法（标准产量法）是指将各种产品的产量按系数折算成标准产量，并按照标准产品产量的比例分配材料费用的一种方法。这里的系数是标准产量与各种产品在量上的一种比例关系，如消耗定额、实际产量、体积比例等。这种方法一般在各种产品的工艺过程基本相同的企业采用。相关计算公式为

某产品折合系数＝该种产品的折合量÷标准产品折合量

某产品的标准产量＝该种产品的产量×该种产品的折合系数

材料费用分配率＝材料费用总额÷各种产品的标准产量之和

某产品应分配的材料费用＝该种产品的标准产量×材料费用分配率

上述公式中的标准产品必须是企业大量和正常生产的产品，因为只有这样的产品才具有“标准”的代表性。

【例 3-4】某企业基本生产车间生产甲、乙、丙三种产品，共同耗用原材料费用 17 600 元。实际产量分别为：甲产品 200 件，乙产品 150 件，丙产品 100 件。以乙产品作为标准产品，以材料费用定额作为折合标准，甲、乙、丙三种产品的材料费用定额分别为 120 元、100 元、160 元。根据以上资料编制材料费用分配表（表 3-3）。

表 3-3　材料费用分配表

产品名称	产量/件	折合系数	标准产量/件	分配率	分配金额/元
甲产品	200	1.2	240		7 680
乙产品	150	1.0	720		4 800
丙产品	100	1.6	1 440		5 120
合计	450		2 400	32	17 600

其中：

甲产品折合系数＝120÷100＝1.2

乙产品折合系数＝100÷100＝1.0

丙产品折合系数＝160÷100＝1.6

材料费用分配率＝17 600÷（240＋150＋160）＝32

（二）分配结转直接材料费用的账务处理

材料费用中领用的材料可以根据耗用材料汇总表和材料费用分配表编制会计分录。

【例 3-5】某厂生产 A、B、C 三种产品，三种产品本月直接耗用甲材料分别为 12 000 元、20 000 元和 28 000 元，共同耗用丙材料为 26 400 元。按定额耗用量比例分配法分配，三种产品耗用额分别为 2 640 元、7 920 元、15 840 元（表 3-2）。

根据耗用材料汇总表和丙材料费用分配表编制如下会计分录。

借：基本生产成本——A 产品　　14 640
　　　　　　　　——B 产品　　27 920
　　　　　　　　——C 产品　　43 840
　贷：原材料——甲材料　　60 000
　　　　　　——丙材料　　26 400

三、材料费用的核算实务

在会计实务中，材料费用可以包括原料及主要材料、燃料、辅助材料及修理用备件的耗费。对出现的废料价值，应在有关产品成本中扣除。如果产品之间废料不易分清，可按耗用原材料的比例分摊。

【例 3-6】某企业 6 月发料情况如表 3-4 所示。

表 3-4　发出材料汇总表

材料类别	发料数量	计划单价/元	用途
原料及主要材料	225 吨	70.00	甲产品生产领用
原料及主要材料	190 吨	55.00	乙产品生产领用
燃料	130 吨	50.00	辅助生产车间领用
燃料	4 吨	50.00	基本生产车间一般用

续表

材料类别	发料数量	计划单价/元	用途
燃料	2 吨	50.00	企业管理部门领用
辅助材料	150 千克	2.40	基本生产车间领用
辅助材料	400 米	0.35	辅助生产车间领用
辅助材料	160 千克	2.40	企业管理部门领用
修理用备件	40 只	8.00	基本生产车间修理用

在甲产品生产领用的原料及主要材料中退回废料 2 吨，计划单价 20 元，已交废料仓库。在乙产品生产领用的原料及主要材料中有 10 吨尚未投入生产，计划单价 55 元，月末办理了假退料手续。假设原料及主要材料成本差异率为－2%，燃料成本差异率为＋3%，辅助材料成本差异率为－1%，修理用备件成本差异率为 0。

根据上述资料编制各部门材料费用分配表（表 3-5～表 3-7）。

表 3-5　材料费用分配表（按计划成本编制）

车间名称：基本生产车间　　　　202×年 6 月　　　　单位：元

应贷科目		应借科目								合计	
		基本生产成本				制造费用——基本生产车间					
		甲产品		乙产品		修理费		机物料消耗			
		直接材料		直接材料							
总分类账户	明细分类账户	计划成本	差异	计划成本	差异	计划成本	差异	计划成本	差异	计划成本	差异
原材料	原料及主要材料	15 750	－315	10 450	－209					26 200	－524
减：废料		－40								－40	
退料				－550	＋11					－550	＋11
小计		15 710	－315	9 900	－198					25 610	－513
原材料	修理用备件					320	0			320	0
	辅助材料							360	－3.6	360	－3.6
	燃料							200	＋6	200	＋6
合计		15 710	－315	9 900	－198	320	0	560	＋2.4	26 490	－510.6

表 3-6　材料费用分配表（按计划成本编制）

车间名称：辅助生产车间　　　　202×年 6 月　　　　单位：元

应贷科目		应借科目				合计	
		辅助生产成本		制造费用			
		直接材料		机物料消耗			
总分类账户	明细分类账户	计划成本	差异	计划成本	差异	计划成本	差异
原材料	燃料	6 500	＋195			6 500	＋195
	辅助材料			140	－1.4	140	－1.4
合计		6 500	＋195	140	－1.4	6 640	＋193.6

表 3-7　材料费用分配表（按计划成本编制）

部门：企业管理部门　　202×年 6 月　　单位：元

应贷科目		应借科目：管理费用：机物料消耗		合计	
总分类账户	明细分类账户	计划成本	差异	计划成本	差异
原材料	燃料	100	+3	100	+3
	辅助材料	384	−3.84	384	−3.84
合计		484	−0.84	484	−0.84

根据基本生产车间、辅助生产车间、企业管理部门材料费用分配表编制材料费用分配汇总表（表 3-8）。

表 3-8　材料费用分配汇总表（按计划成本编制）

202×年 6 月　　单位：元

应贷科目	应借科目										合计	
	基本生产成本				辅助生产成本		制造费用——基本生产		管理费用			
	甲产品		乙产品									
	计划成本	差异	计划成本	差异	计划成本	差异	计划成本	差异	计划成本	差异	计划成本	差异
原材料	15 750	−315	10 450	−209	6 640	+193.6	880	+2.4	484	−0.84	34 204	−328.84
减：废料	40										−40	
退料			−550	+11							−550	+11
合计	15 710	−315	9 900	−198	6 640	+193.6	880	+2.4	484	−0.84	33 614	−317.84

注：辅助生产车间如果只生产一种产品或只提供一种劳务，其制造费用可直接记入“辅助生产成本”账户。

根据材料费用分配汇总表（表 3-8）编制如下会计分录（方框表示红字）：

借：基本生产成本——甲产品　　15 750
　　基本生产成本——乙产品　　10 450
　　辅助生产成本　　6 640
　　制造费用——基本生产　　880
　　管理费用　　484
　　贷：原材料　　34 204

借：原材料——废料　　40
　　贷：基本生产成本——甲产品　　40

借：原材料——原料及主要材料　　550
　　贷：基本生产成本——乙产品　　539
　　　　材料成本差异　　11

借：基本生产成本——甲产品　　315
　　基本生产成本——乙产品　　209

辅助生产成本　　193.6
制造费用——基本生产车间　　2.4
管理费用　　0.84
贷：材料成本差异　　328.84

问题与思考

- 材料费用分配的基本原则是什么？
- 常用的分配标准有哪些？确定分配对象时一般是特定的产品还是相关的受益单位？

第二节　人工费用的核算

一、人工费用的归集

（一）人工费用总额的组成

人工费用是指各单位在一定时期内直接支付给本单位全部职工的全部劳动报酬。为了统一工资的计划、统计和核算工作，正确地计算人工费用总额，国家对人工费用总额的组成做了统一的规定。工业企业必须按照国家固定的工资总额的组成内容进行工资费用的核算。

根据《企业会计准则第9号——职工薪酬》，职工薪酬由下列八个部分组成。

1）职工工资、奖金、津贴和补贴，是指按照国家统计局的规定构成工资总额的计时工资、计件工资、支付给职工的超额劳动报酬和增收节支的劳动报酬、为了补偿职工特殊或额外的劳动消耗和因其他特殊原因支付给职工的津贴，以及为了保证职工工资水平不受物价影响支付给职工的物价补贴等。

2）职工福利费，主要是指尚未实行分离办社会职能或主辅分离、辅业改制的企业，内设医务室、职工浴室、理发室、托儿所等集体福利机构人员的工资、医务经费、职工因公负伤赴外地就医路费、职工生活困难补助、未实行医疗统筹的企业职工医疗费用，以及按规定发生的其他职工福利支出。

3）医疗保险、养老保险、失业保险、工伤保险和生育保险等社会保险费用，是指企业按照国务院、各地方政府或企业年金计划规定的基准和比例计算，向社会保险经办机构交纳的医疗保险费、养老保险费（包括向社会保险经办机构交纳的基本养老保险费和向企业年金基金相关管理人交纳的补充养老保险费）、失业保险费、工伤保险费和生育保险费。企业以购买商业保险的形式提供给职工的各种保险待遇也属于职工薪酬。

4）住房公积金，是指企业按照国务院《住房公积金管理条例》规定的基准和比例计算，向住房公积金管理机构缴存的住房公积金。

5）工会经费和职工教育经费，是指企业为了改善职工文化生活，为帮助职工学习先进技术、提高文化水平和业务素质，用于开展工会活动和职工教育及职业技能培训等的相关支出。

6）非货币性福利，是指企业以自己的产品或外购商品发放给职工作为福利。例如，企业提供给职工无偿使用自己拥有的资产或租赁资产；免费为职工提供诸如医疗保健等服务；向职工提供企业支付了一定补贴的商品或服务；提供给企业高级管理人员无偿使用的住房，以低于成本的价格向职工出售的住房等。

7）因解除与职工的劳动关系给予的补偿，是指由于分离办社会职能、实施主辅分离、辅业改制、重组和改组计划、职工不能胜任等因素，企业在职工劳动合同尚未到期之前解除与职工的劳动关系，或者为鼓励职工自愿接受裁减而给予职工的经济补偿。

8）其他与获得职工提供的服务相关的支出，是指除上述七种薪酬以外的其他为获得职工提供的服务而给予的薪酬，如企业提供给职工以权益形式结算的认股权、以现金形式结算但以权益工具公允价值为基础确定的现金股票增值权等。

企业在工资费用核算时必须注意以下两个方面的问题：①划清工资总额组成与非工资总额组成的界限。例如，为生产工人购买劳动保护用品的支出属于劳动保护费，应作为制造费用计入产品成本；员工出差的伙食补助、误餐补助和交通补助应作为管理费用开支。这些款项虽然随同工资发给员工，但不属于工资总额的组成内容，不应计入工资费用。②工资总额的组成内容与计入产品成本及经营管理费用的工资费用是有区别的，即企业的工资总额并非全部计入产品成本及经营管理费用。例如，有关在建工程人员的工资应由在建工程成本负担，不能计入产品成本及经营管理费用。

（二）工资的计算

工业企业可根据具体情况采用不同的工资制度，其中最基本的工资制度是计时工资制度和计件工资制度。

1. 计时工资的计算

职工的计时工资是根据考勤记录登记的每一职工出勤或缺勤的日数，按照规定的工资标准计算的。工资标准按其计算的时间不同，有按月计算的月薪、按日计算的日薪或按小时计算的小时工资。企业固定职工的计时工资一般按月薪计算；临时职工的计时工资大多按日薪计算，也有按小时工资计算的。下面着重讲述月薪制计时工资的计算方法。

采用月薪制计算应付工资，由于各月日历天数不同，同一职工各月的日工资率不尽相同。在实际工作中，为了简化日工资的计算工作，日工资率一般按以下两种方法之一计算：①每月固定按 30 日计算，以月工资标准除以 30 日，算出每月的日工资率。②每月固定按年日历数 365 日减去 104 个双休日和 11 个法定节假日，再除以 12 个月算出的平均工作日数 20.83 日计算；以月标准工资除以 20.83 日算出每月的日工资率。此外，应付的月标准，可以按日工资率乘以出勤日数计算，也可以按月工资标准扣除缺勤工资（即日工资率乘以缺勤日数）计算。

综上所述，应付月工资一般有四种计算方法：①按 30 日计算日工资率，按缺勤日数扣减月工资；②按30日计算日工资率，按出勤日数计算月工资；③按20.83日计算日工资率，按缺勤日数扣减月工资；④按20.83日计算日工资率，按出勤日数计算月工资。

企业自行确定计算方法，确定以后不应任意变动。在按30日计算日工资率的企业中，由于节假日也计算工资，出勤期间的节假日按出勤日计算工资；事假、病假等缺勤期间的节假日，按缺勤日扣减工资。在按20.83日计算日工资率的企业中，节假日不计算、不扣减工资。

【例3-7】某企业生产部门工人的月标准工资为6 300元。9月30天，病假3日，事假2日，双休日休假9日，出勤16日。根据工人的工龄，其病假工资按工资标准的90%计算，病假和事假期间没有节假日。按上述四种方法分别计算该工人10月的标准工资如下。

1）按30日计算日工资率，按缺勤日数扣月工资。

日工资率＝6 300÷30＝210（元）

应扣缺勤病假工资＝210×3×10%＝63（元）

应扣缺勤事假工资＝210×2＝420（元）

应付工资＝6 300－63－420＝5 817（元）

2）按30日计算日工资率，按出勤日数计算月工资。

应付出勤工资＝210×（16＋9）＝5 250（元）

应付病假工资＝210×3×90%＝567（元）

应付工资＝5 250＋567＝5 817（元）

3）按20.83日计算日工资率，按缺勤日数扣月工资。

日工资率＝6 300÷20.83≈302.45（元）

应扣缺勤病假工资＝302.45×3×10%≈90.74（元）

应扣缺勤事假工资＝302.45×2＝604.9（元）

应付工资＝6 300－90.74－604.9＝5 604.36（元）

4）按20.83日计算日工资率，按出勤日数计算月工资。

应付出勤工资＝302.45×16＝4 839.2（元）

应付病假工资＝302.45×3×90%≈816.62（元）

应付工资＝4 839.2＋816.62＝5 655.82（元）

从以上四种计算方法的举例中，可能看出按20.83日计算日工资率，节假日不算工资，更能体现按劳分配的原则，而且职工缺勤日数通常比出勤日数少，计算缺勤工资总比计算出勤工资简便。因此，按20.83日计算日工资率、按缺勤扣月工资的方法较适宜。

2. 计件工资的计算

1）个人计件工资的计算。职工的计件工资，应根据产量记录中登记的每一工人的产品产量，乘以规定的计件单价计算。这里的产量包括合格品产量和非工人本人过失造成的不合格品产量（如料废品数量）。计件工资的计算公式为

应付计件工资＝$\sum$［（合格品产量＋非工人本人过失造成的不合格品产量）×计件单价］

【例 3-8】假定某工人本月生产甲合格品 300 件、废品 20 件，其中料废品 16 件，该产品计件单价为 30 元；乙合格品 80 件，该产品计件单价为 40 元。该工人的计件工资为

应付计件工资＝（300＋16）×30＋80×40＝12 680（元）

2）集体计件工资的计算。集体计件工资的计算应分两步来进行：第一步是先计算该集体应得的计件工资总额，其计算方法与个人计件工资的计算相同；第二步是在第一步计算的基础上将集体应得的计件工资总额在小组成员之间进行分配，求出每个成员应得的计件工资额。相关计算公式为

工资分配率＝小组计件工资总额÷小组计时工资总额

个人应得计件工资＝个人应得计时工资×工资分配率

【例 3-9】某企业车间车工组 8 月生产甲合格产品 2 200 件，废品 80 件，其中料废品 60 件，该产品计件单价为 25 元；生产乙合格品 700 件，该产品计件单价为 30 元，小时工资率按 20.83 天计算。其他资料如表 3-9 所示。

表 3-9　一车间车工组人员等级工资资料

工人姓名	工资等级	小时工资/元	实际工作时数
刘明	7	80	17
赵进	6	72	17.5
王亮	4	55	20
朱峰	3	44	20
张敏	1	35	18
合计			92.5

第一步：计算车工组 8 月应得计件工资额。

（2 200＋60）×25＋700×30＝77 500（元）

第二步：将车工组应得计件工资额在各成员之间进行分配，分配结果如表 3-10 所示。

表 3-10　车间车工组人员计件工资分配情况表

工人姓名	实际工作时数	小时工资/元	计时工资/元	分配率	计件工资/元
刘明	17	80	1 360		20 152.48
赵进	17.5	72	1 260		18 670.68
王亮	20	55	1 100		16 299.80
朱峰	20	44	880		13 039.84
张敏	18	35	630		9 335.34
合计	92.5		5 230	14.818	77 500

（三）工资费用的归集

除按照计时和计件两种工资形式计算职工的应付工资外，还应计算每一职工应得的奖金和津贴。奖金和津贴要根据有关规定进行计算，一并记入应付工资，并据以编制工资结算表。

工资结算表应编制一式三份：一份交企业劳动工资部门；一份裁成工资条连同工资额一并发给每个职工；一份在发工资时由职工个人签名后交会计部门，由会计部门据以编制工资结算汇总表，其是进行工资结算和分配的原始依据。

二、工资费用的分配

（一）工资费用的分配方法

采用计件工资形式支付的产品生产工人工资，一般可以直接计入所生产产品的成本，不需要在各种产品之间进行分配。采用计时工资形式支付的工资，如果生产工人只生产一种产品，也可以将工资费用直接计入该产品成本，不需要分配；如果生产工人生产多种产品，则需要选用合理的方法，在各种产品之间进行分配。

直接人工费用的分配方法有生产工时分配法、直接材料成本分配法、系数分配法等。生产工时分配法中的生产工时，可以是产品的实际生产工时，也可以是按照单位产品定额工时和实际生产量计算的定额总工时。生产工时分配法的计算公式为

费用分配率＝应分配的工资费用÷各种产品生产工时之和

某产品应分配的工资费用＝该产品的生产工时×费用分配率

【例 3-10】某厂生产 A、B、C 三种产品，本月产品生产工人工资为 495 000 元。三种产品本月实际生产工时分别为 2 000 小时、3 000 小时和 6 000 小时，采用生产工时分配法分配工资费用，编制费用分配表（表 3-11）。

表 3-11 工资费用分配表

产品名称	生产工时/小时	分配率	分配金额/元
A 产品	2 000		90 000
B 产品	3 000		135 000
C 产品	6 000		270 000
合计	11 000	45	495 000

（二）分配结转工资费用的账务处理

计入产品成本和经营管理费用的工资费用，根据工资结算汇总表、工资费用分配表编制会计分录。

【例 3-11】某厂工资结算汇总表记录：本月应付工资 524 000 元，其中，产品生产工人工资 495 000 元，车间管理人员工资 3 000 元，厂部管理人员工资 26 000 元。产品生产工人工资在各产品之间的分配如表 3-11 所示。

根据上述资料编制如下会计分录。

借：基本生产成本——A 产品　　90 000
　　　　　　　　——B 产品　　135 000
　　　　　　　　——C 产品　　270 000
　　制造费用　　3 000

管理费用　　26 000
贷：应付职工薪酬——工资　　524 000

问题与思考

- 企业确定生产环节的工资计算方法的主要依据是什么？
- 计时工资的计算有哪几种方法？这些方法的区别是什么？

第三节　其他费用的核算

一、动力费用的核算

动力费用是指外购及自制电力、热力等费用。这些费用有的直接用于产品生产，有的用于照明、取暖等。在有计量仪器记录的情况下，直接根据仪器所显示的耗用数量和单价计算；在没有计量仪器的情况下，要按照一定的标准在各种产品之间进行分配，直接用于产品生产的动力记入各种产品基本生产成本“燃料和动力”成本项目。动力费用分配方法与材料费用分配方法基本相同，编制动力费用分配表，根据分配表编制会计分录，据以登记有关总账和明细账。

【例 3-12】以外购动力为例，动力费用分配表如表 3-12 所示。

表 3-12　动力费用分配表

202×年×月

应借科目	生产工时（分配率 0.20）	度数（分配率 0.30）	金额/元
基本生产成本——甲产品	45 000		9 000
——乙产品	30 000		6 000
辅助生产成本——供电		5 000	1 500
——供水		2 000	600
制造费用		7 500	2 250
管理费用		6 000	1 800
销售费用		2 000	600
合计	75 000	22 500	21 750

根据动力费用分配表编制如下会计分录。

借：基本生产成本——甲产品　　9 000
　　　　　　　　——乙产品　　6 000
　　辅助生产成本——供电　　1 500
　　　　　　　　——供水　　600
　　制造费用　　2 250
　　管理费用　　1 800

销售费用 600

贷：应付账款（或银行存款） 21 750

二、折旧费用的核算

（一）折旧的计算

固定资产的折旧是指在固定资产的使用寿命内，按照确定的方法对应计折旧额进行的系统分摊。其中，应计折旧额是指应当计提的固定资产的原价扣除其预计净残值后的余额，如果已对固定资产计提减值准备，还应当扣除已计提的固定资产减值准备累计金额。进行折旧费用的核算，先要计算折旧，然后分配折旧费用。

计算折旧，必须确定固定资产应计折旧额。固定资产应计折旧额是固定资产原值减去预计净残值以后的余额。为了比较正确、简便地确定净残值，可以根据各类固定资产的历史统计资料或技术测定资料，确定预计净残值率。预计净残值率的计算公式为

预计净残值率＝预计净残值÷固定资产原值×100%

根据固定资产原值和规定的预计净残值率，即可确定固定资产预计净残值。因此，固定资产应计折旧额的计算公式为

固定资产预计净残值＝固定资产原值×规定的预计净残值率

固定资产应计折旧额＝固定资产原值－固定资产预计净残值

会计上计算固定资产折旧的方法很多，主要分为两大类：一类是直线法，包括年限平均法和工作量（或工作时数）法；另一类是加速折旧法，包括双倍余额递减法和年数总和法。目前，我国对固定资产方法的选用限定为：企业一般采用年限平均法；企业专业车队的客货运汽车、大型设备可采用工作量法；在国民经济中具有重要地位、技术进步快的高科技企业、船舶企业、生产“工业母机”的机械企业、飞机制造企业及财政部批准的企业，其机器设备可以选用加速折旧法。

1. 年限平均法

采用年限平均法，应该按照固定资产的预计使用年限平均计算折旧额。年折旧额的计算公式为

年折旧额＝应计折旧额÷预计使用年限

在实际工作中，采用年限平均法计算折旧时，折旧额是根据固定资产原值乘以折旧率计算的。固定资产折旧率是指一定时期内固定资产折旧额与固定资产原值的比率，其计算公式为

年折旧率＝年折旧额÷原值×100%

＝（1－预计净残值率）÷预计使用年限×100%

为了正确地计算折旧，加强对固定资产折旧的宏观控制，我国企业所得税暂行条例及其实施细则规定了企业应当根据固定资产的性质和使用情况，合理确定固定资产的预计净残值。固定资产的预计净残值一经确定，不得变更。由企业自行确定的，折旧额应该按月计算，应根据年折旧率算出月折旧率，其计算公式为

月折旧率＝年折旧率÷12

折旧率计算确定以后，不应任意变动。每月计算折旧额时，只需以原值乘以月折旧率即可。其计算公式为

月折旧额＝原值×月折旧率

【例 3-13】假定某企业某项固定资产原值为 156 000 元，预计净残值率为 4%，折旧年限规定为 10 年。该项固定资产年折旧率、月折旧率和月折旧额计算如下。

该项固定资产年折旧率＝（1－4%）÷10×100%＝9.6%

该项固定资产月折旧率＝9.6%÷12＝0.8%

该项固定资产月折旧额＝156 000×0.8%＝1 248（元）

为了简化折旧的计算工作，月份内开始使用的固定资产，当月不计算折旧，从下月起计算折旧；月份内减少或停用的固定资产，当月仍计算折旧，从下月起停止计算折旧，即每月折旧额按月初固定资产的原值和规定的折旧率计算。

2. 工作量（或工作时数）法

采用工作量（或工作时数）法，应该按照固定资产完成的工作量或工作时数计算折旧，其计算公式为

某项固定资产单位折旧额＝该项固定资产应计折旧额
÷该项固定资产预计使用年限内可完成的总工作量（或时数）
＝固定资产原值×（1－预计净残值率）
÷固定资产规定的总工作量（或时数）

该项固定资产月折旧额＝该项固定资产该月完成的工作量（或时数）×单位折旧额

【例 3-14】假定某工业企业运货汽车一辆，原值 180 000 元，规定的预计净残值率为 5%，预计行驶 60 万千米。某月行驶 12 000 千米。该辆汽车单位折旧额和该月折旧额计算如下。

该辆汽车单位折旧额＝180 000×（1－5%）÷600 000＝0.285（元/千米）

该月折旧额＝12 000×0.285＝3 420（元）

这种方法适用于单位价值较高，但各月的工作量或工作时数不均衡的固定资产，如大型精密设备和运货汽车等。

3. 双倍余额递减法

加速折旧法又称快速折旧法或递减折旧法，其特点是在固定资产有效使用年限的前期多计提折旧，后期则少计提折旧，从而相对加快折旧速度，以使固定资产成本在有效使用年限中加快得到补偿。双倍余额递减法是加速折旧法的一种，是在不考虑固定资产残值的情况下，根据每期期初固定资产账面余额和双倍的平均年限法折旧率计算固定资产折旧金额的方法，计算公式为

年折旧率＝2÷固定资产预计使用年限×100%

月折旧率＝年折旧率÷12

$$月折旧额=固定资产账面余额\times月折旧率$$

由于双倍余额递减法不考虑固定资产的残值收入，在采用这种方法时必须注意不能使固定资产的账面余额降低到其预计残值以下。在我国会计实务中，实行双倍余额递减法计提固定资产折旧时，应当在固定资产使用年限到期前两年以内，将固定资产账面余额扣除预计净残值后的余额平均摊销。

【例 3-15】某股份有限公司购买一台生产用设备，账面原值为 2 000 000 元，预计使用年限为 5 年，预计净残值为 80 000 元，使用双倍余额递减法计提固定资产折旧，每年的折旧额计算如下。

$$年折旧率=2\div5\times100\%=40\%$$

$$第一年应计提折旧=2\,000\,000\times40\%=800\,000（元）$$

$$第二年应计提折旧=（2\,000\,000-800\,000）\times40\%=480\,000（元）$$

$$第三年应计提折旧=（1\,200\,000-480\,000）\times40\%=288\,000（元）$$

$$第四、五年应分别计提折旧=（2\,000\,000-800\,000-480\,000-288\,000-80\,000）\div2=176\,000（元）$$

4. 年数总和法

年数总和法又称年限合计法，是以固定资产原值减去预计净残值后的净额为基数，乘以一个逐年递减的分数计算每年的折旧额，这个分数的分子代表固定资产尚可使用的年限，分母代表预计使用年限的逐年数字合计。这种方法的特点是：计算折旧的基数是固定不变的，折旧率依固定资产尚可使用年限确定，各年折旧率呈递减趋势，依次计算的折旧额也呈递减趋势。

$$年折旧率=\frac{尚可使用年限}{预计使用年限的逐年数字合计}$$

$$年折旧率=\frac{预计使用年限-已使用年限}{预计使用年限\times(预计使用年限+1)\div2}$$

$$月折旧率=年折旧率\div12$$

$$月折旧额=（固定资产原值-预计净残值）\times月折旧率$$

【例 3-16】某股份有限公司购买一台生产用设备，账面原值为 2 500 000 元，预计使用年限为 5 年，预计净残值为 40 000 元。按年数总和法计提固定资产折旧，每年的折旧额计算如下。

$$第一年应计提的折旧额=（2\,500\,000-40\,000）\times5\div15=820\,000（元）$$

$$第二年应计提的折旧额=（2\,500\,000-40\,000）\times4\div15=656\,000（元）$$

$$第三年应计提的折旧额=（2\,500\,000-40\,000）\times3\div15=492\,000（元）$$

$$第四年应计提的折旧额=（2\,500\,000-40\,000）\times2\div15=328\,000（元）$$

$$第五年应计提的折旧额=（2\,500\,000-40\,000）\times1\div15=164\,000（元）$$

问题与思考

- 生产环节常用的折旧方法有哪些？在使用这些方法时需要注意哪些问题？
- 不同的折旧方法会导致企业的制造费用出现什么差异？

（二）折旧费用分配的核算

一种产品的生产往往需要很多种机器设备，而每种机器设备又可能生产多种产品。因此，机器设备的折旧费用虽然是直接用于产品生产的费用，但一般属于分配工作比较复杂的间接计入费用。企业计提的固定资产折旧费用，应根据用途分别计入相关资产的成本或当期费用，并按固定资产的使用部门进行分配，借记“制造费用”“管理费用”“销售费用”等科目。在会计实务中，企业每月计提的固定资产折旧是通过编制固定资产折旧计算汇总表进行的。该表在上月计提折旧的基础上，对上月固定资产的增减情况进行调整后，计算得出本月应计提的固定资产折旧额。

本月应计提的固定资产折旧额＝上月计提的固定资产折旧额

＋上月增加的固定资产应计提的折旧额

－上月减少的固定资产应计提的折旧额

【例 3-17】某企业的固定资产折旧计算汇总表如表 3-13 所示。

表 3-13 固定资产折旧计算汇总表

单位：元

应借科目	车间部门	月初固定资产折旧额	上月增加固定资产折旧额	上月减少固定资产折旧额	本月固定资产折旧额
制造费用	基本生产车间	29 700	6 600	2 400	33 900
辅助生产成本	机修车间	12 100	1 500	800	12 800
	运输车间	9 300	1 200		10 500
管理费用	行政管理	11 400	2 300	1 100	12 600
合计		62 500	11 600	4 300	69 800

根据固定资产折旧计算汇总表（表 3-13）编制如下会计分录。

借：制造费用　　33 900

　　辅助生产成本　　23 300

　　管理费用　　12 600

　　贷：累计折旧　　69 800

本 章 小 结

本章主要介绍了产品成本项目中直接材料费用、外购动力费用和直接人工费用等要素费用计入产品成本的方法。

材料费用包括企业生产经营过程中耗费原材料、燃料、低值易耗品、包装物等而发生的费用。进行材料费用的核算，首先要进行材料发出的核算，然后根据发出材料的具体用途，遵循合理、简便的原则，分配材料费用，将其计入各种产品成本和各种经营管理费用。

材料发出的核算要按实际成本或计划成本进行计价，采用按重量或定额用量比例分配、系数分配的方法，分配结转直接材料费用。人工费用主要包括支付给职工的工资总额，以及按一定比例提取的职工福利费。采用计时工资和计件工资的形式计算的工资费用按生产工时、直接材料成本、系数等分配方法，分配计入各种产品成本。动力费用是指外购及自制电力、热力等费用。在有计量仪器记录的情况下，直接根据仪器所示的耗用数量和单价计算；在没有计量仪器的情况下，要按照一定的标准在各种产品之间进行分配，其分配方法与材料费用分配方法基本相同。进行折旧费用的核算，先要计算折旧，然后分配折旧费用。

理论知识练习

一、单项选择题

1．直接费用和间接费用是生产费用按其（　　）划分的类别。

A．经济性质　　B．经济用途　　C．与产品关系　　D．与产量关系

2．如果月末有剩余材料，为了正确计算本月消耗材料的数量，企业应填制（　　）办理退料手续。

A．退料单　　B．限额领料单　　C．领料登记簿　　D．“假”领料单

3．产品生产成本中的工资项目不包括（　　）。

A．直接参加生产的工人工资　　B．按生产工人工资计提的福利费

C．直接参加生产的工人计件工资　　D．生产车间管理人员的工资

二、判断题

1．用于企业生产和照明的电费，应计入各产品明细账的“燃料和动力”成本项目。（　　）

2．“假退料”手续，只需填制一张本月的退料凭证，材料实物并不发生转移。（　　）

3．在计件工资下，不合格产品不计算工资。（　　）

4．在物价持续上涨的情况下，为使本期消耗的材料费用能如实反映当前的物价水平，应采用后进先出法计算本期消耗材料的成本。（　　）

5．固定资产折旧费是产品成本的组成部分，因此，企业发生的折旧费应全部计入产品成本。（　　）

6．在永续盘存制或实地盘存制下，采用后进先出法对发生存货计价的结果是相

同的。（　　）

7．在实际工作中采用年限平均法计算折旧时，折旧额是根据固定资产原值乘以折旧率计算的。（　　）

8．为了简化折旧的计算工作，月份内开始使用的固定资产，当月起计算折旧。（　　）

三、计算题

1．某企业2018年2月初应计提折旧的固定资产原值600万元；2月4日，该公司租给外单位一台价值20万元的生产用设备；2月15日，报废一台价值30万元的设备；3月2日，购入一台价值40万元的新设备，当即投入使用；3月20日，将去年12月验收的办公大楼投入使用，价值2 000万元。计算该公司3月应计提折旧的固定资产原价。

2．职工李华月工资标准为6 350元，5月请病假3天，事假1天（在病事假期间无节假日），星期休假9天，出勤18天。据规定，李华病假工资按工资标准的80%计算给付。若按20.83天计算日工资率，按缺勤日数扣减工资，试计算李华5月应得计时工资数额。

实务操作练习

一、材料费用的分配

1）某企业生产甲、乙、丙三种产品，原料及主要材料耗用计划成本如表3-14所示。

表3-14　原料及主要材料耗用计划成本

单位：元

<table>
<tr><th rowspan="2">材料类别</th><th rowspan="2">甲产品</th><th rowspan="2">乙产品</th><th rowspan="2">丙产品</th><th>用途</th></tr>
<tr><th>车间修理领用</th></tr>
<tr><td>A</td><td colspan="2">218 000</td><td>120 000</td><td></td></tr>
<tr><td>B</td><td>80 000</td><td colspan="2">220 000</td><td>7 000</td></tr>
<tr><td>C</td><td colspan="3">22 000</td><td></td></tr>
</table>

2）产量和单位产品定额耗用量如表3-15所示。

表3-15　产量和单位产品定额耗用量

单位：千克

<table>
<tr><th rowspan="2">产品</th><th rowspan="2">产量</th><th colspan="3">单位产品定额耗用量</th></tr>
<tr><th>A材料</th><th>B材料</th><th>C材料</th></tr>
<tr><td>甲产品</td><td>600</td><td>6</td><td>14</td><td>20</td></tr>
<tr><td>乙产品</td><td>400</td><td>8</td><td>12</td><td>10</td></tr>
<tr><td>丙产品</td><td>1 000</td><td>5</td><td>20</td><td>4</td></tr>
</table>

该企业材料按计划成本核算，本月材料成本差异率为－2%，当月乙产品领用的 A 材料剩余 6 000 元，办理了假退料手续。A、B 材料按定额耗用量比例分配，C 材料按产品产量比例分配。

要求：编制该月材料费用分配的会计分录。

二、工资费用的分配

某厂生产甲、乙、丙三种产品，6 月发生的生产工人工资为 147 000 元，甲产品的定额工时为 2 500 小时，乙产品的定额工时为 980 小时，丙产品的定额工时为 720 小时。

要求：

1）按生产工时比例法计算三种产品应负担的工资及福利费（职工福利费按 14%的比例计提）。

2）编制工资费用分配汇总表。

3）编制工资费用分配的会计分录。

三、折旧费用的分配

某企业各车间和部门 7 月的固定资产及该月增减变化情况如表 3-16 所示。

表 3-16 某企业各车间和部门 7 月的固定资产及该月增减变化情况

单位：元

车间、部门	7 月份固定资产账面余额	7 月份增加固定资产	7 月份减少固定资产
基本生产车间——甲产品	9 700 000	100 000	
基本生产车间——乙产品	7 800 000		80 000
供电车间	1 120 000	50 000	10 000
厂部	2 350 000		

要求：

1）根据上述资料，按折旧率 10%计算折旧额并编制该企业 8 月的折旧费用分配表。

2）根据折旧费用分配表，编制折旧费用分配的会计分录。

第四章　综合费用的核算

内容提要

本章内容分为三节，分别介绍辅助生产费用的核算、制造费用的核算及生产损失的核算。通过学习本章内容，掌握重要辅助生产费用和制造费用的分配方法并进行相应的会计处理；理解废品损失和停工损失的内容及核算。辅助生产费用分配的交互分配法和顺序分配法等都是本章的难点，同时也要注意各种不同分配方法的适用条件，以便于更好地为企业成本核算服务。

知识结构

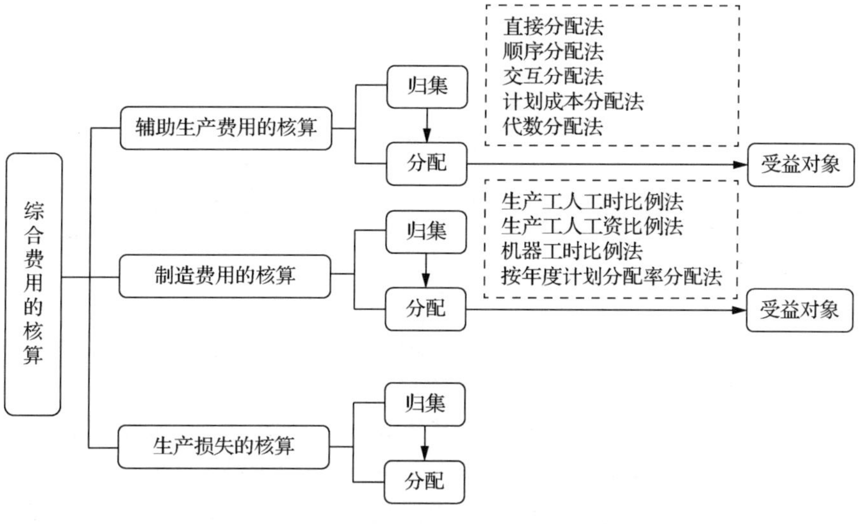

导入案例

【资料】迅达公司设有一个配电室。202×年6月，配电室发生各项费用共计42 000元，其中，材料费用8 000元，动力费用12 000元，薪酬费用16 000元，折旧费用3 600元，其他费用2 400元。本月配电室提供了52 500千瓦时，其中，生产A产品耗用16 500千瓦时，生产B产品耗用21 000千瓦时，基本生产车间一般消耗8 000千瓦时，行政管理部门耗用4 500千瓦时，专设销售机构耗用2 500千瓦时。

【问题】根据上述资料，思考并讨论以下问题。

1）配电室发生费用如何归集？

2）当月费用该如何分配？

第一节　辅助生产费用的核算

辅助生产费用是企业辅助生产车间为基本生产和其他部门提供服务所发生的费用。辅助生产为基本生产服务产生的费用，要间接计入产品制造成本之中，只有辅助生产费用确定并分配之后，基本生产产品的成本才能随之确定。

一、辅助生产费用的含义与分类

（一）辅助生产的含义及分类

在制造业生产中，根据其生产职能不同，可以分为基本生产和辅助生产。辅助生产是指为基本生产车间、企业行政管理部门等单位服务而进行的产品生产或劳务供应，进行辅助生产的车间为辅助生产车间。

辅助生产可以分为两大类，如图 4-1 所示。

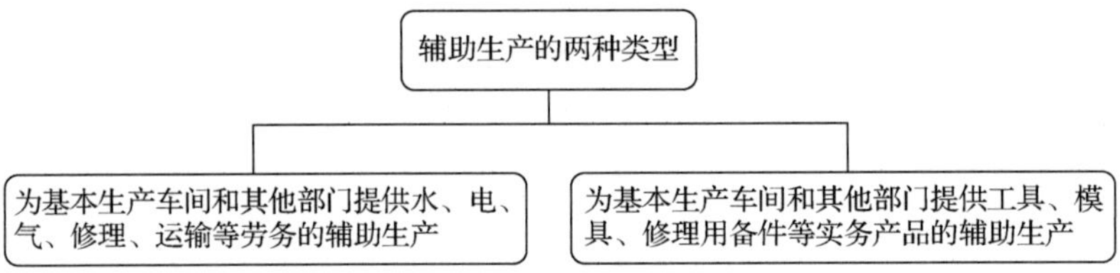

图 4-1　辅助生产的分类

辅助生产车间的产品或劳务一般不对外销售，因此，辅助生产车间发生的生产费用，即所生产的产品或劳务的成本，将分配到各受益对象。

所以，企业进行产品成本核算时，应核算辅助生产费用，并按受益对象进行分配，以便计算出基本生产车间产品的生产成本。正确计算辅助生产产品或劳务的成本，合理分配辅助生产费用，加强对辅助生产费用的控制，对正确计算产品成本、控制和降低产品成本具有十分重要的意义。

（二）辅助生产费用的含义

辅助生产车间为生产产品或提供劳务而发生的材料费用、人工费用，以及辅助生产车间的制造费用，被称为辅助生产费用。为生产和提供一定种类和一定数量的产品或劳务所耗费的辅助生产费用之和，构成该种产品或劳务的辅助生产成本。辅助生产费用按照来源可以分为辅助生产车间自身发生的费用和其他辅助生产车间分配转入的费用，如图 4-2 所示。

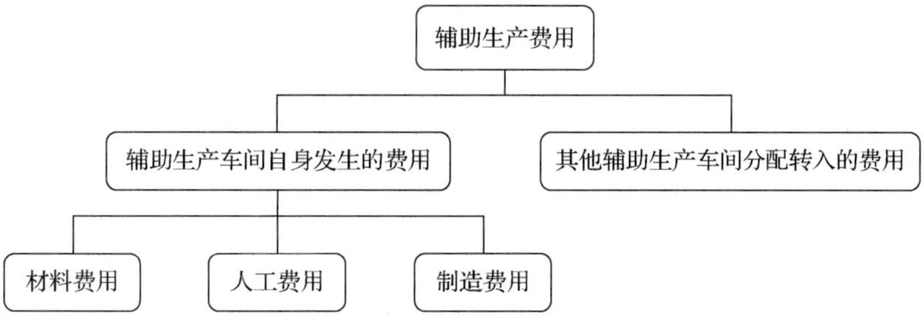

图 4-2　辅助生产费用的内容

（三）辅助生产费用的核算内容

1）辅助生产费用核算包括辅助生产费用的归集和分配的核算。

2）辅助生产费用的核算过程是先归集、后分配。归集是为分配做准备的，是分配的基础。

3）辅助生产费用按车间及产品和劳务类别归集的过程，也是辅助生产产品和劳务成本计算的过程。

4）辅助生产费用的分配，是指按照一定的标准和方法，将辅助生产费用分配到各受益单位或产品的过程。

二、辅助生产费用的归集

为了正确归集辅助生产费用，企业应设置“辅助生产成本”账户，也可以在“生产成本”账户下设“辅助生产成本”二级明细账户。

本章中涉及的辅助生产费用的归集和分配的核算，通过“辅助生产成本”账户进行。该账户同“基本生产成本”账户一样，按车间及产品或劳务的种类设置明细账，并在明细账内按成本项目设立专栏进行明细核算。

对于直接用于辅助生产，并单独设立成本项目的费用，如直接材料费用、直接人工费用等，应分别根据有关费用分配表和凭证，记入“辅助生产成本”总账及其所属的明细账户的借方。

对于辅助生产车间发生的间接费用，在实际工作中，考虑辅助生产车间的制造费用情况不同，具体有两种归集方法，两种方法的根本区别表现在对辅助生产车间的制造费用处理的不同。

1）先通过“制造费用”账户归集，再转入“辅助生产成本”账户的借方。在这种方法下，企业除设置“辅助生产成本”账户外，还须单独设置“制造费用——辅助生产车间”明细账户。对于企业发生的专设成本项目的费用，应直接或分配记入“辅助生产成本”明细账；车间发生的未专设成本项目的制造费用，特别是数额较大时，先记入“制造费用”明细账，在其借方归集辅助生产车间所发生的各项制造费用，然后月末再将制造费用从该明细账户的贷方直接或分配转入“辅助生产成本”账户的借方。结转后，“制造费用”明细账应无余额。

2）不通过“制造费用”账户，直接记入“辅助生产成本”账户。当企业辅助生产车间发生的制造费用较少，或为简化核算，可以不单独设置“制造费用——辅助生产车间”明细账，而是将辅助生产车间所发生的制造费用直接记入“辅助生产成本”账户的借方（本书采用这种方法）。此时，企业辅助生产车间发生的费用都记入“辅助生产成本”账户，月末归集的费用总额即为待分配费用。

辅助生产完工的产品或劳务成本，应从“辅助生产成本”账户的贷方转出。该账户的借方余额反映的是辅助生产车间的在产品成本。在实际工作中，辅助生产费用的归集就是根据前述要素费用的分配登记“辅助生产成本”总账及其明细账。

【例 4-1】安捷公司有供水和供电两个辅助生产车间，202×年 6 月辅助生产成本明细账如表 4-1 和表 4-2 所示。

表 4-1　辅助生产成本明细账 1

辅助车间名称：供水车间　　202×年 6 月　　单位：元

年		凭证号数	摘要	材料费用	动力费用	薪酬费用	折旧费用	差旅费	办公费	其他	合计	转出
月	日											
		略	材料分配	4 000							4 000	
			动力分配		5 400						5 400	
			薪酬分配			2 400					2 400	
			折旧费				1 800				1 800	
			其他费用					1 000	600	400	2 000	
			合计	4 000	5 400	2 400	1 800	1 000	600	400	15 600	
			分配转出									15 600

表 4-2　辅助生产成本明细账 2

辅助车间名称：供电车间　　202×年 6 月　　单位：元

年		凭证号数	摘要	材料费用	动力费用	薪酬费用	折旧费用	差旅费	办公费	其他	合计	转出
月	日											
		略	材料分配	10 600							10 600	
			动力分配		5 200						5 200	
			薪酬分配			8 400					8 400	
			折旧费				4 000				4 000	
			其他费用					6 000	3 400	2 400	11 800	
			合计	10 600	5 200	8 400	4 000	6 000	3 400	2 400	40 000	
			分配转出									40 000

问题与思考

- 在辅助生产费用分配中，各种分配方法的适用条件分别有哪些？
- 如何加强辅助生产费用的成本控制？

三、辅助生产费用的分配

在“辅助生产成本”明细账中归集的辅助生产费用，月末应根据辅助生产车间生产产品和提供劳务的数量，采用一定的方法分配给各个受益对象，以便正确计算基本生产车间生产的产品成本和各项期间费用。

辅助生产分为两种类型，即生产产品和提供劳务。因此，辅助生产费用的分配也就具体分为两种情况。

1）生产产品。如果辅助生产车间是为基本生产车间和其他企业部门提供产品的，则应在这些产品完工入库时，计算出其实际成本，并从“辅助生产成本”账户的贷方转入“原材料”“周转材料”等账户的借方。在这种情况下，月末“辅助生产成本”账户的借方余额反映的是辅助生产车间尚在加工中的在产品的实际成本。

2）提供劳务。如果辅助生产车间是为基本生产车间和其他企业部门提供劳务的，则须将“辅助生产成本”账户借方归集的生产费用在各受益对象之间，选择适当的方法进行分配。对于基本生产车间生产产品耗用的劳务，应记入各产品“基本生产成本”账户的借方及所属明细账的有关成本项目中；对于基本生产车间一般性耗用、企业行政管理部门及专设销售机构耗用的劳务，应分别记入“制造费用”“管理费用”“销售费用”等账户的借方及所属明细账的有关费用项目中。在这种情况下，月末“辅助生产成本”账户一般无余额。

在企业中只有一个辅助生产车间，或者虽然有两个以上的辅助生产车间，但各辅助生产车间之间不相互提供产品或劳务的情况下，月末分配辅助生产费用时，可直接从“辅助生产成本”账户的贷方转入“基本生产成本”“制造费用”“管理费用”“销售费用”等账户的借方。

在企业有两个或两个以上的辅助生产车间，且各辅助生产车间之间也相互提供产品或劳务的情况下，如供水车间为供电车间供水，供电车间为供水车间供电，这样辅助生产费用的分配就较为复杂。要将辅助生产费用分配给各受益对象，须首先在各辅助生产车间之间进行分配，然后再对外分配，即在辅助生产车间以外的各受益对象之间进行分配。

常用的分配方法有以下几种：直接分配法、顺序分配法、交互分配法、计划成本分配法和代数分配法。

在实际工作中，辅助生产费用的分配是通过编制辅助生产费用分配表进行的。

（一）直接分配法

直接分配法是指不考虑辅助生产车间之间相互提供产品或劳务的情况，将各辅助生产车间实际发生的辅助生产费用，直接在辅助生产车间以外的各受益单位之间进行分配的方法。

相关计算公式为

某辅助生产车间费用分配率＝该辅助生产车间的待分配费用
÷辅助生产车间以外各受益单位提供的劳务量之和

某受益单位应分配的辅助生产费用＝该单位耗用的劳务数量×某辅助生产车间费用分配率

【例 4-2】承例 4-1，安捷公司有供水和供电两个辅助生产车间，202×年 6 月归集的辅助生产费用如表 4-1 和表 4-2 所示，两个辅助生产车间提供的劳务量如表 4-3 所示。

表 4-3　辅助生产车间劳务供应表

202×年 6 月

受益单位（供应对象）		耗水/吨	耗电/千瓦时
基本生产——A 产品		2 000	12 000
基本生产——B 产品		1 500	10 000
基本生产车间		900	8 000
辅助生产车间	供水		5 000
	供电	800	
行政管理部门		300	5 000
在建工程		500	5 000
合计		6 000	45 000

根据以上资料，计算的供水车间和供电车间辅助生产费用分配率如下。

供水车间辅助生产费用分配率＝15 600÷（6 000－800）＝3

供电车间辅助生产费用分配率＝40 000÷（45 000－5 000）＝1

采用直接分配法编制的辅助生产费用分配表如表 4-4 所示。

表 4-4　辅助生产费用分配表（直接分配法）

202×年 6 月

项目		供水车间	供电车间	金额合计
待分配费用		15 600 元	40 000 元	55 600 元
供应辅助生产以外的劳务数量		5 200 吨	40 000 千瓦时	
费用分配率		3	1	
基本生产——A 产品	数量	2 000 吨	12 000 千瓦时	
	金额	6 000 元	12 000 元	18 000 元
基本生产——B 产品	数量	1 500 吨	10 000 千瓦时	
	金额	4 500 元	10 000 元	14 500 元
基本生产车间	数量	900 吨	8 000 千瓦时	
	金额	2 700 元	8 000 元	10 700 元
行政管理部门	数量	300 吨	5 000 千瓦时	
	金额	900 元	5 000 元	5 900 元
在建工程	数量	500 吨	5 000 千瓦时	
	金额	1 500 元	5 000 元	6 500 元
分配金额合计		15 600 元	40 000 元	55 600 元

根据辅助生产费用分配表编制如下会计分录。

借：基本生产成本——A 产品　　18 000

　　　　　　　——B 产品　　14 500

制造费用　　10 700
管理费用　　5 900
在建工程　　6 500
贷：辅助生产成本——供水车间　　15 600
　　　　　　　　——供电车间　　40 000

采用直接分配法，不考虑各辅助生产车间之间相互提供的劳务，是以所提供的劳务全部为基本生产车间和企业其他部门耗用为前提的。因此，这种分配方法比较简便，适合在辅助生产车间内部相互提供的产品或劳务不多，不进行交互分配对辅助生产成本和企业产品成本影响不大，或虽然各辅助生产车间相互提供的劳务较多，但相互提供的劳务成本相差不大，基本上可以相互抵销的情况下采用。在辅助生产车间之间相互提供的劳务较多，且提供的劳务成本不平衡时，不宜采用这种分配方法。

（二）顺序分配法

顺序分配法是指各辅助生产车间按照受益多少的顺序依次排列，受益少的排在前，先将费用分配出去，受益多的排在后，后将费用分配出去的方法。采用这种方法，各辅助生产车间的费用只分配给排列在其后面的其他辅助生产车间及辅助生产车间以外的各受益单位，而排列在前面的辅助生产车间不负担排列在后面的辅助生产车间的费用。采用顺序分配法的关键是确定辅助生产车间之间彼此受益的多少（可以按照受益的绝对额或者按照施惠受益比），从而决定分配的顺序。

相关计算公式为

某辅助生产车间费用分配率＝（该辅助生产车间直接发生的费用
＋前面辅助生产车间分配转入的费用）
÷（该辅助生产车间提供的劳务数量
－前面辅助生产车间耗用的该劳务数量）

各受益单位应分配的辅助生产费用＝该受益单位耗用的劳务数量×辅助生产费用分配率

【例 4-3】根据例 4-2 各项资料，运用顺序分配法，计算要点如下。

按照受益排序：

供水车间辅助生产费用分配率＝15 600÷6 000＝2.6

供电车间受益＝800×2.6＝2 080（元）

供电车间辅助生产费用分配率＝40 000÷45 000≈0.89

供水车间受益＝5 000×0.89＝4 450（元）

供电车间受益少，先分配；供水车间受益多，后分配。

此时，计算的分配率如下。

供电车间辅助生产费用分配率＝40 000÷45 000≈0.89

供水车间受益＝5 000×0.89＝4 450（元）

供水车间辅助生产费用分配率＝（15 600＋4 450）÷（6 000－800）＝3.86

根据顺序分配法编制的辅助生产费用分配表如表 4-5 所示。

表 4-5 辅助生产费用分配表（顺序分配法）

202×年 6 月

项目		供电车间	供水车间
待分配费用		40 000 元	20 050 元
劳务供应总量		45 000 千瓦时	5 200 吨
单位成本/分配率		0.89	3.86
供水车间	数量	5 000 千瓦时	
	金额	4 450 元	
基本生产——A 产品	数量	12 000 千瓦时	2 000 吨
	金额	10 680 元	7 720 元
基本生产——B 产品	数量	10 000 千瓦时	1 500 吨
	金额	8 900 元	5 790 元
基本生产车间	数量	8 000 千瓦时	900 吨
	金额	7 120 元	3 474 元
行政管理部门	数量	5 000 千瓦时	300 吨
	金额	4 450 元	1 158 元
在建工程	数量	5 000 千瓦时	500 吨
	金额	4 400*元	1 908*元
分配金额合计		40 000 元	20 050 元

* 表中分配率计算保留两位小数，存在尾差的由最后一个项目承担。

根据辅助生产费用分配表编制如下会计分录。

供电车间：

借：辅助生产成本——供水车间 4 450

基本生产成本——A 产品 10 680

——B 产品 8 900

制造费用 7 120

管理费用 4 450

在建工程 4 400

贷：辅助生产成本——供电车间 40 000

供水车间：

借：基本生产成本——A 产品 7 720

——B 产品 5 790

制造费用 3 474

管理费用 1 158

在建工程 1 908

贷：辅助生产成本——供水车间 20 050

采用顺序分配法分配辅助生产费用，计算方法简便，在各辅助生产车间之间只分配一次费用，一定程度上简化了核算工作。但是，由于排列在前的辅助生产车间不负担排列在后的辅助生产车间的费用，采用顺序分配法分配的准确性会受到影响，同时也不便于调动排列在前的辅助生产车间为排列在后的辅助生产车间提供劳务的积极性。因此，这种分配方法一般适用于各辅助生产车间之间相互提供劳务有明显顺序的企业。

（三）交互分配法

交互分配法全称为一次交互分配法，是指首先应根据各辅助生产车间相互提供的产品或劳务数量和交互分配前的单位成本进行一次交互分配，然后将各辅助生产车间交互分配后的实际费用，即交互分配前的辅助生产费用加上交互分配转入的费用，减去交互分配转出的费用，按提供产品或劳务的数量，在辅助生产车间以外的各受益对象之间进行分配的一种方法（以下均简称交互分配法）。

交互分配法的计算过程分为两个步骤。

1）交互分配。它是指只在各辅助生产车间之间交互分配费用，以各辅助生产车间分配前的费用及其相互提供劳务的数量为依据进行内部分配。本步骤对基本生产车间和其他受益对象不进行分配。

相关计算公式为

某辅助生产费用交互分配率＝该辅助生产车间待分配费用总额
÷该辅助生产车间提供的劳务总量

辅助生产车间应交互分配额＝该辅助生产车间耗用的劳务量×交互分配率

2）对外分配。它是指将各辅助生产车间交互分配后的实际费用，按提供的劳务数量，采用直接分配法的思路，分配给基本生产车间和其他受益对象等辅助生产车间之外的受益单位。

相关计算公式为

某辅助生产车间交互分配后的费用（待对外分配的费用）
＝该辅助生产车间交互分配前的费用＋交互分配转入的生产费用
－交互分配转出的生产费用

某辅助生产车间对外分配的费用分配率＝该辅助生产车间交互分配后的费用
÷（该辅助生产车间提供的劳务数量
－交互分配的劳务数量）

辅助生产车间以外的各受益单位应分配的辅助生产费用
＝该受益单位耗用的劳务数量
×某辅助生产车间对外分配的费用分配率

【例 4-4】根据例 4-2 各项资料，运用交互分配法，计算要点如下。

供水车间交互分配率＝15 600÷6 000＝2.6

供电车间交互分配率＝40 000÷45 000≈0.89

供水车间对外待分配费用＝15 600＋4 450－2 080＝17 970（元）

供电车间对外待分配费用＝40 000＋2 080－4 450＝37 630（元）

供水车间对外分配率＝17 970÷（6 000－800）≈3.46

供电车间对外分配率＝37 630÷（45 000－5 000）≈0.94

采用交互分配法编制的辅助生产费用分配表如表 4-6 所示。

表 4-6 辅助生产费用分配表（交互分配法）

202×年 6 月

项目		交互分配			对外分配		
辅助车间名称		供水车间	供电车间	金额合计	供水车间	供电车间	金额合计
待分配费用		15 600 元	40 000 元	55 600 元	17 970 元	37 630 元	55 600 元
供应劳务数量		6 000 吨	45 000 千瓦时		5 200 吨	40 000 千瓦时	
费用分配率		2.6	0.89		3.46	0.94	
供水车间	数量		5 000 千瓦时				
	金额		4 450 元	4 450 元			
供电车间	数量	800 吨					
	金额	2 080 元		2 080 元			
基本生产——A 产品	数量				2 000 吨	12 000 千瓦时	
	金额				6 920 元	11 280 元	18 200 元
基本生产——B 产品	数量				1 500 吨	10 000 千瓦时	
	金额				5 190 元	9 400 元	14 590 元
基本生产车间	数量				900 吨	8 000 千瓦时	
	金额				3 114 元	7 520 元	10 634 元
行政管理部门	数量				300 吨	5 000 千瓦时	
	金额				1 038 元	4 700 元	5 738 元
在建工程	数量				500 吨	5 000 千瓦时	
	金额				1 708*元	4 730*元	6 438 元
分配金额合计					17 970 元	37 630 元	55 600 元

* 表中分配率计算保留两位小数，存在尾差的由最后一个项目承担。

根据辅助生产费用分配表编制如下会计分录。

交互分配：

借：辅助生产成本——供水车间　　4 450
　　　　　　　　——供电车间　　2 080
　贷：辅助生产成本——供水车间　　2 080
　　　　　　　　　——供电车间　　4 450

对外分配：

借：基本生产成本——A 产品　　18 200
　　　　　　　　——B 产品　　14 590
　制造费用　　10 634
　管理费用　　5 738
　在建工程　　6 438
　贷：辅助生产成本——供水车间　　17 970
　　　　　　　　　——供电车间　　37 630

采用交互分配法分配辅助生产费用，克服了辅助生产车间之间不分配费用的缺点，从而提高了分配的正确性。但在实行厂部、车间两级核算时，辅助生产车间只能在接到厂部财务部门转来的其他辅助车间分入的费用后，才能计算出实际费用，因而影响了成本核算的及时性。各辅助生产费用分配时要计算两个分配率，要进行两次分配，因而其计算工作量较大。为了克服交互分配法的缺点，计划管理基础比较好的企业也可以采用计划成本分配法对辅助生产费用进行分配。

（四）计划成本分配法

计划成本分配法是指先按辅助生产车间产品或劳务的计划单位成本和实际耗用量进行分配，然后将计划成本调整为实际成本的方法。

采用这种分配方法时，首先要根据各辅助生产车间对外（包括其他辅助生产车间）提供的劳务数量和计划单位成本，将辅助生产费用分配给各受益对象；其次将辅助生产车间实际发生的费用（包括辅助生产车间按计划单位成本交互分配转入的费用）与按计划单位成本分配转出的费用之间的差额，追加分配给辅助生产车间以外的各受益对象。为了简化核算，也可以将其差额直接记入“管理费用”账户。如果是超支差异，则记入“管理费用”账户的借方；如果是节约差异，则用红字记入“管理费用”账户的借方。

相关计算公式为

某受益单位应分配的辅助生产费用＝该受益单位耗用的劳务数量×计划单位成本

某辅助生产车间的实际费用＝该辅助生产车间直接发生的费用
＋按计划单位成本由其他辅助生产车间转入的费用

某辅助生产车间费用分配差异＝该辅助生产车间的实际费用
－该辅助生产车间按计划成本分配的数额

【例 4-5】根据例 4-2 各项资料，假设供水车间的计划单位成本为 3.3 元，供电车间的计划单位成本为 1.0 元，运用计划成本分配法，计算要点如下。

供水车间的计划成本＝6 000×3.3＝19 800（元）

供电车间的计划成本＝40 000×1＝40 000（元）

供水车间的实际费用＝15 600＋5 000＝20 600（元）

供电车间的实际费用＝40 000＋2 640＝42 640（元）

供水车间辅助生产差额费用分配率＝（20 600－19 800）÷（6 000－800）≈0.15

供电车间辅助生产差额费用分配率＝（4 2640－40 000）÷（45 000－5 000）＝0.066

采用计划成本分配法编制的辅助生产费用分配表如表 4-7 所示。

表 4-7　辅助生产费用分配表（计划成本分配法）

202×年 6 月

项目	计划成本分配			调整分配			金额合计
辅助车间名称	供水车间	供电车间	金额小计	供水车间	供电车间	金额小计	
待分配费用	15 600 元	40 000 元	55 600 元	800 元	2 640 元	3 440 元	
供应劳务数量	6 000 吨	45 000 千瓦时		5 200 吨	40 000 千瓦时		
单位成本（分配率）	3.3	1.0		0.15	0.066		

续表

项目		计划成本分配			调整分配			金额合计
辅助车间名称		供水车间	供电车间	金额小计	供水车间	供电车间	金额小计	
供水车间	数量		5 000 千瓦时					
	金额		5 000 元	5 000 元				5 000 元
供电车间	数量	800 吨						
	金额	2 640 元		2 640 元				2 640 元
基本生产——A 产品	数量	2 000 吨	12 000 千瓦时		2 000 吨	12 000 千瓦时		
	金额	6 600 元	12 000 元	18 600 元	300 元	792 元	1 092 元	19 692 元
基本生产——B 产品	数量	1 500 吨	10 000 千瓦时		1 500 吨	10 000 千瓦时		
	金额	4 950 元	10 000 元	14 950 元	225 元	660 元	885 元	15 835 元
基本生产车间	数量	900 吨	8 000 千瓦时		900 吨	8 000 千瓦时		
	金额	2 970 元	8 000 元	10 970 元	135 元	528 元	663 元	11 633 元
行政管理部门	数量	300 吨	5 000 千瓦时		300 吨	5 000 千瓦时		
	金额	990 元	5 000 元	5 990 元	45 元	330 元	375 元	6 365 元
在建工程	数量	500 吨	5 000 千瓦时		500 吨	5 000 千瓦时		
	金额	1 650 元	5 000 元	6 650 元	95*元	330 元	425 元	7 075 元
分配金额合计		19 800 元	45 000 元	64 800 元	800 元	2 640 元	3 440 元	68 240 元

* 表中分配率的计算保留两位小数，存在尾差的由最后一个项目承担。

根据辅助生产费用分配表编制如下会计分录。

计划成本分配：

借：辅助生产成本——供水车间	5 000	
——供电车间	2 640	
基本生产成本——A 产品	18 600	
——B 产品	14 950	
制造费用	10 970	
管理费用	5 990	
在建工程	6 650	
贷：辅助生产成本——供水车间		19 800
——供电车间		45 000

调整计划成本与实际成本差异：

借：基本生产成本——A 产品	1 092	
——B 产品	885	
制造费用	663	
管理费用	375	
在建工程	425	
贷：辅助生产成本——供水车间		800
——供电车间		2 640

或将超支额直接记入“管理费用”账户：

借：管理费用　　3 440
　　贷：辅助生产成本——供水车间　　800
　　　　　　　　　——供电车间　　2 640

采用计划成本分配法分配辅助生产费用，既可以简化核算工作，又可以通过辅助生产成本差异的计算反映、考核和分析辅助生产成本计划的完成情况，便于辅助生产车间和各受益单位进行成本分析。但采用这一分配方法，必须具有完备的、正确可靠的成本计划资料。当按计划成本分配额与实际费用差额较大时，企业须及时对计划单位成本进行修改，以使其更接近实际水平。

（五）代数分配法

代数分配法是指根据解联立方程的原理，首先建立一个多元一次方程组，计算出各辅助生产车间提供产品或劳务的单位成本，然后根据各受益单位耗用的产品或劳务数量和单位成本分配辅助生产费用的一种方法。

相关计算公式为

某辅助生产车间提供的劳务数量×该劳务的单位成本
＝该辅助生产车间直接发生的费用＋该辅助生产车间耗用
其他辅助生产车间劳务的数量×其他辅助生产车间劳务的单位成本

某受益单位应分配的辅助生产费用＝该受益单位耗用的劳务数量×劳务的单位成本

【例 4-6】根据例 4-2 各项资料，假设供水车间的单位成本为 x 元，供电车间的单位成本为 y 元，运用代数分配法设立联立方程组：

$$\begin{cases}15\,600+5\,000y=6000x\\40\,000+800x=45\,000y\end{cases}$$

解联立方程，得

$$\begin{cases}x=3.39\\y=0.95\end{cases}$$

根据上述计算结果编制的辅助生产费用分配表如表 4-8 所示。

表 4-8　辅助生产费用分配表（代数分配法）

202×年 6 月

项目		供水车间	供电车间	金额合计
待分配费用		15 600 元	40 000 元	55 600 元
劳务供应总量		6 000 吨	45 000 千瓦时	
单位成本（分配率）		3.39	0.95	
供水车间	数量		5 000 千瓦时	
	金额		4 750 元	4 750 元
供电车间	数量	800 吨		
	金额	2 712 元		2 712 元
基本生产——A 产品	数量	2 000 吨	12 000 千瓦时	
	金额	6 780 元	11 400 元	18 180 元

续表

项目		供水车间	供电车间	金额合计
基本生产——B 产品	数量	1 500 吨	10 000 千瓦时	
	金额	5 085 元	9 500 元	14 585 元
基本生产车间	数量	900 吨	8 000 千瓦时	
	金额	3 051 元	7 600 元	10 651 元
行政管理部门	数量	300 吨	5 000 千瓦时	
	金额	1 017 元	4 750 元	5 767 元
在建工程	数量	500 吨	5 000 千瓦时	
	金额	1 695 元	4 750 元	6 445 元
分配金额合计		20 340 元	42 750 元	63 090 元

注：①表中分配率计算保留两位小数；②表中“分配金额合计”和“待分配费用”有差额，是由供水车间和供电车间之间交互分配费用的辅助生产内部转账造成的。

根据辅助生产费用分配表编制如下会计分录。

借：辅助生产成本——供水车间　　4 750
　　　　　　　　——供电车间　　2 712
　　基本生产成本——A 产品　　18 180
　　　　　　　　——B 产品　　14 585
　　制造费用　　10 651
　　管理费用　　5 767
　　在建工程　　6 445
　　贷：辅助生产成本——供水车间　　20 340
　　　　　　　　　　——供电车间　　42 750

采用代数分配法分配辅助生产费用，一个显著的优点就是分配结果准确。但是当企业的辅助生产车间较多时，所需要设立的未知数也较多，这样再通过建立方程组求解，计算过程就会相当麻烦。因此，代数分配法一般适用于辅助生产车间较少或会计工作已实现电算化的企业。

以上介绍了辅助生产费用的各种分配方法，企业应根据自身生产的特点和各方面条件，选择确定其中的某一种方法来分配辅助生产费用。选择分配方法时，要遵循成本效益原则，选择简单易行的分配方法，尽量不要因一味追求分配结果的准确性而使分配方法过于复杂。

第二节　制造费用的核算

一、制造费用的含义与分类

制造费用是指企业各个生产单位（车间、分厂或部门等）为生产产品或提供劳务而发生的应该计入产品成本，但没有单独设置成本项目的各项生产费用。

制造费用的内容很多，按照用途不同，可将其分为如下三种类型。

1）直接用于产品生产，但管理上不要求或不便于单独核算，因此没有专设成本项目的费用，如车间机器设备的折旧费、租赁费、保险费、低值易耗品摊销费、设计制图费、试验检验费，以及没有专设成本项目的动力费等。

2）间接用于产品生产的费用，如机物料消耗、车间生产用房屋及建筑物的折旧费、租赁费、保险费、车间生产用照明费、劳动保护费、取暖费、运输费、辅助生产车间转入的费用、季节性停工的损失等。

3）车间、分厂或部门用于组织和管理产品生产所发生的费用，如车间管理人员的薪酬费用、车间管理用固定资产的折旧费、租赁费、保险费、管理用照明费、水费、取暖费、差旅费、办公费等。

制造费用是产品成本的重要组成部分，因此，正确、合理地组织制造费用的核算，对于正确计算产品成本，控制各车间、部门费用的开支，考核费用预算的执行情况，降低产品的生产成本具有重要作用。

问题与思考

- 在制造费用分配中，各种分配方法的适用条件分别有哪些？
- 在企业成本控制中，应如何强化制造费用的管理？

二、制造费用的归集

企业为了核算和监督所发生的制造费用，应设置“制造费用”总账账户。该账户的借方登记发生的制造费用，贷方登记月末分配计入产品成本的制造费用，除按照计划分配率分配制造费用外，该账户期末一般无余额。

为了具体反映各车间、分厂制造费用的发生及分配情况，须按照车间、分厂或部门设置明细账进行明细分类核算。一般情况下，“制造费用”账户只核算基本生产车间所发生的各项制造费用，但如本章第一节所述，如果辅助生产车间的制造费用较高，管理上需要单独予以反映和监督，这时“制造费用”账户就应首先按基本生产车间、辅助生产车间设置明细账，然后对各车间分别进行明细核算。此外，由于制造费用内容多而复杂，在实务中，为了简化核算工作，一般要在明细账中按费用项目设置专栏以反映各费用项目的发生情况。

制造费用的归集就是根据要素费用分配、辅助生产费用分配的有关费用分配表及记账凭证，按照费用发生的地点和用途登记“制造费用”总账及其明细账的过程。在实行预算管理的企业，月末可以将归集在“制造费用”总账及明细账中的制造费用实际发生额同预算额进行比较，以考核预算的执行情况。

【例 4-7】迅达公司 202×年 6 月制造费用明细账如表 4-9 所示。

表 4-9　制造费用明细账

车间：基本生产车间　　202×年 6 月　　单位：元

年		凭证号数	摘要	机物料消耗	动力费用	薪酬费用	折旧费用	水电费	运输费	办公费	其他	合计	转出
月	日												
		略	材料分配	13 00								1 300	
			动力分配		1 200							1 200	
			薪酬分配			1 100						1 100	
			折旧费				800					800	
			办公费						400	700	400	1 500	
			辅助生产					600				600	
			合计	1 300	1 200	1 100	800	600	400	700	400	6 500	
			分配转出										6 500

三、制造费用的分配

为了正确计算产品的生产成本，月末应将“制造费用”明细账中归集的制造费用总额按照一定的标准和方法分配计入各种产品成本中。如果车间只生产一种产品，制造费用可直接计入该种产品的生产成本，不用分配。如果车间生产多种产品，则应当采用适当的分配方法，将制造费用分配计入各种产品的生产成本。

因为各车间制造费用水平不同，所以制造费用应该按照各车间分别进行分配。常用的制造费用分配方法有生产工人工时比例法、生产工人工资比例法、机器工时比例法和按年度计划分配率分配法等。制造费用的分配方法一经确定，不应随意变动。

（一）生产工人工时比例法

生产工人工时比例法是指以各种产品耗用的生产工人的工时数作为分配标准分配制造费用的一种方法，在实际操作中又可分为实际工时比例法和定额工时比例法两种。生产工人工时比例法的适用条件是企业具有较准确的产品生产工时记录。

相关计算公式为

制造费用分配率＝待分配的制造费用总额÷各产品生产工时（实际或定额）之和

某产品应分配的制造费用＝该产品生产工人工时（实际或定额）×制造费用分配率

【例 4-8】假设 202×年 6 月，某企业基本生产车间甲产品生产工人工时为 12 000 小时，乙产品生产工人工时为 8 000 小时，车间共发生制造费用 21 000 元。采用生产工人工时比例法分配制造费用，计算过程如下。

制造费用分配率＝21 000÷（12 000＋8 000）＝1.05

甲产品应分配的制造费用＝ 12 000×1.05 ＝ 12 600（元）

乙产品应分配的制造费用＝ 8 000×1.05 ＝ 8 400（元）

在实际工作中，制造费用的分配是通过编制制造费用分配表来完成的，其格式如表 4-10 所示。

表 4-10　制造费用分配表

车间：基本生产车间　　　　202×年 6 月

应借科目	生产工时/小时	分配率	分配金额/元
基本生产成本——甲产品	12 000		12 600
——乙产品	8 000		8 400
合计	20 000	1.05	21 000

根据制造费用分配表，编制如下会计分录。

借：基本生产成本——甲产品　　12 600

——乙产品　　8 400

贷：制造费用　　21 000

按生产工人工时比例法分配制造费用，工时资料比较容易取得，方法比较简单，能将工人的劳动生产率的高低与产品负担的制造费用紧密联系起来，分配结果比较合理，便于提高职工的劳动效率。但是如果车间生产的各种产品机械化程度差异较大，采用生产工人工时作为分配标准，会使机械化程度较低的产品负担过多的制造费用，从而使分配结果与实际情况差异较大。因为机械化程度越高，机械设备的折旧费、修理费、保险费等也越多，其生产的产品应负担的制造费用也越多，所以此方法适用于各产品机械化程度大致相同的车间或分厂。

（二）生产工人工资比例法

生产工人工资比例法是指以各种产品耗用的生产工人工资作为分配标准分配制造费用的一种方法。由于在制造费用分配以前，工资等要素费用已经分配完毕，各种产品的生产工人的工资数据比较容易取得。

相关计算公式为

制造费用分配率＝待分配的制造费用总额÷各产品生产工人工资总额

某产品应分配的制造费用＝该产品生产工人工资×制造费用分配率

【例 4-9】假设 202×年 6 月，某企业基本生产车间甲产品生产工人工资为 72 000 元，乙产品生产工人工资为 28 000 元，车间共发生制造费用 210 000 元。采用生产工人工资比例法分配制造费用，计算过程如下。

制造费用分配率＝210 000÷（72 000＋28 000）＝2.1

甲产品应分配的制造费用＝72 000×2.1＝151 200（元）

乙产品应分配的制造费用＝28 000×2.1＝58 800（元）

编制的制造费用分配表与相应的会计分录处理可参考例 4-8，此处不再重复。

按生产工人工资比例法分配制造费用，产品成本计算单中有现成的生产工人工资核算资料，因此这种分配方法核算工作简便。由于与采用生产工人工时比例法相同，该种方法也适用于各产品机械化程度大致相同的企业。

如果生产工人工资是按照生产工人工时比例分配计入各种产品成本的，那么按照生产工人工资比例分配制造费用，实际上也就是按照生产工人工时比例分配制造费用。这种方法的计算分配结果与生产工人工时比例法基本相同。

(三) 机器工时比例法

机器工时比例法是指以各种产品所耗用的机器设备的运转时间作为分配标准分配制造费用的一种方法。采用这种分配方法的前提条件是必须掌握各种产品所耗用的机器运转工时的原始记录。

相关计算公式为

制造费用分配率＝待分配的制造费用总额÷各种产品耗用机器设备总工时数

某种产品应分配的制造费用＝该产品耗用机器设备工时数×制造费用分配率

采用机器工时比例法分配制造费用，将制造费用的分配与机器设备的使用联系在一起。因为有些企业的机械化程度较高，所发生的制造费用如折旧费、修理费和消耗性的材料费用等与机器设备运转的时间有着直接的联系，所占的比例也比较大。所以这一分配方法广泛地运用于机械化程度较高的企业或车间，在受益产品机械化程度不相同时分配结果也较为合理。

制造费用的分配除了采用以上标准，还可以采用耗用的材料数量或成本、直接成本、产品数量等标准分配。但这些分配标准一般只能在产品性能、结构、所用原材料和工艺过程基本相同的情况下采用，否则会影响分配结果的准确性。

在实际工作中，制造费用内容很多，其性质和用途也很复杂。为了提高分配结果的准确性，也可以根据制造费用中各项费用的特点，将其划分为若干类别，如可分为与机器设备有关的费用、与房屋及建筑物有关的费用、与销售和管理生产有关的费用等，然后分别选择合理的标准进行分配。这样做虽然加大了核算的工作量，但对提高成本计算的正确性、加强成本管理具有重要意义。

(四) 按年度计划分配率分配法

按年度计划分配率分配法是指不论各月实际发生的制造费用数额是多少，每月各种产品成本中的制造费用都按年度计划确定的计划分配率进行分配的一种方法。采用这种分配方法，首先按照年度计划确定的各车间制造费用预算额和各产品定额工时，计算年度计划分配率，然后各月按年度计划分配率和当月的实际产量等有关资料计算分配制造费用。

相关计算公式为

年度计划分配率＝年度制造费用计划总额÷年度内各种产品计划产量的定额工时总数

某月某产品应分配的制造费用＝该月该种产品实际产量的定额工时数×年度计划分配率

【例 4-10】某公司基本生产车间全年制造费用计划总额为 810 000 元，全年产品的计划产量：甲产品 2 000 件，乙产品 3 000 件。单位产品工时定额：甲产品 6 小时，乙产品 5 小时。本月实际产量：甲产品 220 件，乙产品 160 件。本月实际发生制造费用为 67 600 元。根据以上资料，采用年度计划分配率分配法分配制造费用，其计算过程及制造费用分配表（表 4-11）如下。

制造费用年度计划分配率＝810 000÷（2 000×6＋3 000×5）＝30

表 4-11　制造费用分配表

车间：基本生产车间

应借科目	计划产量定额工时/小时	计划分配率	实际产量定额工时/小时	分配金额/元
基本生产成本——甲产品	12 000		1 320	39 600
——乙产品	15 000		800	24 000
合计	27 000	30	2 120	63 600

根据制造费用分配表编制如下会计分录。

借：基本生产成本——甲产品　　39 600

　　　　　　　　——乙产品　　24 000

　　贷：制造费用　　63 600

采用年度计划分配率分配法分配制造费用，各月制造费用的实际发生额与按年度计划分配率计算的分配额可能不一致。因此，每月月末“制造费用”账户可能会出现余额，当余额在借方时，表示制造费用实际发生额大于已分配额，属于超支差异；当余额在贷方时，表示本年度累计已分配额超过实际发生额，属于节约差异。该借方或贷方余额，平时不做处理。

“制造费用”账户如果有年末余额，就是全年制造费用的实际发生额与计划分配额的差额，一般应在年末调整计入 12 月的产品成本。实际发生额大于计划分配额，借记“基本生产成本”账户，贷记“制造费用”账户；实际发生额小于计划分配额，则用红字冲减。

采用年度计划分配率分配法分配制造费用，不必每月计算分配率，简化了分配工作，并且能及时地反映各月制造费用的预算金额与实际金额之间的差异，有利于对制造费用的执行情况进行控制和考核。尤其是在季节性生产的企业里，由于生产淡月和旺月的产量相差悬殊，如果按照实际费用分配，在每月发生的制造费用相差不大的情况下，各月单位产品成本中的制造费用就会忽高忽低，而这种局面并不是车间工作本身造成的，所以会带来成本分析工作的麻烦。为了避免因产量变化而引起的各月产品成本的大幅波动，可采用该种方法分配制造费用。但该种方法要求企业必须具有较高的计划工作水平，否则年度制造费用的计划数偏离实际数太大，就会影响成本计算的正确性。

第三节　生产损失的核算

在企业的生产过程中，不可避免地会发生各种损失，这些损失一般包括废品损失和停工损失两类。废品损失和停工损失产生的原因很多，主要有生产工艺水平、材料的质量、工人素质、企业管理水平等方面。不同的企业产生的生产损失，其数额大小也不一样。如果企业的生产损失数额较小，为了简化工作，可不予核算；但如果企业的生产损失数额较大，为了减少生产损失的发生，明确各方经济责任，提高企业管理水平，就有必要对生产损失进行核算，以便及时提供这方面的信息资料。

一、废品损失的核算

生产中的废品是指不符合规定的技术标准，不能按照原定用途使用，或者需要加工修理后才能使用的在产品、半成品和产成品，包括生产过程中发现的废品和入库后发现的废品。废品按其报损程度和修复价值可分为可修复废品和不可修复废品。可修复废品是指技术上、工艺上可修复，而且所支付的修复费用在经济上合算的废品。不可修复废品是指技术上、工艺上不可修复，或者虽可修复，但所支付的修复费用在经济上不合算的废品。

废品损失包括在生产过程中发生的和入库后发现的各种废品的报废损失和修复费用。报废损失是指不可修复废品的生产成本（制造成本）扣除回收的材料和废料价值后的损失。修复费用是指可修复废品在返修过程中所发生的修复费用。废品产生过程中应由废品的过失单位或个人负担的赔款，应从废品损失中扣除。只有经过审核的废品通知单，才能作为废品损失核算的原始凭证。

值得注意的是，降价出售不合格品的降价损失、产品入库后因管理不善而损坏变质的损失，以及实行产品“三包”的企业，产品出售以后所发生的一切损失等，都不包括在废品损失内。

废品损失的归集和分配，应根据废品损失计算表和分配表等有关凭证，通过“废品损失”账户进行。该账户的借方归集不可修复废品的生产成本和可修复废品的修复费用；贷方登记废品残料回收的价值和应收的赔款。月末应由本月生产的同种产品成本负担的废品净损失，由当月合格品成本承担，从“废品损失”账户的贷方转入“基本生产成本”账户的借方，该账户月末无余额。

“废品损失”账户应按车间设置明细账，按产品品种和成本项目登记废品损失的详细资料。

（一）不可修复废品损失的核算

不可修复废品的成本与合格品的成本是同时发生并归集在一起的，因此，需要采取一定的方法将某种产品的成本在合格品和废品之间进行分配，从而计算不可修复废品的报废损失。不可修复废品成本的主要计算方法有两种：一种是按废品所耗实际费用计算；另一种是按废品所耗定额费用计算。

1. 按废品所耗实际费用计算废品损失

按废品所耗实际费用计算废品损失是指将实际发生的各项生产费用按成本项目在合格品和废品之间进行分配。对于生产过程中发现的废品，当材料在生产开始就一次性投入时，其材料费用可按合格品与废品的数量比例分配；如果材料不是在生产开始时一次性投入的，而是随着生产进度陆续投入的，则可采用适当的方法，将废品折合成合格品的数量进行分配；其余的各成本项目，可按合格品和废品的工时比例进行分配。

相关计算公式为

材料费用分配率＝材料费用总额÷（合格品数量＋废品数量）

废品应负担的材料费用＝废品数量×材料费用分配率

其他费用（人工及其他）分配率＝其他费用总额÷（合格品工时＋废品工时）

废品应负担的其他费用＝废品工时×其他费用分配率

废品的实际成本＝废品应负担的材料费用＋废品应负担的其他费用

废品的报废损失＝废品的实际成本－回收的废品残料价值－可收回的有关赔款

【例 4-11】某车间本月生产甲产品 400 件，其中经验收入库发现废品 10 件，合格品生产工时为 11 700 小时，废品工时为 300 小时，全部生产工时为 12 000 小时。甲产品成本计算单所列合格品和废品的全部生产费用：原材料 20 000 元，燃料和动力 11 880 元，工资及福利费 12 120 元，制造费用 7 200 元，共计 51 200 元。废品残料回收价值 120 元，原材料在生产开始时一次投入，原材料费用按合格品数量和废品数量的比例分配，其他费用按生产工时比例分配。

根据以上资料编制的废品损失计算表如表 4-12 所示。

表 4-12　废品损失计算表

产品名称：甲产品　　　　202×年 12 月　　　　金额单位：元

项目	数量/件	生产工时/小时	直接材料	直接人工	其他直接费用	制造费用	成本合计
费用总额	400	12 000	20 000	12 120	11 880	7 200	51 200
费用分配率			50	1.01	0.99	0.6	
合格品成本	390	11 700	19 500	11 817	11 583	7 020	49 920
废品成本	10	300	500	303	297	180	1 280
减：废品残料			120				120
废品损失		300	380	303	297	180	1 160

根据废品损失计算表编制如下会计分录。

1）结转废品成本（实际成本）：

借：废品损失——甲产品　　1 280

　　贷：基本生产成本——甲产品　　1 280

2）回收废品残料价值：

借：原材料　　120

　　贷：废品损失——甲产品　　120

3）将废品净损失转入合格品成本：

借：基本生产成本——甲产品（废品损失）　　1 160

　　贷：废品损失——甲产品　　1 160

在完工以后发现的废品，其单位废品负担的各项生产费用应与单位合格品完全相同，可按合格品产量和废品数量的比例分配各项生产费用，计算废品的实际成本。

按废品的实际成本计算和分配废品损失，符合实际，但核算工作量较大。

2. 按废品所耗定额费用计算废品损失

按废品所耗定额费用计算废品损失就是按废品的数量和各项费用定额计算废品的定额成本，再将废品的定额成本扣除废品残料回收价值，即为废品损失。这种方法不考虑废品实际发生的费用。

相关计算公式为

$$废品的定额成本=废品数量\times单位废品的定额成本$$

【例 4-12】某车间生产丙产品，本月验收入库时发现不可修复废品 6 件，回收废品残料 200 元，按定额成本计算废品成本和废品损失。编制废品损失计算表，如表 4-13 所示。

表 4-13 废品损失计算表

产品名称：丙产品　　202×年 12 月　　废品数量：6 件

项目	直接材料	直接人工	其他直接费用	制造费用	成本合计
费用定额	200	40	50	30	320
废品定额成本	1 200	240	300	180	1 920
减：回收残料	200				200
废品损失	1 000	240	300	180	1 720

根据废品损失计算表编制如下会计分录。

1）结转废品成本（定额成本）：

借：废品损失——丙产品　　1 920

　　贷：基本生产成本——丙产品　　1 920

2）回收废品残料价值：

借：原材料　　200

　　贷：废品损失——丙产品　　200

3）废品损失转入该种合格品成本：

借：基本生产成本——丙产品（废品损失）　　1 720

　　贷：废品损失——丙产品　　1 720

采用这种方法计算废品成本和废品损失，核算工作比较简便，有利于考核与分析废品损失和产品成本。但必须具备比较准确的定额成本资料，否则会影响成本计算的正确性。

（二）可修复废品损失的核算

可修复废品损失是指废品在修复过程中所发生的各项修复费用。可修复废品返修以前发生的费用在“基本生产成本”账户及有关的成本计算单中，不必转出。返修时发生的修复费用，记入“废品损失”账户的借方，如果有残值和应收的赔款，则应根据有关凭证，从“废品损失”账户的贷方转入“原材料”“其他应收款”等账户的借方。月末，将废品净损失（修复费用减残值和赔款等）从“废品损失”账户的贷方转入“基本生产成本”账户的借方，同时记入返修产品成本计算单的废品损失成本项目。

问题与思考

- 如何界定可修复废品和不可修复废品？
- 废品的产生会影响企业成本，企业应如何加强废品成本的控制？

二、停工损失的核算

停工损失是指生产车间或车间内某个班组在停工期内发生的各项费用，包括停工期内支付的生产工人的工资和提取的福利费、所耗燃料和动力费，以及应负担的制造费用等。过失单位、过失人员或保险公司负担的赔款，应从停工损失中扣除。计算停工损失的时间界限应由企业有关部门规定。为了简化核算工作，停工不满一个工作日的，可以不计算停工损失。

发生停工的原因很多，应分别按不同情况进行处理：由于自然灾害引起的停工损失，应按规定转作营业外支出；其他停工损失，如原材料供应不足、机器设备发生故障，以及计划减产等原因发生的停工损失，应计入产品成本。停工时，车间应填列停工报告单，并经有关部门审核后，作为停工损失核算的凭据。

季节性生产企业发生的季节性停工及大修理期间的停工，属于生产经营过程中的正常现象，停工期间发生的各项费用，不应作为停工损失核算。

停工损失的核算，是通过“停工损失”账户进行的，该账户应按车间和成本项目进行明细核算。停工期内发生、应列作停工损失的费用在“停工损失”账户的借方进行归集。过失单位、过失人员或保险公司的赔款应从该账户的贷方转入“其他应收款”等账户。停工净损失从该账户贷方转出，属于自然灾害部分转入“营业外支出”账户的借方；应由本月产品成本负担的部分，则转入“基本生产成本”账户的借方，并采用合理的分配标准，分配计入各车间各产品成本明细账停工损失成本项目（单独核算停工损失的单位，增设“停工损失”成本项目）。

【例 4-13】某厂第二车间由于设备大修停工 4 天，停工期间应支付职工薪酬 4 560 元，停工期间应负担制造费用 880 元。第三车间由于外部接电线路停工 5 天，停工期间应支付职工薪酬 6 840 元，应负担制造费用 1 000 元。

根据资料，编制如下会计分录。

借：停工损失——第二车间	5 440	
——第三车间	7 840	
贷：应付职工薪酬		11 400
制造费用——第二车间		880
——第三车间		1 000

【例 4-14】例 4-13 中，第二车间机器设备大修为正常停工，停工损失 5 440 元，应计入成本；第三车间停工为非正常停工，应计入营业外支出。假设经交涉电力局同意赔偿由于停工给企业造成的损失 6 000 元。

根据资料编制如下会计分录。

借：基本生产成本 5 440

其他应收款——电力局 6 000

营业外支出——停工损失 1 840

贷：停工损失——第二车间 5 440

——第三车间 7 840

本 章 小 结

本章主要介绍了辅助生产费用的归集和分配、制造费用的归集和分配，以及废品损失和停工损失的判定及核算，通过设置相应账簿进行各类费用或生产损失的归集，通过各种方法的计算对归集的各项费用进行分配。在实务中，要根据实际情况选择适当的分配方法，以使综合费用的核算更加科学合理，为成本分析和考核打下良好的基础。

理论知识练习

一、单项选择题

1．辅助生产费用的归集和分配是通过（　　）账户进行的。

A．“辅助生产”　　B．“基本生产成本”

C．“制造费用”　　D．“辅助生产成本”

2．辅助生产费用的顺序分配法的基本要求是（　　）。

A．受益多的分配在前，受益少的分配在后

B．费用多的分配在前，费用少的分配在后

C．费用少的分配在前，费用多的分配在后

D．受益少的分配在前，受益多的分配在后

3．将辅助生产车间的各项费用直接分配给辅助生产车间以外的各受益单位，这种分配方法是（　　）。

A．直接分配法　　B．计划成本分配法

C．顺序分配法　　D．代数分配法

4．采用辅助生产费用的交互分配法，交互分配是在（　　）。

A．各受益单位之间进行分配

B．受益的各辅助生产车间之间进行分配

C．辅助生产车间之外的受益单位之间进行分配

D．受益的各基本生产车间之间进行分配

5．运用代数中多元一次联立方程的原理，在辅助生产车间之间相互提供产品或劳

务情况下的分配辅助生产费用的方法是（　　）。

A．直接分配法　B．顺序分配法　C．代数分配法　D．交互分配法

6．企业车间因生产产品、提供劳务而发生的各项间接费用，包括材料费、职工薪酬、折旧等，属于（　　）成本项目。

A．管理费用　B．制造费用　C．直接人工　D．直接材料

7．制造费用的各种分配方法有各自的适用范围，其中，适用于季节性生产的分配方法是（　　）。

A．按年度计划分配率分配法　B．生产工人工时比例法

C．机器工时比例法　D．生产工人工资比例法

8．机器工时比例法适用于（　　）。

A．产品生产机械化程度较低的车间

B．产品生产机械化程度较高的车间

C．产品生产机械化程度差别较大的车间

D．不考虑产品机械化程度的车间

二、多项选择题

1．企业在进行辅助生产费用分配时，可能借记的账户有（　　）。

A．“基本生产成本”　B．“辅助生产成本”

C．“制造费用”　D．“在建工程”

2．下列方法中，属于辅助生产费用分配方法的是（　　）。

A．直接分配法　B．交互分配法

C．代数分配法　D．生产工人工时比例法

3．采用代数分配法分配辅助生产费用，（　　）。

A．能够提供正确的分配计算结果　B．能够简化费用的分配计算工作

C．适用于实行电算化的企业　D．需要考虑相互提供劳务的顺序性

4．辅助生产车间一般不设置“制造费用”账户核算是因为（　　）。

A．辅助生产车间规模较小，发生的制造费用较少

B．辅助生产车间不对外销售产品

C．简化核算工作

D．没有必要

5．“废品损失”账户的贷方对应的账户可能有（　　）。

A．“其他应收款”　B．“营业外支出”

C．“基本生产成本”　D．“制造费用”

6．废品损失应该包括（　　）。

A．不可修复的废品成本　B．可修复的废品成本

C．可修复废品的修复费用　D．产品保管不善的损失

三、判断题

1．企业在只有一个辅助生产车间的情况下，才能采用辅助生产费用的直接分配法。（　　）

2．采用计划分配法分配辅助生产费用，不必在辅助生产车间之间进行交互分配。（　　）

3．采用交互分配法分配辅助生产费用，能够准确地计算对外分配的单位成本，因而能够提供最准确的费用分配资料。（　　）

4．用于几种产品生产共同耗用的，构成产品实体的原材料费用，可以直接计入各种产品的成本。（　　）

5．通过制造费用的归集和分配，“制造费用”总账账户和所属明细账都没有年末余额。（　　）

6．废品损失包含不可修复废品的成本和可修复废品的修复费用。（　　）

实务操作练习

一、辅助生产费用的分配

某企业设有供电、供气两个辅助生产车间，202×年 8 月归集的费用和提供的劳务数量如表 4-14 所示。

表 4-14　202×年 8 月归集的费用和提供的劳务数量

辅助生产车间	待分配费用	计量单位	劳务耗用量						耗用量合计
			供电车间	供气车间	基本生产车间		车间一般耗用	管理部门耗用	
					甲产品	乙产品			
供电	3 200	千瓦时		5 000	13 000	10 000	8 000	4 000	40 000
供气	50 000	立方米	1 000				7 500	1 500	10 000

要求：

1）采用直接分配法，编制辅助生产费用分配表和相应的会计分录。

2）采用顺序分配法，编制辅助生产费用分配表和相应的会计分录。

3）采用交互分配法，编制辅助生产费用分配表和相应的会计分录。

二、废品损失的核算

某企业生产甲产品，202×年 10 月投产甲产品 8 000 件，发生直接材料 85 000 元，直接人工 42 000 元，制造费用 30 000 元，完工合格品 7 880 件，经检验发现可修复废品 100 件，不可修复废品 20 件。其中，可修复废品是在完工之后发现的，发生了修复费用：直接材料 280 元，直接人工 240 元，制造费用 180 元。不可修复废品是在加工过程中发现的，回收残料价值 220 元，向责任人索赔 140 元。本月无期初、期末在产品，原材料是在生产开始时一次投入的，生产工时记录：完工产品 9 500 小时，废品 500 小时。原材料费用按合格品与废品数量比例分配，其他费用按耗用工时比例分配。

要求：根据以上资料，计算甲产品不可修复废品和可修复废品的生产成本及废品损失，并编制相应的会计分录。

第五章　完工产品和月末在产品

内容提要

本章内容分为三节，分别介绍在产品数量的核算、生产费用在完工产品与月末在产品之间的分配方法和完工产品成本的结转。通过学习本章内容，理解在产品和完工产品的含义，重点掌握约当产量比例法、定额比例法等具体分配方法的含义、适用条件、计算过程及会计处理，同时各种分配方法的选择、设计与使用问题也是会计实务中值得注意的问题。

知识结构

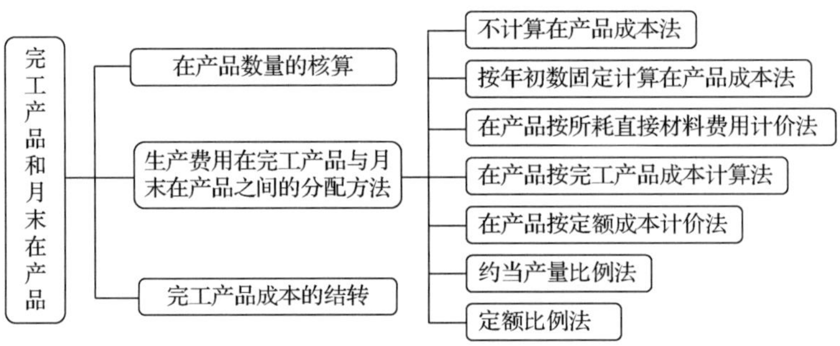

导入案例

【资料】迅达公司某产品月初在产品成本和本月发生费用累计数：直接材料费用60 000元，直接人工费用12 000元，制造费用13 500元。完工产品1 000件，月末在产品500件。

【问题】根据上述资料，思考并讨论以下问题。

1）月初在产品、本月生产费用、完工产品成本和月末在产品成本之间存在怎样的计算关系？

2）如果你是成本核算人员，如何在完工产品和月末在产品之间分配生产费用？

第一节　在产品数量的核算

通过要素费用和综合费用的归集、分配，应计入本月各种产品的费用都已记入“基本生产成本”账户有关成本对象的明细账，并已在各种产品之间划分清楚。如果产品已经全部完工，产品成本明细账所归集的生产费用（如果有月初在产品，还包括月初在产品生产费用）之和，就是该种完工产品的成本；如果产品全部没有完工，产品成本明细账所归集的生产费用之和，就是该种在产品的成本；如果既有完工产品又有在产品，产品成本明细账所归集的生产费用之和，还应采用适当的分配方法在完工产品与月末在产品之间进行分配，以计算完工产品和月末在产品的成本。

一、在产品的含义与内容

对在产品的理解可以从广义和狭义两个方面考虑。从广义上来说，在产品是指从投产开始至尚未制造成最终产品入库的产品，包括正在加工过程中的在产品、正在返修过程中的废品、已完成一个或几个生产步骤还需继续加工的半成品、已完工但尚未入库的完工产品、等待返修的可修复废品等。从狭义上来说，就某一生产单位（分厂、车间）或某一生产步骤而言，在产品只指本生产单位或本生产步骤正在加工的在制品，不包括该生产单位或生产步骤已经完工交出的自制半成品。在产品完成全部生产过程、验收合格入库以后，就成为完工产品。完工产品是指完成全部生产过程、符合技术与质量要求、验收入库、具备对外销售条件的完工产成品。本章所讲的在产品是指狭义在产品。

二、在产品数量的核算与管理

（一）在产品数量的日常核算

制造业企业的在产品品种规格多，且处在不断的流动之中。为了加强在产品的实物管理，严格控制在产品数量，企业必须设置“在产品台账”，反映在产品的收入、发出（转出）和结存数量的情况。

“在产品台账”应当分生产单位（分厂、车间）和生产工序（生产步骤），按照产品品种和在产品（零部件）名称设置。“在产品台账”的一般格式如表 5-1 所示。

表 5-1　在产品台账

生产单位：第一车间

生产工序：第一工序　　　　产品名称：甲产品　　零件名称：4997

××××年		摘要	收入		发出		结存		
月	日		凭证号	数量	凭证号	合格品	废品	已完工	未完工
1	1	上月结转							80
	5	上步转入	101	240					
	8	完工交出			201	80			
			…	…	…	…	…	…	…
		本月合计		700		590	10	20	80

“在产品台账”根据有关领料凭证、在产品内部转移凭证、产品检验证和产品交库单等原始凭证逐笔登记。生产单位的核算人员应对“在产品台账”的登记情况进行审核和汇总。通过“在产品台账”的设置，可以从账面上随时掌握在产品动态，通过核对账面结存数与实存数，又可以为计算在产品成本提供资料。

（二）在产品的清查

企业应对在产品进行定期或不定期的清查，以取得在产品的实际盘存资料。在产品的清查采用实地盘点法。生产单位根据清查结果编制在产品盘点盈亏报告表，应当载明在产品的账存数、实存数、盘盈盘亏和毁损数，盈亏原因和处理意见等。企业财会部门应认真审核各生产单位报送的在产品盘点盈亏报告表，并按照企业内部财务管理制度规定的审批程序，报送有关部门和领导审批，根据审批结果按照财务会计存货盘盈盘亏方法进行相应的账务处理。

三、在产品数量与完工产品成本计算的关系

在产品数量是核算在产品成本的基础，在产品成本与完工产品成本之和是产品成本总额。由于本期期末在产品成本就是下期期初在产品成本，在产品成本与完工产品成本的计算关系可用以下公式表示。

月初在产品成本＋本月生产费用＝本月完工产品成本＋月末在产品成本

将上述公式进行变换，即可得出在完工产品与月末在产品之间进行分配的方法一般有两大类。

1）先确定月末在产品成本，再用月初在产品成本与本月生产费用之和减去月末在产品成本，从而计算出完工产品成本。

2）将月初在产品成本和本月生产费用之和按一定的比例在本月完工产品与月末在产品之间进行分配，根据比例同时求出完工产品成本与月末在产品成本。

从上述计算可以看出，各月末在产品（上月末在产品为本月初在产品）的数量或费用的大小，以及数量或费用变化的大小，对于完工产品成本有着很大的影响。因此，无论采用哪类方法，都必须根据实际合理地组织在产品收发结存的数量核算，取得在产品动态和结存的数量资料。

问题与思考

- 如何理解广义在产品和狭义在产品？
- 根据在产品成本和完工产品成本的计算关系式，思考生产费用怎样在完工产品和月末在产品之间进行分配。

第二节　生产费用在完工产品与月末在产品之间的分配方法

为了使生产费用合理又简便地在完工产品与月末在产品之间进行分配，企业应该根据生产过程的特点和在产品数量的多少、各月在产品数量变化的大小、各项费用比例的大小，以及定额管理基础和水平等具体条件，采用适当的分配方法。

常用的方法包括：不计算在产品成本法、按年初数固定计算在产品成本法、在产品按所耗直接材料费用计价法、在产品按完工产品成本计算法、在产品按定额成本计价法、约当产量比例法和定额比例法。

一、不计算在产品成本法

采用不计算在产品成本法时，虽然月末有在产品，但不计算成本。因此，这种方法适用于各月月末在产品数量很小的产品。

根据在产品成本与完工成本计算的关系公式，可以看出，如果各月的月末在产品数量很小，那么月初和月末在产品成本就很小，月初在产品成本与月末在产品成本的差额就小，是否计算各月在产品成本对于完工产品成本的影响很小。因此，为了简化产品成本计算工作，可以不计算在产品成本。也就是说，此时的某种产品每月发生的生产费用，全部由该种完工产品负担，其每月生产费用之和就是每月完工产品成本。

二、按年初数固定计算在产品成本法

采用按年初数固定计算在产品成本法，年内各月末在产品成本均按年初在产品成本计算，固定不变。各月发生的生产费用即为该月完工产品成本。这种方法适用于各月末在产品数量较小，或者在产品数量虽大但各月之间变化不大的产品。这是因为如果月末的在产品数量较大，仍然不计算在产品成本，会使产品成本核算反映的在产品资金占用不实，不利于资金管理。这些在产品不计价入账，成为账外财产，还会影响对这些财产实行会计监督。例如，化工厂、炼铁厂或其他有固定容器装置的在产品生产，在产品数量都较稳定，其月初月末在产品成本之间的差额对完工产品成本影响不大，为了简化产品成本计算工作，每月在产品成本都可以固定不变。但在年末应该根据实际盘点的在产品数量，具体计算在产品成本，据以计算 12 月产品成本，并将算出的年末在产品成本作为下一年度各月固定计价的在产品成本，以免在产品成本与实际差距过大而影响成本计算的合理性。

根据在产品成本与完工成本计算的关系公式，可以计算得出，采用按年初数固定计算在产品成本法的产品，每月发生的生产费用之和就是每月该种完工产品的成本。

【例 5-1】迅达公司生产乙产品，因该种产品的在产品数量在每月月末都比较稳定，公司按年初数固定计算在产品成本。已知年初在产品成本为 88 000 元，其中，直接材料 46 000 元，直接人工 26 000 元，制造费用 16 000 元。本月乙产品的生产费用总额为 1 008 000 元，其中，直接材料 600 000 元，直接人工 360 000 元，制造费用 48 000 元。乙产品本月入库 8 000 件。根据资料编制的产品成本计算单如表 5-2 所示。

表 5-2　产品成本计算单

产品名称：乙产品　　　　202×年 12 月　　　　单位：元

项目	直接材料	直接人工	制造费用	合计
月初在产品成本	46 000	26 000	16 000	88 000
本月生产费用	600 000	360 000	48 000	1 008 000
生产费用合计	646 000	386 000	64 000	1 096 000
完工产品成本	600 000	360 000	48 000	1 008 000
完工产品单位成本	75	45	6	126
月末在产品成本	46 000	26 000	16 000	88 000

三、在产品按所耗直接材料费用计价法

在各月在产品数量较大或各月在产品数量不稳定，直接材料费用占成本比例较大的情况下，为了简化核算工作，月末在产品只计算其所耗用的直接材料费用，不计算工资及福利费等加工费用。也就是说，采用在产品按所耗直接材料费用计价法时，产品的加工费用全部由完工产品成本负担，即产品的全部生产费用减去按所耗直接材料费用计算的在产品成本，就是该种完工产品的成本。例如，纺织、造纸和酿酒等工业的产品的直接材料费用比例较大，都可以采用这种分配方法。

【例 5-2】迅达公司生产甲产品，该产品直接材料费用在产品成本中所占比例较大，完工产品与在产品之间的费用分配采用在产品按所耗直接材料费用计价法。甲产品月初在产品直接材料费用（月初在产品费用）为 240 000 元；本月发生直接材料费用 560 000 元，直接人工费用 75 000 元，制造费用 12 000 元；完工产品 1 120 件，月末在产品 880 件。该种产品的直接材料费用是生产开始时一次投入的，直接材料费用按完工产品和在产品的数量比例分配。

分配计算如下。

直接材料费用分配率＝（240 000＋560 000）÷（1 120＋880）＝400

完工产品直接材料费用＝1 120×400＝448 000（元）

月末在产品直接材料费用（月末在产品费用）＝880×400＝352 000（元）

完工产品成本＝448 000＋75 000＋12 000＝535 000（元）

完工产品成本＝240 000＋（560 000＋75 000＋12 000）－352 000
＝535 000（元）

四、在产品按完工产品成本计算法

采用在产品按完工产品成本计算法时，在产品视同完工产品分配费用。这种方法适用于月末在产品已经接近完工，只是尚未包装或尚未验收入库的产品。因为这种情况下的在产品成本已经接近完工产品成本，所以为了简化产品成本计算工作，月末在产品可以视同完工产品，按照完工产品成本计价，即按两者的数量比例分配各项生产费用，以确定月末在产品和完工产品成本。

【例 5-3】迅达公司丙产品月初在产品成本和本月发生费用累计数：直接材料费用 60 000 元，直接人工费用 12 000 元，制造费用 13 500 元。完工产品 1 000 件，月末在产品 500 件。该产品已接近完工，月末在产品成本按完工产品成本计算。

计算分配结果如表 5-3 所示。

表 5-3 产品成本计算单

产品名称：丙产品　　202×年 12 月　　金额单位：元

项目	直接材料	直接人工	制造费用	合计
生产费用合计	60 000	12 000	13 500	85 500
费用分配率	40	8	9	
完工产品成本（1 000 件）	40 000	8 000	9 000	57 000
月末在产品成本（500 件）	20 000	4 000	4 500	28 500

五、在产品按定额成本计价法

在产品按定额成本计价法是以产品的各项消耗定额为标准计算在产品成本的一种方法。这种方法适用于企业具备完整的消耗定额资料，消耗定额比较准确、稳定且在产品数量变化不大的情况。采用该方法计算在产品成本时，月末在产品按定额成本计算，将生产费用合计减去按定额成本计算的在产品成本，其余额就是完工产品成本。

相关计算公式为

在产品直接材料定额成本＝在产品数量×直接材料单位消耗定额（单耗）×材料计划单价

在产品直接人工定额成本＝在产品数量×工时定额×计划小时工资率

在产品制造费用定额成本＝在产品数量×工时定额×计划小时制造费用率

在产品定额成本＝在产品直接材料定额成本＋在产品直接人工定额成本＋在产品制造费用定额成本

完工产品成本＝生产费用合计－在产品定额成本

【例 5-4】迅达公司使用 A、B 两种材料生产丁产品，期末在产品 48 件，材料在生产开始时一次投入。A 材料单位消耗定额为 15 千克，B 材料为 24 千克。A 材料计划单价 4 元，B 材料 3 元。期末在产品完工程度为 50%，单位产品工时定额为 200 小时，计划小时工资率为 0.7，计划小时制造费用率为 0.5。月初在产品成本：直接材料 5 000 元，直接工资 3 000 元，制造费用 1 500 元。本月生产费用：直接材料 20 000 元，直接工资 12 000 元，制造费用 7 000 元。本月完工产品数量为 200 件。

计算分配结果如表 5-4 所示。

表 5-4 产品成本计算单

产品名称：丁产品　　　　202×年 12 月　　　　单位：元

项目	直接材料	直接人工	制造费用	合计
月初在产品成本	5 000	3 000	1 500	9 500
本月生产费用	20 000	12 000	7 000	39 000
生产费用合计	25 000	15 000	8 500	48 500
月末在产品定额成本	6 336	3 360	2 400	12 096
完工产品成本（200 件）	18 664	11 640	6 100	36 404
完工产品单位成本	93.32	58.20	30.50	182.02

月末在产品定额成本计算过程如下。

在产品直接材料定额成本＝48×15×4＋48×24×3＝6 336（元）

在产品直接人工定额成本＝48×200×50%×0.7＝3 360（元）

在产品制造费用定额成本＝48×200×50%×0.5＝2 400（元）

月末在产品定额成本＝6 336＋3 360＋2 400＝12 096（元）

完工产品直接材料成本＝25 000－6 336＝18 664（元）

以此类推，计算出完工产品总成本为 36 404 元。

采用定额成本计算在产品成本，当月脱离定额的差异全部由完工产品成本承担。在修订消耗定额时，月末在产品按新定额计价发生的差额，也由完工产品成本承担。因此，采用这种方法时，要求消耗定额比较稳定，不宜经常修改。

为了简化计算工作，采用在产品按定额成本计价法时，可以根据各项费用在成本中的比例，或者只计算在产品的材料定额成本，或者计算在产品的材料和人工定额成本，其他比例较小的费用可以全部由完工产品成本承担。

六、约当产量比例法

约当产量比例法是将月末在产品数量按照完工程度折算为相当于完工产品的产量，即约当产量，然后按照完工产品数量与在产品约当产量的比例分配计算完工产品成本和月末在产品成本的一种方法。这种方法适用于月末在产品数量较大，各月末之间在产品数量变化也较大，同时产品成本中直接材料费用和加工费用比例相差不大的产品。约当产量比例法的运用可分为两个步骤。

（一）计算在产品约当产量

在产品约当产量是在产品折合为完工产品的数量，即在产品大约相当于多少完工产品。计算公式为

月末在产品约当产量＝月末在产品数量×完工程度（投料率或完工率）

在产品完工程度的测定，对于费用分配的正确性有着决定性的影响。在生产过程中，在产品的直接材料费用与直接人工和制造费用的发生情况是不一致的，完工程度分别表现为投料程度（投料率）和加工程度（完工率）的不同。

1. 投料程度（投料率）的确定

在产品的投料程度是指在产品已投入的直接材料费用占完工产品应投入的直接材料费用的比例。由于各种产品的生产工艺过程不同，直接材料费用的投入情况各有不同，一般分为以下几种情况。

1）材料在生产开始时一次投入，此时在产品的投料率为100%。

2）材料分次在各工序生产开始时投入，此时要根据该工序在产品累计已投入的直接材料费用占完工产品应投入的直接材料费用的比例来确定。计算公式为

某工序在产品投料率＝累计至该工序单位产品直接材料消耗定额÷单位完工产品直接材料消耗定额×100%

或

某工序在产品投料率＝该工序单位在产品累计已投入材料费用÷单位完工产品应投入材料费用×100%

【例5-5】迅达公司生产戊产品需要顺序经过第一道、第二道、第三道工序加工，材料分次在各工序生产开始时投入。该产品单位完工产品直接材料消耗定额为600千克，其中，第一工序投料定额为300千克，第二工序投料定额为210千克，第三工序投料定额为90千克。该公司本月月末盘存甲产品的在产品数量为400件，其中，第一工序为160件，第二工序为160件，第三工序为80件。

各工序在产品投料程度（投料率）及约当产量的计算如表5-5所示。

表 5-5　在产品投料程度及约当产量计算表

产品：戊产品　　202×年 12 月

工序	各工序直接材料定额/千克	投料率	月末在产品数量/件	直接材料项目在产品约当产量/件
1	300	300÷600×100%=50%	160	80
2	210	（300+210）÷600×100%=85%	160	136
3	90	（300+210+90）÷600×100%=100%	80	80
合计	600		400	296

3）材料随着生产进度陆续投入，且在每一工序也是陆续投入，此时以各工序直接材料消耗定额为依据，各工序投料率按完成本工序投料的 50%折算。计算公式为

某工序在产品投料率=（前面各工序直接材料消耗定额之和+本工序直接材料消耗定额×50%）÷单位完工产品直接材料消耗定额×100%

【例 5-6】承例 5-5，迅达公司生产戊产品需要顺序经过第一道、第二道、第三道工序加工，假设材料随生产进度在各工序陆续投入，其余各项不变，则该产品各工序在产品投料程度（投料率）及约当产量的计算如表 5-6 所示。

表 5-6　在产品投料程度及约当产量计算表

产品：戊产品　　202×年 12 月

工序	各工序直接材料定额/千克	投料率	月末在产品数量/件	直接材料项目在产品约当产量/件
1	300	（300×50%）÷600×100%=25%	160	40
2	210	（300+210×50%）÷600×100%=67.5%	160	108
3	90	（300+210+90×50%）÷600×100%=92.5%	80	74
合计	600		400	222

2. 加工程度（完工率）的确定

直接人工费用和制造费用项目一般可以按同一个加工程度计算在产品约当产量。当在产品的直接人工费用和制造费用在生产过程中发生比较均衡时，为简化完工率的测算工作，在产品加工程度可以按 50%计算；如果各工序在产品数量和加工工作量差别较大，则要分工序分别计算在产品的加工程度。计算公式为

某工序在产品完工率=（前面各工序工时定额之和+本工序工时定额×50%）÷完工产品工时定额×100%

【例 5-7】承例 5-6，迅达公司生产的戊产品，单位产品工时定额为 150 小时，其中，第一工序为 75 小时，第二工序为 54 小时，第三工序为 21 小时。各工序在产品在本工序的加工程度均为 50%。该产品各工序在产品加工程度及约当产量计算如表 5-7 所示。

表 5-7　在产品加工程度及约当产量计算表

产品：戊产品　　202×年 12 月

工序	各工序工时定额/小时	完工率	月末在产品数量/件	直接人工和制造费用项目在产品约当产量/件
1	75	（75×50%）÷150×100%=25%	160	40
2	54	（75+54×50%）÷150×100%=68%	160	108.8
3	21	（75＋54＋21×50%）÷150×100%=93%	80	74.4
合计	150		400	223.2

（二）计算费用分配率及完工产品和月末在产品成本

相关计算公式为

某项费用分配率＝该项费用总额÷（完工产品产量＋在产品约当产量）

完工产品应分配的某项费用＝完工产品产量×该项费用分配率

在产品应分配的某项费用＝在产品约当产量×该项费用分配率

或

在产品应分配的某项费用＝该项费用总额－完工产品应分配的该项费用

【例 5-8】接例 5-5 和例 5-7 资料，迅达公司生产戊产品，本月产品交库单表明，本月完工入库戊产品 1 200 件；本月生产费用记录表明，戊产品月初在产品成本为 66 726 元，其中，直接材料 40 000 元，直接人工 11 906 元，制造费用 14 820 元。戊产品本月生产费用 488 650 元，其中，直接材料 259 200 元，直接人工 101 950 元，制造费用 127 500 元。月末在产品盘存数量和完工程度的资料见前例。采用约当产量比例法进行计算。

计算分配结果如表 5-8 所示。

表 5-8　产品成本计算单

产品名称：戊产品　　202×年 12 月　　金额单位：元

项目	直接材料	直接人工	制造费用	合计
月初在产品成本	40 000	11 906	14 820	66 726
本月生产费用	259 200	101 950	127 500	488 650
生产费用合计	299 200	113 856	142 320	555 376
约当产量（完工＋在产品约当产量）/件	1 496	1 423.2	1 423.2	—
费用分配率	200	80	100	—
完工产品成本（1 200 件）	240 000	96 000	120 000	456 000
月末在产品成本	59 200	17 856	22 320	99 376

表 5-8 中的在产品直接材料约当产量计算结果如表 5-5 所示，在产品直接人工和制造费用约当产量计算结果如表 5-7 所示。

根据计算的完工产品总成本，编制结转本月完工入库产品总成本的会计分录。

借：库存商品——戊产品　　456 000

　　贷：生产成本——戊产品　　456 000

七、定额比例法

定额比例法是按照完工产品和月末在产品定额费用或定额消耗量的比例来分配生产费用的方法，其中，直接材料费用按材料定额费用或定额消耗量比例分配，直接人工和制造费用按定额工时比例分配。这种方法适用于定额管理基础较好，定额消耗量或定额费用比较准确、稳定，各月末在产品数量变动较大的产品。

其中，直接材料分配的计算公式为

直接材料费用分配率＝（月初在产品直接材料费用＋本月直接材料费用）
÷（完工产品直接材料定额费用或定额消耗量
＋月末在产品直接材料定额费用或定额消耗量）

完工产品分配的直接材料费用＝完工产品定额直接材料费用×直接材料费用分配率

月末在产品分配的直接材料费用＝月末在产品定额直接材料费用
×直接材料费用分配率（或用减法）

直接人工分配的计算公式为

直接人工费用分配率＝（月初在产品直接人工费用＋本月直接人工费用）
÷（完工产品定额工时＋月末在产品定额工时）

完工产品分配的直接人工＝完工产品定额工时×直接人工费用分配率

月末在产品分配的直接人工费用＝月末在产品定额工时
×直接人工费用分配率（或用减法）

制造费用分配的计算方法同上，此处不再赘述。

【例 5-9】迅达公司生产的 Z 产品采用定额比例法分配各项生产费用，本月完工产品 400 件，月末在产品 100 件。月初在产品成本：直接材料 14 000 元；工资和福利费 4 000 元，制造费用 2 000 元。本月费用：直接材料 82 000 元，工资和福利费 32 000 元，制造费用 22 000 元。完工产品直接材料定额费用 80 000 元，定额工时 5 000 小时。月末在产品直接材料定额费用 20 000 元，定额工时 1 000 小时。

计算分配结果如表 5-9 所示。

表 5-9　产品成本计算单

产品名称：Z 产品　　202×年 12 月　　金额单位：元

项目	直接材料	直接人工	制造费用	合计
月初在产品成本	14 000	4 000	2 000	20 000
本月生产费用	82 000	32 000	22 000	136 000
生产费用合计	96 000	36 000	24 000	156 000
费用分配率	0.96	6	4	—
完工产品成本	76 800	30 000	20 000	126 800
月末在产品成本	19 200	6 000	4 000	29 200

计算过程如下。

直接材料费用分配率＝（14 000＋82 000）÷（80 000＋20 000）＝0.96

直接人工费用分配率＝（6 000＋30 000）÷（5 000＋1 000）＝6

制造费用分配率＝（4 000＋20 000）÷（5 000＋1 000）＝4

问题与思考

- 生产费用在完工产品和月末在产品之间分配的方法有哪些？
- 在约当产量比例法中，怎样计算投料程度与完工程度？

第三节　完工产品成本的结转

企业生产产品发生的各项生产费用，在各种（批次、步骤等）产品之间进行分配，在此基础上又在完工产品和月末在产品之间进行分配，从而计算出完工产品的成本。

企业完工产品经产成品仓库验收入库以后，其成本应从“基本生产成本”总账账户和所属产品成本明细账的贷方转入“库存商品”账户的借方。“基本生产成本”总账账户的月末余额就是基本生产在产品的成本，也就是占用在基本生产过程中的生产资料应与所属各种（批次、类别等）产品成本明细账中月末在产品成本之和核对相符。

【例 5-10】根据某厂甲、乙产品成本明细账（略）所记完工产品的成本和产量资料，编制产成品成本汇总表，如表 5-10 所示。

表 5-10　产成品成本汇总表

××工厂　　202×年 3 月　　金额单位：元

应借科目	产成品名称	产量/件	成本	直接材料	直接人工	其他直接费用	制造费用	成本合计
产成品	甲	440	总成本	87 230	3 602	4 903	10 820	106 555
			单位成本	198.25	8.19	11.14	24.59	242.17
产成品	乙	800	总成本	87 120	7 680	10 240	15 360	120 400
			单位成本	108.90	9.60	12.80	19.20	150.50
总成本合计		—	—	174 350	11 282	15 143	26 180	226 955

根据产成品成本汇总表（表 5-10），编制如下会计分录。

借：库存商品——甲产品　　106 555

　　　　　　——乙产品　　120 400

　贷：基本生产成本——甲产品　　106 555

　　　　　　　　——乙产品　　120 400

问题与思考

- 完工产品成本包括哪些方面？如何结转完工产品成本？
- 如何加强对完工产品的管理？

本 章 小 结

本章主要介绍了生产费用在完工产品和月末在产品之间的分配方法，每种分配方法都有其特点和适用条件。企业在实务中要根据实际情况选择适当的分配方法，以使生产费用在完工产品和月末在产品之间分配的核算更加科学合理。

理论知识练习

一、单项选择题

1．对于各月末在产品数量较多但各月之间在产品数量起伏不大的企业，在产品计价采用的方法是（　　）。

A．不计算在产品成本法　　B．按年初数固定计算在产品成本法

C．在产品按定额成本计价法　　D．定额比例法

2．采用在产品按所耗直接材料费用计价法，在完工产品和月末在产品之间分配费用适用于（　　）的企业。

A．各月末在产品数量较大

B．各月末在产品数量变化较大

C．直接材料在产品成本中所占比例较大

D．在产品具有稳定的定额成本

3．原材料分工序在各工序中陆续投料，在产品的投料程度为（　　）与完工产品材料消耗定额的比率。

A．所在工序材料消耗定额

B．所在工序累计材料消耗定额

C．所在工序累计材料消耗定额的一半

D．上道工序累计材料消耗定额和所在工序材料消耗定额的一半的和

4．按完工产品和月末在产品的数量比例分配计算完工产品和月末在产品的原材料费用，必须具备的条件是（　　）。

A．原材料在生产开始时一次性投入

B．原材料陆续投入

C．产品成本中的原材料费用比例大

D．原材料消耗定额比较准确

5．某企业生产甲产品，顺序经过三道工序加工，各工序的工时定额分别为 22 小时、10 小时和 18 小时，则第二道工序在产品的完工率为（　　）。

A．64%　　B．60%　　C．56%　　D．54%

6．在各月末在产品数量变化较大并且企业定额管理基础较好的情况下，可以采用（　　）来划分完工产品和月末在产品的成本。

A．在产品按所耗直接材料费用计价法

B．约当产量比例法

C．在产品按定额成本计价法

D．定额比例法

二、多项选择题

1．下列公式中，表述正确的是（　　）。

A．月初在产品成本＋本月生产费用＝本月完工产品成本＋月末在产品成本

B．月初在产品成本＋本月生产费用－本月完工产品成本＝月末在产品费用

C．月初在产品成本＋本月生产费用－月末在产品成本＝本月完工产品成本

D．月初在产品成本＋本月生产费用＋月末在产品成本＝本月完工产品成本

2．企业在选择完工产品和月末在产品之间分配费用的方法时，应根据（　　）情况，选择既合理又较简便的分配方法。

A．在产品数量的多少　　B．各月在产品数量变化的大小

C．各项费用比例的大小　　D．定额管理基础的好坏

3．在完工产品和月末在产品之间分配费用的方法有（　　）。

A．约当产量比例法　　B．交互分配法

C．定额比例法　　D．直接分配法

4．采用在产品按定额成本计价法应具备的条件有（　　）。

A．企业各项消耗定额比较准确　　B．月末在产品数量变化较小

C．企业各项消耗定额比较稳定　　D．在产品基本接近完工

三、判断题

1．对于各月末在产品数量较少的企业，月末在产品成本可以忽略不计。（　　）

2．采用按年初数固定计算在产品成本法时，基本点是年内各月的在产品成本都按年初在产品成本计价，永远不变。（　　）

3．采用在产品按所耗直接材料费用计价法时，加工费用全部由完工产品承担。（　　）

4．约当产量比例法适用于各月末在产品数量较大并且数量变化较大，产品成本中各项费用比例差不多的产品。（　　）

5．采用约当产量比例法分配原材料费用的投料程度和分配加工费用的完工程度相同。（　　）

6．采用约当产量比例法在完工产品和在产品之间分配原材料费用，如果原材料是分工序在各工序开始时投入的，在产品的数量按实际数量计算。（　　）

7．采用在产品按定额成本计价法时，月末在产品的定额成本与实际成本的差异全

部由完工产品成本承担。（　　）

8．生产费用在完工产品和月末在产品之间分配的方法较多，企业可根据所生产产品的特点及管理需要而定。一旦采用某种方法，不应随意变动，从而使不同时期的产品成本具有可比性。（　　）

实务操作练习

一、在产品按所耗直接材料费用计价法的运用

某企业仅生产甲产品，所耗原材料在生产开始时一次投入。产品成本中原材料费用占 80%，月末在产品按所耗直接材料成本计价。6 月初在产品成本 15 000 元，6 月发生以下费用：直接材料 149 600 元，直接人工 21 000 元，制造费用 16 400 元。本月完工产品 800 台，月末在产品 200 台。

要求：

1）采用在产品按所耗直接材料费用计价法计算甲产品完工产品成本和月末在产品成本。

2）编制结转完工产品成本的会计分录。

二、约当产量比例法的运用

某企业生产 A 产品，需经过三道工序连续加工完成，原材料在生产开始时一次投入。月末完工产品 4 000 件，在产品 1 000 件。有关资料如下。

1）工时定额和月末在产品数量如表 5-11 所示。

表 5-11　工时定额和月末在产品数量

工序	工时定额/小时	在产品数量/件
1	20	200
2	30	400
3	50	400
合计	100	1 000

2）成本资料如表 5-12 所示。

表 5-12　成本资料

单位：元

项目	直接材料	直接人工	制造费用	合计
月初在产品成本	28 000	8 600	7 500	44 100
本月发生费用	120 000	45 400	25 600	191 000
合计	148 000	54 000	33 100	235 100

要求：

1）计算各工序的完工率和月末在产品的约当产量。

2）采用约当产量比例法计算分配完工产品成本与月末在产品成本。

3）编制结转完工产品成本的会计分录。

三、定额比例法的运用

某车间甲产品，原材料定额费用：完工产品 5 600 元，在产品 3 500 元；定额工时：完工产品 3 860 小时，在产品 1 880 小时。基本生产成本明细账有关资料如表 5-13 所示。

表 5-13 基本生产成本明细账

单位：元

项目	直接材料	直接人工	制造费用	合计
月初在产品成本	12 500	10 050	23 140	45 690
本月发生费用	33 000	12 910	45 740	91 650
合计	45 500	22 960	68 880	137 340

要求：

1）采用定额比例法计算分配甲产品完工产品和月末在产品成本。

2）编制完工产品入库的会计分录。

四、在产品按定额成本计价法的运用

某公司生产乙产品，该产品各项定额消耗比较准确稳定，各月在产品数量变化不大，月末在产品按定额成本计价。该产品月末和本月发生的生产费用合计：原材料 48 740 元，人工费用 17 650 元，制造费用 12 000 元。原材料在生产开始时一次投入。单位产品原材料定额费用为80元。完工产品产量450件，月末在产品100件，定额工时共计1 400小时。每小时定额费用：工资 2.05 元，制造费用 2.5 元。

要求：

1）采用在产品按定额成本计价法计算分配月末在产品定额成本和完工产品成本。

2）编制完工成本入库的会计分录。

第六章　产品成本计算

内容提要

本章内容分为两节，主要介绍影响产品成本计算的因素，以及产品成本计算的方法。通过学习本章内容，重点理解工业企业生产类型、生产类型特点，以及成本管理要求对产品成本计算的影响，同时了解产品成本计算的基本方法（如品种法、分批法和分步法）和产品成本计算的辅助方法（如分类法和定额法）。

知识结构

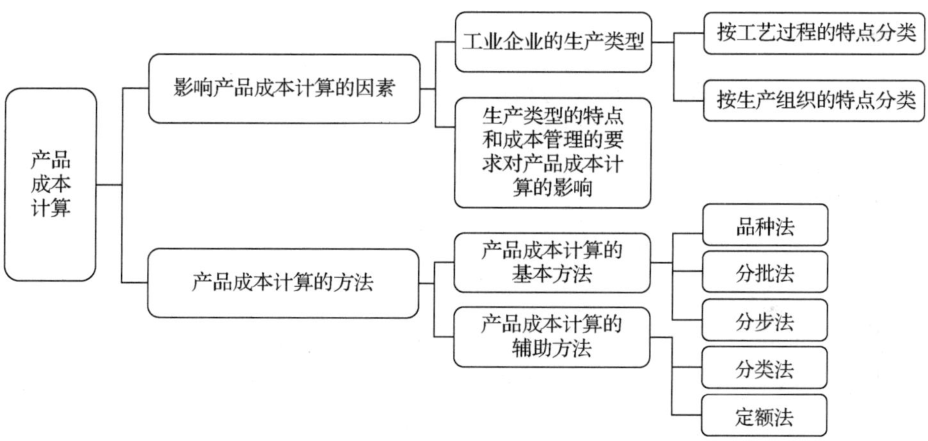

导入案例

【资料】某火力发电厂除生产电力外还生产一部分热力，其生产技术过程不能间断，没有在产品和半成品。火力发电利用燃料所产生的高热，使锅炉里的水变成蒸汽，推动汽轮机迅速旋转，借以带动发电机转动，产生电力。火力发电厂一般设有下列基本生产分厂（车间）：①燃料分厂；②锅炉分厂；③汽机分厂；④电气分厂。由于产电兼供热，汽机分厂还划分为两个部分，即电力部分和热力部分。

【问题】根据上述资料，思考并讨论以下问题。

1）该厂在产品成本核算中应采取何种成本计算方法？

2）对于该厂生产的电力和热力应如何设置成本项目？

第一节　影响产品成本计算的因素

产品成本是在生产过程中形成的，因此，生产类型的特点在很大程度上影响着成本计算方法的选择。此外，成本计算是为成本管理提供资料的，因此，采用什么方法、提供哪些资料，必须考虑成本管理的要求。同时，成本管理的要求也离不开生产类型的特点。所以，企业在确定产品成本计算方法时，必须从企业具体情况出发，同时考虑企业的生产类型的特点和成本管理的要求。

一、工业企业的生产类型

不同部门、行业的生产千差万别，但按照工业生产的一般特点可做如下分类。

（一）按工艺过程的特点分类

产品生产的工艺过程是指从原材料的投入生产到产成品的产出所顺序经过的各个生产阶段和环节的一系列技术过程。工业企业的生产按其生产工艺过程的特点可分为单步骤生产和多步骤生产两种类型。

1. 单步骤生产

单步骤生产又称简单生产，是指生产工艺过程不能间断，或者不便于分散在不同地点进行的生产。此类生产的特点是生产周期较短，没有自制半成品。这类生产由于技术上的不可间断（如发电）或工作地点上的限制（如采煤），通常只能由一个企业整体进行，而不能由几个企业协作进行。

问题与思考

- 举例说明生活中哪些产品的生产工艺是单步骤的，哪些是多步骤的。
- 生产类型的特点和成本管理的要求对产品成本的计算有哪些影响？

2. 多步骤生产

多步骤生产又称复杂生产，是指生产工艺过程可以间断，或者可以分散在不同地点进行的生产。此类生产的特点是生产可以在不同的时间、地点进行；可以由一个企业单独进行，也可以由几个企业协作进行。多步骤生产按其产品加工的方式和各生产步骤的内在联系，又可以分为连续式多步骤生产和装配式多步骤生产两种类型。

1）连续式多步骤生产是指原材料投入生产后，要依次经过各生产步骤的连续加工才能形成产成品的生产，如冶金、纺织、造纸等生产。这类生产的各生产步骤（或车间）具有先后顺序的依存关系，即上一步骤完工的半成品要转入下一步骤作为加工对象继续加工，这样依次转移，直到最后步骤才生产出产成品。

2）装配式多步骤生产是指先将各种原材料平行地投入各生产车间，制成零件或部件，然后将各种零件和部件装配为产成品的生产，如自行车、钟表等生产。这类生产的各生产步骤具有相对的独立性。

（二）按生产组织的特点分类

生产组织方式主要是指企业生产产品品种的多少、同种产品产量的大小及其生产的重复程度。工业企业的生产按其生产组织的特点可分为大量生产、成批生产和单件生产三种类型。

1. 大量生产

大量生产是指不断重复生产相同产品的生产。在进行这种生产的企业或车间中，产品的品种较少，而且比较稳定，如采掘、纺织、面粉、化肥行业的生产等。

2. 成批生产

成批生产是指按照事先规定的产品批别和数量进行的生产。在进行这种生产的企业或车间中，产品的品种较多，而且具有一定的重复性，如服装、机械的生产。成批生产按照产品批量的大小，又可以分为大批量生产和小批量生产。大批量生产由于产品的批量大，往往在几个月内不断重复生产一种或几种产品，因而其性质近似大量生产；小批量生产由于生产的批量小，一批产品一般可以同时完工，因此其性质近似单件生产。

3. 单件生产

单件生产类似小批量生产，是指根据订货单位的要求，进行个别的、特殊产品的生产，如重型机械制造和船舶制造等。在进行这种生产的企业或车间中，产品的品种多，而且很少重复。

单步骤生产和连续式多步骤生产的生产组织多为大量生产。装配式多步骤生产的生产组织则有大量生产、成批生产和单件生产的区别。

二、生产类型的特点和成本管理的要求对产品成本计算的影响

生产类型的特点不同，成本管理的要求也不一样。生产类型的特点和成本管理的要求又必然对产品成本的计算产生影响，这一影响主要表现为以下几个方面。

（一）对成本计算对象的影响

成本计算对象是指为计算产品成本而确定的归集生产费用的各个对象，即费用的承担者。成本计算对象主要是根据企业产品生产类型的特点和成本管理的要求来确定的，一般包括产品品种、产品订单或批别、各加工步骤的产品及产品的类别等。

1. 不同的生产工艺对成本计算对象的影响

1）在单步骤生产类型的企业，因为产品的工艺过程不能间断，具有高度的连续性

和重复性，所以其成本计算对象就只能是最后生产出的产品。这类企业一般以产品的品种作为成本计算对象。

2）在连续式多步骤生产类型的企业，因为产品的生产工艺过程可以间断，产品生产可以分散在不同地点进行，客观上具备了按各生产步骤计算半成品成本的条件，所以其成本计算对象是各加工步骤的半成品和最终生产的产成品；在装配式多步骤生产类型的企业，其在工艺过程上首先平行加工零部件，然后将零部件组装为最终的产成品，如果各环节的零部件在各步骤没有独立的经济意义，就不需要按步骤计算半成品成本，而以最终的产成品作为成本计算对象。

2. 不同的生产组织特点对成本计算对象的影响

1）在大量生产情况下，一种或多种产品连续不断地重复生产，由于同样的投入不断生产出相同的产品，一般以产品的品种作为成本计算对象。

2）大批生产，往往集中投料，生产一批零部件供几批产品耗用，零部件生产的批次和数量与产品生产的批次和所领零部件的数量往往不一致，因此就不能按产品的批次计算成本，只能以产品的品种作为成本计算对象。

3）单件小批量生产，一般按订单或产品的批别组织生产，这就需要计算每张订单或每批产品的成本，因此其成本的计算对象就是产品订单或批别。

3. 管理要求对成本计算对象的影响

尽管生产类型特点决定着成本计算对象，但成本计算对象的确定又不完全取决于企业生产类型特点，还受到企业内部成本管理要求的影响。例如，确定单件小批量生产的成本计算对象时，可以根据经济、合理地组织生产和便于管理的需要，对客户的订单做适当合并或再划小批别，以重新组织的生产批别作为成本计算对象。再如，确定大量大批多步骤生产的成本计算对象时，管理上不要求计算半成品成本的，加工步骤则以产品品种作为成本计算对象。

综上所述，在产品计算工作中有三种不同的成本计算对象：①以产品品种作为成本计算对象；②以产品批别作为成本计算对象；③以产品生产步骤作为成本计算对象。

成本计算对象的确定，是设置产品成本明细账、归集生产费用、计算产品成本的前提，是构成成本计算方法的主要标志，因而也是区别各种成本计算基本方法的主要标志。

（二）对成本计算期的影响

成本计算期是指对生产费用计入产品成本所规定的起讫日期。企业生产类型的特点不同，对产品成本计算的要求不同，产品成本的计算期也就有区别。

在大量大批生产情况下，一种产品连续不断或经常重复地生产出来，每月都有一部分产品完工。为了计算损益的需要，只能按月定期计算完工产品的成本。

在单件小批生产情况下，各张订单或各批产品的生产周期不相同，而且批量小，生产不重复或重复少，一般要等到一张订单所列产品或一批产品全部完工之后才能计算产品成本。因此，单件、小批生产的产品成本计算具有不定期性质，通常以产品的生产周期为成本计算期，与会计报告期往往不一致。

（三）对完工产品与在产品之间费用分配的影响

生产费用在完工产品和在产品之间的分配，与企业的生产类型特点也有密切关系。

在大量大批单步骤生产的情况下，由于其生产过程不能间断，生产周期短，一般没有在产品，或者在产品数量很少，因此，计算完工产品成本时，生产费用不必在完工产品与在产品之间进行分配。

在大量大批多步骤生产的情况下，其产品生产周期往往与产品成本的计算期不一致。由于生产过程中原材料不断投入，产品不断完工，月末经常存在为数不少的在产品，因此，归集在基本生产明细账中的生产费用就需要采用适当的分配方法，在完工产品和期末在产品之间进行分配。

在单件、小批生产情况下，由于成本计算期与产品生产周期一致，产品成本计算要等到产品完工后才进行，如果产品没完工，归集在基本生产成本明细账中的生产费用全部是期末在产品成本；如果产品完工，归集在基本生产明细账中的生产费用全部是完工产品成本。因此，一般不需要将生产费用在完工产品和期末在产品之间进行分配。

第二节 产品成本计算的方法

本章第一节概括阐述了生产类型特点和成本管理要求对产品成本计算的影响，并阐明了这一影响主要表现在成本计算对象的确定上。本节在此基础上具体阐明产品成本的各种方法，以及它们与成本计算对象的关系问题。

一、产品成本计算的基本方法

产品成本计算方法是指将生产过程中发生的生产费用按照不同的成本计算对象进行归集，借以确定成本计算对象的总成本和单位成本的方法。它是根据成本计算对象来命名的。成本计算对象有产品的品种、批别和生产步骤三种，产品成本计算方法就有品种法、分批法和分步法三种基本方法。

（一）品种法

产品成本计算的品种法是指以产品的品种为成本计算对象，归集生产费用，计算产品成本的一种方法。品种法一般适用于大量大批单步骤的生产，如发电、采掘等生产，以及大量大批多步骤、管理上不要求按步骤计算产品成本的企业，如小型造纸厂、水泥厂等。此外，辅助生产的供水、供气、供电等单步骤的大量生产也采用品种法计算成本。

（二）分批法

分批法是以产品的批别或订单作为成本计算对象，归集生产费用，计算产品成本的一种方法。分批法一般适用于单件、小批量生产的企业或车间，如船舶制造、重型机械制造，以及精密仪器、专用设备、服装加工等企业，企业新产品试制和辅助车间的工具模具制造也可采用该方法。采用分批法核算的产品或服务往往有很大的差异。例如，会计师事务所的审计业务会随着客户的变化而完全不同，因而通常将每个审计项目作为一个批别；又如，飞机制造商所生产的飞机会因每一特定客户的不同要求而有所不同。

（三）分步法

分步法是指以每种产品生产步骤的半成品和产成品作为成本计算对象，归集生产费用，计算产品成本的一种方法。分步法适用于大量、大批且管理上要求分步骤计算成本的多步骤生产企业，如纺织、冶金、机械制造、化工等类型企业。

品种法、分批法和分步法与企业生产类型的特点有直接联系，而且涉及成本计算对象的确定，因而是计算产品实际成本必不可少的方法。在工业企业中，不论属于哪种生产类型，进行成本计算所采用的基本方法如表 6-1 所示。

表 6-1　成本计算基本方法的适用范围

成本计算方法	生产组织方式	生产工艺过程和管理要求
品种法	大量大批生产	单步骤生产或管理上不要求分步骤计算成本的多步骤生产
分批法	小批单件生产	同上
分步法	大量大批生产	管理上要求分步骤计算成本的多步骤生产

二、产品成本计算的辅助方法

除上述基本方法以外，在产品品种、规格繁多的工业企业中，如针织厂、灯泡厂等，为了简化成本计算工作，还应用一种简便的产品成本计算方法——分类法；在定额管理工作基础较好的企业，为了配合和加强定额管理、加强成本控制，更有效地发挥成本计算的分析和监督作用，还应用一种将符合定额的费用和脱离定额的差异分别核算的产品成本计算方法——定额法。这些方法与生产类型的特点没有直接联系，不涉及成本计算对象，它们不是必不可少的。基于上述情况，这些方法通称为辅助方法。产品成本计算的辅助方法需要与产品成本计算的基本方法结合起来使用，不能单独使用。

在工业企业中，确定不同的成本计算对象，采用不同的成本计算方法，主要是为了适应企业生产类型的特点和成本管理的要求，正确提供成本核算资料以加强成本管理。但是，不论什么生产类型的企业，不论采用什么成本计算方法，最终都必须按照产品品种计算产品的成本。因此，品种法是上述基本方法中最基本的成本计算方法。

总之，制造业的实际情况错综复杂，因而所采用的成本计算方法也多种多样。在计算产品的成本时，应结合本企业生产类型的特点和成本管理的要求，并且考虑本企业的规模和管理水平，遵循主要产品从细、次要产品从简的原则，选择比较适用的产品成本计算方法。

问题与思考

- 产品成本核算的基本方法与辅助方法有什么区别？
- 企业在确定产品成本计算方法时需要考虑哪些因素？

本 章 小 结

本章主要介绍了如何根据企业生产类型特点和成本管理要求来确定产品成本计算的具体方法。由于企业生产组织方式不同、生产工艺过程不同，在管理上对成本计算的要求也不尽相同，从而形成不同的成本计算对象。成本计算对象又是确定成本计算方法的决定性因素，成本计算对象有产品的品种、产品的批别、产品的生产步骤三种，因此，产品成本计算方法就有品种法、分批法和分步法三种基本方法。为了简化成本核算工作、加强成本管理，本章还介绍了产品成本计算的辅助方法，如分类法、定额法。

理论知识练习

一、单项选择题

1．下列属于产品成本计算的辅助方法的是（　　）。

A．品种法　B．分批法　C．定额法　D．分步法

2．生产类型特点和成本管理要求对产品成本计算对象的主要影响表现在（　　）上。

A．完工产品和月末在产品之间分配费用方法的确定

B．成本计算对象的确定

C．成本计算程序的确定

D．成本计算期的确定

3．区分各种成本计算基本方法的主要标志是（　　）。

A．成本计算期　B．成本计算对象

C．成本计算程序　D．成本计算工作的繁简程度

4．大量大批单步骤生产类型的企业，适合采用的产品成本计算方法是（　　）。

A．品种法　B．分批法　C．分步法　D．分类法

5．在所有产品成本计算方法中，最基本的方法是（　　）。

A．分类法　B．品种法　C．分步法　D．分批法

二、多项选择题

1．工业企业的生产，按生产组织的划分，可以分为（　　）。

A．单步骤生产　　B．多步骤生产

C．大量生产　　D．成批生产或单件小批量生产

2．在确定产品成本计算方法时，应适应的要求包括（　　）。

A．生产类型特点　　B．定额基础管理的好坏

C．成本管理要求　　D．产品生产工艺特点

3．以下属于产品成本计算的基本方法的是（　　）。

A．品种法　　B．分批法　　C．分类法　　D．分步法

4．产品成本计算品种法的适用范围是（　　）。

A．单步骤生产　　B．多步骤生产　　C．大量生产　　D．大批生产

5．下列企业可以采用分批法计算产品成本的是（　　）。

A．造纸厂　　B．发电厂　　C．重型机械厂　　D．造船厂

三、判断题

1．大量大批多步骤生产的企业均采用分步法计算产品成本。（　　）

2．分批法只适用于小批量单件的单步骤生产类型的企业。（　　）

3．分类法是可以单独作为产品成本计算的一种方法。（　　）

4．产品成本计算对象是区别各种产品成本计算方法的标志。（　　）

5．不论什么工业企业，不论什么生产类型，最终都必须按照产品品种计算产品的成本。（　　）

第七章　产品成本核算的基本方法

内容提要

本章内容分为三节，分别介绍品种法、分批法和分步法三种产品成本核算方法的基本理论与方法程序。通过学习本章内容，重点掌握基本方法的含义、适用范围与特点，熟练运用各种方法的计算程序及具体操作技能。分步法是本章学习的难点，同时产品成本核算方法的选择、设计与使用等问题也是会计实务中应特别注意的问题。

知识结构

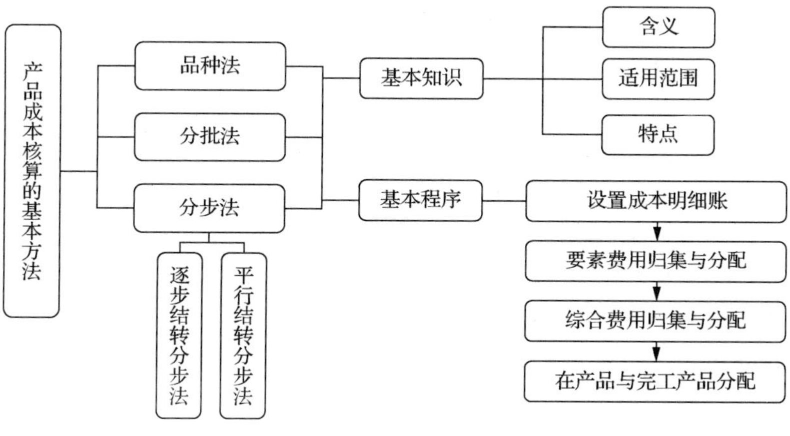

导入案例

【资料】华兴公司共生产 A、B、C 三种产品，A 产品市场需求量大，生产需要分八道工序，中间产品无市场需求；B 产品为个性化产品，生产技术难度大，一般按市场订单组织生产；C 产品市场需求量大，竞争激烈，部分中间产品也有一定的需求量，该产品有 20 道生产工序。

【问题】根据上述资料，思考并讨论以下问题。

1）选择成本核算方法需要考虑哪些问题？

2）A、B、C 三种产品应分别选择什么成本核算方法？

第一节 品 种 法

一、品种法的含义、适用范围及特点

（一）品种法的含义及适用范围

品种法的含义及适用范围在第六章中已经阐述，这里不再赘述。

（二）品种法的特点

1. 品种法以产品品种作为成本计算对象

在采用品种法计算产品成本的企业，如果只生产一种产品，成本计算对象就是该种产品，企业所发生的生产费用全部是直接费用，可以直接记入为这种产品开设的成本计算单中，不存在生产费用在各种产品之间的分配问题。如果生产的产品不止一种，成本计算对象就是各种产品，需要按产品品种分别设置成本计算单，本月发生的直接费用直接记入各种成本计算单，间接费用则要采用适当的方法在各种产品之间进行分配，然后记入各成本计算单中的有关成本项目。

问题与思考

- 间接费用有哪些？
- 间接费用与综合费用有什么区别？

2. 品种法按月确定成本计算期

品种法的成本计算期是按月定期的，于每月的月终进行，与会计报告期一致，与产品生产周期不一致。

3. 生产费用在完工产品与月末在产品之间进行分配

月末计算产品生产成本时，如果产品生产周期较短，月末没有在产品或在产品数量很少，是否计算在产品成本对产品成本影响不大，就可以不计算在产品成本。各种产品成本计算单中所归集的生产费用，全部是各该种完工产品的总成本，将总成本除以产量就是各该种完工产品的单位成本。如果月末有在产品，而且数量较多，就应将产品成本计算单中归集的生产费用，按照特定的方法，在完工产品和在产品之间进行分配，以便计算完工产品的生产成本。

二、品种法成本计算的基本程序

品种法成本计算的基本程序就是成本核算的一般程序。在第三章至第五章中所阐述的成本计算过程就是按产品品种成本计算的基本程序，现归纳如下。

1）按产品品种开设基本生产成本明细账。如果企业只生产一种产品，则只需设置一个基本生产成本明细账；如果企业生产两种或两种以上产品，则应为不同的产品分别设置明细账。同时，应开设辅助生产成本明细账和按车间设置制造费用明细账。

2）根据各项生产费用的原始凭证和其他有关资料，编制各要素费用分配表，分配各要素费用。

3）根据各要素费用分配表登记基本生产成本、辅助生产成本和制造费用等明细账。

4）根据辅助生产成本明细账所归集的全月费用，编制辅助生产费用分配表，并据以登记有关成本明细账。

5）根据制造费用明细账所归集的全月费用，编制制造费用分配表，并据以登记基本生产成本明细账。

6）将基本生产成本明细账（或成本计算单）所归集的全部生产费用，在完工产品与月末在产品之间进行分配，计算出完工产品成本及月末在产品成本。

采用品种法计算产品成本时，其成本计算的基本程序如图 7-1 所示。

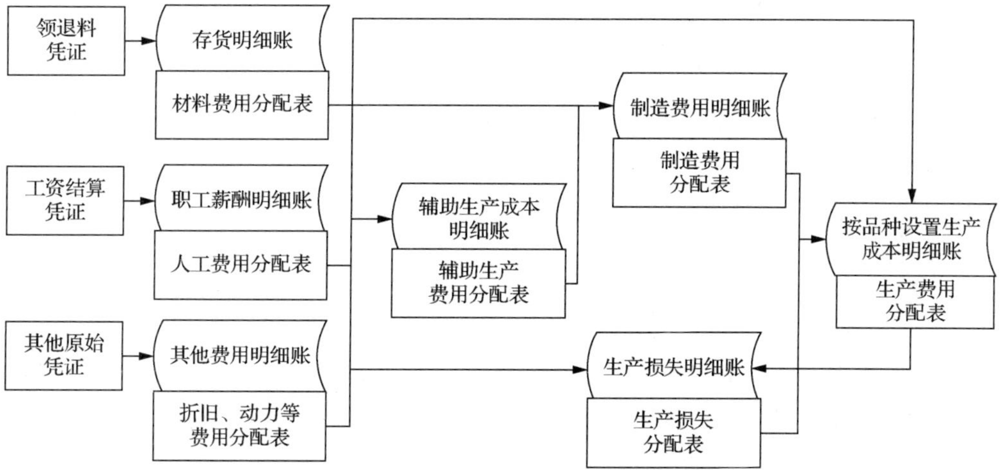

图 7-1　品种法成本计算的基本程序

三、品种法实务

（一）基本资料

光华厂大量生产甲、乙两种产品，设一个基本生产车间和供电辅助生产车间，供电车间分别为基本生产车间和管理部门供电，根据生产特点采用品种法计算产品生产成本。

202×年 12 月，光华厂的有关生产情况资料如下。

1. 产量资料

产量资料如表 7-1 所示。

表 7-1 202×年 12 月甲、乙产品的产量资料

数量单位：千克

产品名称	月初在产品	本月投产	本月完工产品	月末在产品	完工率/%
甲	600	700	1 300	0	
乙	340	3 200	3 140	400	50

2. 月初在产品成本

月初在产品成本如表 7-2 所示。

表 7-2 202×年 12 月甲、乙产品的月初在产品成本

单位：元

产品名称	直接材料	直接人工	制造费用	合计
甲	6 860	5 460	4 300	16 620
乙	4 200	2 080	1 800	8 080

3. 12 月发生的生产费用

1）材料费用。生产甲产品耗用材料 38 000 元，生产乙产品耗用材料 26 000 元，生产甲、乙产品共同耗用材料 28 000 元（甲产品材料定额耗用量 2 000 千克，乙产品材料定额耗用量 800 千克）。供电车间耗用消耗性材料 6 800 元，基本生产车间耗用材料 3 600 元，厂部耗用材料 1 000 元。

2）工资费用。生产工人工资 70 000 元，供电车间工人工资 2 000 元，基本生产车间管理人员工资 4 000 元，厂部管理人员工资 18 000 元。

3）其他费用。供电车间固定资产折旧费 2 200 元，办公费 240 元。基本生产车间折旧费 5 800 元，办公费 462 元。

4）工时记录。甲产品耗用实际工时 4 000 小时，乙产品耗用实际工时 6 000 小时。

5）供电车间供电 10 000 千瓦时，其中，基本生产车间耗用 8 800 千瓦时，管理部门耗用 1 200 千瓦时。

6）有关费用分配方法：①甲、乙产品共同耗用材料按定额耗用量比例分配；②生产工人工资按甲、乙产品工时比例分配；③辅助生产费用按用电量分配；④制造费用按甲、乙产品工时比例分配；⑤按约当产量比例法计算分配月末在产品成本，甲产品耗用的材料随加工程度陆续投入，乙产品耗用的材料于生产开始时一次投入。

（二）具体应用

12 月发生的各项生产费用根据有关原始凭证编制的各种分配表如下。

1）材料费用分配表如表 7-3 所示。

表 7-3　材料费用分配表

202×年 12 月

会计科目			直接耗用材料费用/元	共同耗用材料			耗用原材料金额/元
				定额耗用量/千克	分配率	分配费用/元	
生产成本	基本生产成本	甲产品	38 000	2 000		20 000	58 000
		乙产品	26 000	800		8 000	34 000
		小计	64 000	2 800	10	28 000	92 000
	辅助生产成本	供电	6 800				6 800
制造费用			3 600				3 600
管理费用			1 000				1 000
合计			75 400			28 000	103 400

2）工资及福利费分配表如表 7-4 所示。

表 7-4　工资及福利费分配表

202×年 12 月

会计科目			工资			福利费		合计
			分配标准（工时）/小时	分配率	金额/元	计提率/%	金额/元	
生产成本	基本生产成本	甲产品	4 000		28 000	14	3 920	31 920
		乙产品	6 000		42 000	14	5 880	47 880
		小计	10 000		70 000		9 800	79 800
	辅助生产成本	供电			2 000	14	280	2 280
制造费用					4 000	14	560	4 560
管理费用					18 000	14	2 520	20 520
合计					94 000		13 160	107 160

3）其他费用分配表如表 7-5 所示。

表 7-5　其他费用分配表

202×年 12 月

账户名称			金额/元
总账科目	明细科目	成本或费用项目	
生产成本	辅助生产成本	折旧费	2 200
		办公费	240
		小计	2 440
制造费用		折旧费	5 800
		办公费	462
		小计	6 262
合计			8 702

4）根据表 7-3 编制会计分录，并登记有关总分类账户（略）和明细分类账户。

借：基本生产成本——甲产品	58 000	
——乙产品	34 000	
辅助生产成本——供电车间	6 800	
制造费用	3 600	
管理费用	1 000	
贷：原材料		103 400

5）根据表 7-4 编制会计分录，并登记有关总分类账户（略）和明细分类账户。

① 分配工资：

借：基本生产成本——甲产品	28 000	
——乙产品	42 000	
辅助生产成本——供电车间	2 000	
制造费用	4 000	
管理费用	18 000	
贷：应付职工薪酬——工资		94 000

② 计提福利费：

借：基本生产成本——甲产品	3 920	
——乙产品	5 880	
辅助生产成本——供电车间	280	
制造费用	560	
管理费用	2 520	
贷：应付职工薪酬——福利费		13 160

6）根据表 7-5 编制会计分录，并登记有关总分类账户（略）和明细分类账户。

① 计提折旧：

借：辅助生产成本——供电车间	2 200	
制造费用	5 800	
贷：累计折旧		8 000

② 分配其他费用：

借：辅助生产成本——供电车间	240	
制造费用	462	
贷：其他应付款——××		702

7）根据以上各种费用分配表编制会计分录，并登记基本生产成本明细账（表 7-10 和表 7-11）、辅助生产成本明细账（表 7-6）、制造费用明细账（表 7-7）。管理费用账户略。

表 7-6　辅助生产成本明细账

车间名称：供电车间　　202×年 12 月　　单位：元

摘要	机物料消耗	工资及福利费	折旧费	办公费	合计	转出
材料费用分配表	6 800				6 800	
工资及福利费分配表		2 280			2 280	
其他费用分配表			2 200	240	2 440	
辅助生产费用分配表						11 520
合计	6 800	2 280	2 200	240	11 520	0

表 7-7　制造费用明细账

202×年 12 月　　单位：元

摘要	机物料消耗	工资及福利费	折旧费	办公费	电费	合计	转出
材料费用分配表	3 600					3 600	
工资及福利费分配表		4 560				4 560	
其他费用分配表			5 800	462		6 262	
辅助生产费用分配表					10 137.60	10 137.60	
制造费用							24 559.60
合计	3 600	4 560	5 800	462	10 137.60	24 559.60	0

8）根据辅助生产成本明细账归集的费用和受益部门的受益数量编制辅助生产费用分配表（表 7-8），根据分配表编制会计分录并登记基本生产成本明细账和制造费用明细账。

表 7-8　辅助生产费用分配表

202×年 12 月

账户名称	费用项目	耗用数量/千瓦时	分配率	分配额/元
制造费用	电费	8 800		10 137.6
管理费用		1 200		1 382.4
合计		10 000	1.152	11 520

根据表 7-8 编制如下会计分录。

借：制造费用　　10 137.6

　　管理费用　　1 382.4

　　贷：辅助生产成本——供电车间　　11 520

9）根据制造费用明细账的全月发生额编制制造费用分配表（表 7-9），并登记基本生产成本明细账。

表 7-9　制造费用分配表

202×年 12 月

项目	生产工时/小时	分配率	分配额/元
甲产品	4 000		9 823.84
乙产品	6 000		14 735.76
合计	10 000	2.455 96	24 559.60

10）根据表 7-9 编制会计分录，并登记有关总分类账户和明细分类账户（略）。

借：基本生产成本——甲产品　　9 823.84

　　　　　　　——乙产品　　14 735.76

　贷：制造费用　　24 559.6

11）根据基本生产成本明细账（表 7-10 和表 7-11）编制完工产品成本汇总表，如表 7-12 所示。

表 7-10　基本生产成本明细账

产品名称：甲产品　　202×年 12 月　　单位：元

摘要	直接材料	直接人工	制造费用	合计
月初在产品成本	6 860	5 460	4 300	16 620
材料费用分配表	58 000			58 000
工资及福利费分配表		31 920		31 920
制造费用分配表			9 823.84	9 823.84
合计	64 860	37 380	14 123.84	116 363.84
完工产品成本	64 860	37 380	14 123.84	116 363.84
月末在产品成本				

表 7-11　基本生产成本明细账

产品名称：乙产品　　202×年 12 月

摘要	直接材料	直接人工	制造费用	合计
月初在产品成本/元	4 200	2 080	1 800	8 080
材料费用分配表/元	34 000			34 000
工资及福利费分配表/元		47 880		47 880
制造费用分配表/元			14 735.76	14 735.76
合计/元	38 200	49 960	16 535.76	104 695.76
约当总产量/千克	3 540	3 340	3 340	
分配率	10.79	14.96	4.95	
完工产品成本*/元	33 884	46 968	15 545.76	96 397.76
月末在产品成本/元	4 316	2 992	990	8 298

* 分配尾差计入完工产品成本。

表 7-12　完工产品成本汇总表

202×年 12 月

产成品		数量/千克	直接材料/元	直接人工/元	制造费用/元	成本合计/元
甲产品	总成本	1 300	64 860	37 380	141 23.84	116 363.84
	单位成本		49.89	28.75	10.86	89.51
乙产品	总成本	3 140	33 884	46 968	15 545.76	96 397.76
	单位成本		10.79	14.96	4.95	30.7

12）根据表 7-12 结转入库的完工产品成本编制会计分录，并登记有关总分类账户和明细分类账户。

借：库存商品——甲产品　　116 363.84
　　　　　　——乙产品　　96 397.76
　贷：基本生产成本——甲产品　　116 363.84
　　　　　　　　　——乙产品　　96 397.76

第二节　分　批　法

一、分批法的含义、适用范围及特点

（一）分批法的含义及适用范围

分批法的含义及适用范围在第六章已经阐述，这里不再赘述。

（二）分批法的特点

1. 分批法以产品的生产批别作为成本计算对象

分批法以产品批别作为成本计算对象。由于在小批和单件生产中，产品的种类和每批产品的批量大多是根据购买单位的订单确定的，因而按批别计算产品成本也是按订单计算产品成本。

如果在一张订单中含有几种产品，为了分别计算不同产品的生产成本和便于生产管理，可以将该订单按照产品品种分批别组织生产；如果在一张订单中只有一种产品，但这种产品数量较大不便于集中一次投产，或者客户要求分批交货，也可以分数批组织生产；如果在一张订单中只有一件产品，但这件产品是由许多部件装配而成的大型产品，如订购船舶，其生产周期长，则可以按照大的部件或生产进度分成不同批次，分别组织生产。另外，有些企业不是直接按购买者的订单，而是按照自己规定的产品批别来组织生产，但各批生产的特殊性较明显，也要分成不同的批别组织生产。可见，分批法成本计算对象并不一定是购货单位的订货单，大多数是企业计划部门的内部订单，在成本会计上称其为“生产任务通知单”。

2. 分批法以产品的生产周期作为成本计算期

分批法一般以产品的生产周期为成本计算期，在订单完工后才计算产品成本，所以成本计算是非定期的，与会计核算的报告期不一致。

3. 生产费用一般不需要在完工产品和在产品之间进行分配

分批法同其他方法一样，也要按月归集各批产品实际发生的费用，并在成本计算单中进行登记。因为只有在该批产品完工时才能计算成本，所以，当该批产品全部完工时，

成本计算单上归集的费用就是完工产品的成本；而在未完工之前，成本计算单上所归集的费用是在产品成本。因此，一般地说，分批法不存在生产费用在完工产品与在产品之间的分配问题。

但是在批内产品跨月陆续完工并交付购货单位的情况下，在月末计算产品成本时，一部分产品已完工，另一部分产品尚未完工，这时就有必要在完工产品与在产品之间分配生产费用，以便计算完工产品成本和月末在产品成本。在实际工作中，由于单件小批生产的批量一般不大，月末批内产品部分完工的数量不多，但根据要求需要将先完工产品交给订货单位时，可采用简便的方法即按定额单位成本或计划单位成本计算完工产品实际成本，从各批产品成本明细账中转出，其余额即为在产品成本。如果批内完工产品的数量占全部批量的比例较大，则应采用一定的分配方法在完工产品和月末在产品之间分配生产费用，计算完工产品和月末在产品成本。为了避免跨月陆续完工的情况，减少在完工产品和在产品之间分配费用的工作，应在合理组织的前提下，尽量将生产周期接近的产品划归为一批，适当减少产品的批量。

二、分批法成本计算的基本程序

（一）按产品批别设置生产成本明细账

在各批产品投产时，根据生产计划部门签发的工作号令所规定的产品批别，为每批产品单独开设生产成本明细账。生产成本明细账按成本项目设置专栏，以便归集各批产品生产费用和计算各批产品成本。

（二）归集和分配生产费用

1）根据原始凭证及有关资料，编制要素费用分配表，将直接费用直接记入各批产品成本计算单，间接费用按一定标准分配记入各批产品生产成本明细账。

2）根据辅助生产成本明细账上所归集的辅助生产费用，编制辅助生产费用分配表。按各批产品耗用辅助生产产品和劳务数量，直接记入或通过制造费用再分配记入各批产品生产成本明细账。

3）根据制造费用明细账所归集的制造费用，编制制造费用分配表，将发生的制造费用分别记入各批产品生产成本明细账。

（三）计算完工产品成本

如果月份内该批产品全部完工，月末该批产品生产成本明细账所归集的生产费用就是完工产品成本；如果该批产品全部没有完工，月末该批产品生产成本明细账所归集的生产费用就是在产品成本；如果该批产品部分完工，月末该批产品生产成本明细账所归集的生产费用就要采用一定的分配方法，在完工产品和在产品之间进行分配。

采用分批法计算产品成本时，其成本计算的基本程序如图 7-2 所示。

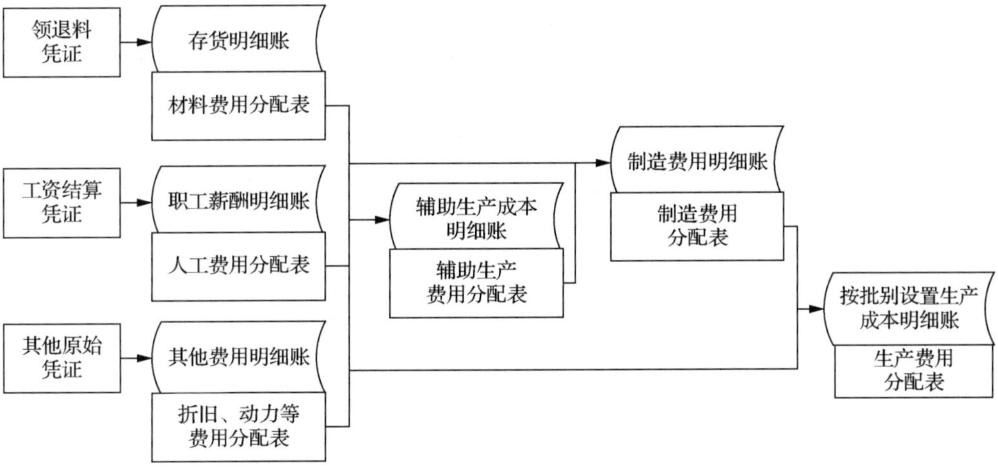

图 7-2　分批法成本计算的基本程序

三、分批法实务

（一）基本资料

现以某小型、小批生产的工业企业 202×年 4 月产品成本核算资料为例，说明分批法的运用。

该企业 4 月有关成本计算资料如表 7-13 和表 7-14 所示。

表 7-13　生产情况

产品批号	批量/件	投产时间	完工情况	本月耗用工时/小时
2×0401	300	2 月 25 日	4 月全部完工	4 000
2×0402	180	3 月 21 日	4 月完工 130 件	10 000
2×0403	200	4 月 18 日	4 月全部未完工	3 000
2×0404	150	4 月 20 日	4 月全部完工	2 000

表 7-14　本月生产费用

单位：元

产品批号	直接材料	直接人工	制造费用
2×0401	16 752	12 000	6 400
2×0402	31 000	30 000	16 000
2×0403	13 686	9 000	4 800
2×0404	5 000	6 000	3 200
合计	66 438	57 000	30 400

原材料系一次投入，在产品完工程度平均为 50%，生产费用按约当产量比例法进行分配。

（二）具体应用

根据以上资料，编制四批产品成本计算单，如表 7-15～表 7-18 所示。

表 7-15　产品成本计算单

产品批号：2×0401　　投产日期：2 月 25 日
产品批量：300 件　　202×年 4 月　　完工日期：4 月 26 日

日期	摘要	直接材料	直接人工	制造费用	合计
2 月 28 日	本月生产费用/元	1 648	543.12	672.88	2 864
3 月 31 日	本月生产费用/元	13 000	3 000	2 000	18 000
4 月 30 日	原材料分配表	16 752			16 752
	工资分配表		12 000		12 000
	制造费用分配表			6 400	6 400
	本月生产费用合计/元	16 752	12 000	6 400	35 152
	完工产品总成本/元	31 400	15 543.12	9 072.88	56 016

表 7-16　产品成本计算单

产品批号：2×0402　　投产日期：3 月 21 日
产品批量：180 件　　202×年 4 月　　完工产量：130 件

日期	摘要	直接材料	直接人工	制造费用	合计
4 月 1 日	月初在产品成本/元	3 200	2 126.25	1 793	7 119.25
4 月 30 日	原材料分配表/元	31 000			31 000
	工资分配表/元		30 000		30 000
	制造费用分配表/元			16 000	16 000
	本月生产成本合计/元	31 000	30 000	16 000	77 000
	生产成本累计/元	34 200	32 126.25	17 793	84 119.25
	在产品约当产量/件	50	25	25	
	约当总产量/件	180	155	155	
	分配率	190	207.27	114.79	
	完工产品成本*/元	24 700	26 944.50	14 923.25	66 567.75
	月末在产品成本/元	9 500	5 181.75	2 869.75	17 551.50

* 分配尾差计入完工产品成本。

表 7-17　产品成本计算单

产品批号：2×0403　　投产日期：4 月 18 日
产品批量：200 件　　202×年 4 月　　完工日期：

日期	摘要	直接材料	直接人工	制造费用	合计
4 月 30 日	原材料分配表	13 686			13 686
	工资分配表		9 000		9 000
	制造费用分配表			4 800	4 800
	本月生产成本合计	13 686	9 000	4 800	27 486

表 7-18　产品成本计算单

产品批号：2×0404　　　　　　　　　　　　　　　　　　投产日期：4 月 20 日

产品批量：150 件　　　　　　202×年 4 月　　　　　　　完工日期：4 月 30 日

日期	摘要	直接材料	直接人工	制造费用	合计
4 月 30 日	原材料分配表	5 000			5 000
	工资分配表		6 000		6 000
	制造费用分配表			3 200	3 200
	完工产品成本/元	5 000	6 000	3 200	14 200
	单位成本/元	33.33	40	21.33	94.66

以上举例只为了反映分批法的特点，其计算程序相应地比较简单，其中省略了与品种法相同的生产费用在各批别之间横向分配的内容。

四、简化分批法

（一）简化分批法的含义及特点

在单件、小批生产的企业中，同一月份投产的产品批次往往很多，各种间接费用在各批产品之间按月进行分配的工作较繁重。因此，企业在实际工作中还可采用一种不分批计算在产品成本的简化的分批法。

简化分批法就是每月发生的各项间接费用不是按月在各批产品之间进行分配，而是将这些间接费用先分别累计起来，产品完工时再按照完工产品累计工时的比例，在各批完工产品之间进行分配。这种方法也称为累计间接费用分配法，其计算公式为

累计间接费用分配率＝（期初间接费用＋本期投入间接费用）÷（期初生产工时＋本期投入生产工时）

某批完工产品应负担的间接费用＝该批完工产品累计工时×累计间接费用分配率

采用简化分批法时，各项间接费用的分配是通过设立基本生产成本二级账进行的。基本生产成本二级账介于基本生产成本总账与各批产品成本计算单之间，不分产品的批别，按成本项目登记全部产品的月初在产品成本、累计工时、本月生产成本和月末在产品成本。在有完工产品的月份，按照上列公式计算各批完工产品总成本。

简化分批法除设立基本生产成本二级账，仍然要按照产品批别设立成本计算单，单内按月登记直接费用和生产工时。间接费用不必按月登记。在有完工产品的月份，按上列公式计算、登记、结转完工产品的成本。

问题与思考

- 基本生产成本二级账与“基本生产成本”账户之间是什么关系？
- 期末，制造费用要不要结转？有没有余额？

（二）简化分批法举例

仍以上述四个批号的产品成本核算资料为例。

基本生产成本的二级账和各批产品成本明细账如表 7-19～表 7-23 所示。

表 7-19　基本生产成本二级账

日期	摘要	直接材料	生产工时	直接人工	制造费用	合计
3 月 31 日	月末在产品成本/元	17 848	1 890	5 669.37	4 465.88	27 983.25
4 月 30 日	本月生产费用/元	66 438	19 000	57 000	30 400	153 838
	生产成本累计数/元	84 286	20 890	62 669.37	34 865.88	181 821.25
	累计间接费用分配率				1.669	
	完工产品成本转出/元	61 100	14 310	42 492.31	23 883.39	127 475.7
	月末在产品成本/元	23 186	6 580	20 177.06	10 982.49	54 345.55

注：①累计制造费用分配率＝34 865.88÷20 890＝1.669。②完工产品直接材料费用和生产工时，根据各批产品成本计算单中完工产品的直接材料费用和生产工时数汇总登记；完工产品结转的各项间接费用可以根据账内完工产品工时乘以累计间接费用分配率计算登记，也可以根据各批产品成本计算单中完工产品的间接费用汇总数登记。③月末在产品的直接费用和生产工时可以根据账内生产成本累计数减去完工产品成本转出数计算登记，也可以根据各批产品成本计算单中月末在产品的汇总数登记。

表 7-20　产品成本明细账

产品批号：2×0401　　　　　　　　　　　　　　　　　　投产日期：2 月 25 日

产品批量：300 件　　　　　202×年 4 月　　　　　　　　完工日期：4 月 26 日

日期	摘要	直接材料	生产工时	直接人工	制造费用	合计
2 月 28 日	本月生产费用/元	1 648	400	543.12		
3 月 31 日	本月生产费用/元	13 000	1 200	3 000		
4 月 30 日	本月生产费用/元	16 752	4 000	12 000		
	生产成本累计数/元	31 400	5 600	15 543.12		
	累计间接费用分配率				1.669	
	完工产品成本转出/元	31 400	5 600	15 543.12	9 346.40	56 289.52
	单位成本元	104.67		51.81	31.15	187.63

注：①累计间接费用分配率根据基本生产成本的一级账登记；②完工产品的各项间接费用根据单内完工产品生产工时乘以累计间接费用分配率计算。

表 7-21　产品成本明细账

产品批号：2×0402　　　　　　　　　　　　　　　　　　投产日期：3 月 21 日

产品批量：180 件

完工产量：130 件　　　　　202×年 4 月　　　　　　　　完工日期：4 月 13 日

日期	摘要	直接材料	生产工时	直接人工	制造费用	合计
3 月 31 日	本月生产费用/元	3 200	290	2 126.25		
4 月 30 日	本月生产费用/元	31 000	10 000	30 000		
	生产成本累计数/元	34 200	10 290	32 126.25		
	累计间接费用分配率				1.669	
	完工产品成本转出/元	24 700	6 710	20 949.19	11 198.99	56 848.18
	月末在产品成本/元	9 500	3 580	11 177.06		

注：①完工产品与月末在产品之间的直接材料费用的分配按产品实际数量比例计算；②在产品工时按定额工时计算；③完工产品与月末在产品之间的直接人工费用的分配按定额工时比例计算。

表 7-22　产品成本明细账

产品批号：2×0403　　　　投产日期：4 月 18 日
产品批量：200 件　　　　202×年 4 月　　　　完工日期：

日期	摘要	直接材料	生产工时	直接人工	制造费用	合计
4 月 30 日	本月生产费用/元	13 686	3 000	9 000		

表 7-23　产品成本明细账

产品批号：2×0404　　　　投产日期：4 月 20 日
产品批量：150 件　　　　202×年 4 月　　　　完工日期：4 月 30 日

日期	摘要	直接材料	生产工时	直接人工	制造费用	合计
4 月 30 日	本月生产费用/元	5 000	2 000	6 000		
	累计间接费用分配率				1.669	
	完工产品成本转出/元	5 000	2 000	6 000	3 338	14 338
	单位成本/元	33.33		40	22.25	95.58

从以上举例可以看出简化分批法的优缺点。

在简化分批法下，间接费用在分批产品之间，以及在完工产品和在产品之间的分配，是在有产品完工时利用累计间接费用分配率一次分配完成的。这样不仅简化了间接费用的分配，还简化了对未完工批别产品成本明细账的登记工作，未完工批次越多，简化的程度越大。

但在这种方法下，各未完工批别的成本明细账不能完整地反映各批产品在产品的成本。如果各月的间接费用相差很大，还会影响各月产品成本的正确性。例如，前几个月的间接费用水平高，本月间接费用水平低，而某批产品本月投产、本月完工，则该批产品就会负担较高的间接费用。如果月末未完工的产品的批次不多，则起不到简化的作用，大多数完工产品的批别仍然要分别登记各项间接费用，核算工作量减少不多，计算的正确性也会受到影响。因此，企业要结合自身的实际情况加以运用。

第三节　分　步　法

一、分步法的含义、适用范围、特点及种类

（一）分步法的含义及适用范围

分步法的含义及适用范围在第六章已经阐述，这里不再赘述。

（二）分步法的特点

1. 分步法以各种产品的加工步骤作为成本计算对象

分步法以各种产品的加工步骤作为成本计算对象，并据以设置产品成本明细账归集

生产费用和计算产品成本。如果企业只生产一种产品，成本计算对象就是该种产品及其所经过的各生产步骤，产品成本明细账应按照产品的生产步骤开设。如果企业生产多种产品，成本计算对象则应是各种产成品及其所经过的各生产步骤，应按每种产品的各步骤开设产品成本明细账。但应该注意的是，成本计算划分的步骤与实际生产的步骤不一定完全一致，它根据实际加工步骤结合管理要求加以确定。为简化核算，只对管理上要求分步计算成本的生产步骤单独开设产品成本明细账，单独计算成本；对管理上不要求单独计算成本的生产步骤，则可与其他生产步骤合并设立产品成本明细账，合并计算成本。例如，造纸厂的包装步骤通常与制纸步骤合并在一起计算成本。

2. 分步法的成本计算期与会计报告期一致

在大量大批生产的情况下，原材料连续投入，产品生产连续不断地进行，生产过程中始终有一定数量的在产品，成本计算只能在每月月底进行，所以成本计算是定期的。成本计算期与生产周期不一致，而与会计报告期一致。

3. 生产费用在完工产品与在产品之间分配

在大量大批生产情况下，产品生产周期比单步骤生产长，一般跨月生产，通常月末有一定数量的在产品。因此，按加工步骤归集在产品成本明细账中的生产费用，一般要采用适当的分配方法在完工产品与期末在产品之间进行分配，计算各产品、各生产步骤的完工产品成本和月末在产品成本，然后按照产品品种结转各步骤的完工产品成本，计算每种产成品的实际成本。

（三）分步法的种类

分步法按是否需要计算和结转各步骤半成品成本分为逐步结转分步法和平行结转分步法两种。如果成本管理要求计算和结转各步骤半成品成本，则可采用逐步结转分步法计算产品成本，反之，为了简化成本计算工作，可采用平行结转分步法计算产品成本。

二、逐步结转分步法

（一）逐步结转分步法的含义及适用范围

逐步结转分步法是指按加工步骤归集生产费用，计算各步骤半成品成本，并且半成品成本按产品加工顺序随实物逐步结转，直到最后一步累积计算出产成品成本的一种成本计算方法。逐步结转分步法是为了分步计算半成品成本而采用的一种方法，所以又被称为计算半成品成本法或顺序结转分步法。

（二）逐步结转分步法的特点

1）成本计算对象是各步骤的半成品和最后步骤的产成品。在最后生产步骤前的每一步骤都会有半成品入库或直接结转下一步骤作为加工对象，到最后生产步骤生产出的就是经过全部生产步骤的最终产品。因此，最后步骤要按产品设置生产成本明细账，其前面的各步骤则按半成品设置生产成本明细账。

2）各加工步骤的半成品成本随实物转移而在各加工步骤之间顺序结转。半成品的实物转移方式有两种。一是上一步骤完工的半成品，直接转入下一步骤，继续加工。这时，半成品成本就在各步骤的产品成本明细账之间直接结转，半成品无须出入库。二是半成品完工后，通过半成品仓库收发。这时，应设置“自制半成品”明细账，通过该明细账结转完工入库和生产领用的半成品成本。

3）在产品成本是按在产品实物所在地反映的。各步骤产品成本明细账中的期末余额是狭义在产品，反映结存在该步骤在产品的全部成本。

（三）逐步结转分步法的优缺点

1. 逐步结转分步法的优点

1）按产品的加工步骤计算各步骤半成品和产成品的成本，能够提供各生产步骤的半成品成本资料，为确定半成品的销售价格提供依据，有利于分析并考核企业产品成本计划和各生产步骤半成品成本计划的执行情况。

2）半成品的成本随实物的转移而同步结转，各生产步骤产品成本明细账中的生产费用余额反映留存在各生产步骤的在产品成本，能够为半成品及在产品的实物管理和资金管理提供资料。

2. 逐步结转分步法的缺点

1）产品成本的计算按加工步骤顺序进行，会影响成本计算的及时性。

2）后面步骤的半成品（或产成品）成本包括以前步骤成本，各步骤成本受以前步骤成本水平波动的影响，不利于考核各加工步骤的成本管理工作，也不便于进行成本分析。

3）成本核算工作量大。如果采用综合结转法进行成本计算，成本还原的工作量大，且不能确切地反映成本的构成情况；如果半成品按计划成本结转，则要计算和调整半成品成本差异；如果采用分项结转法，则各步骤成本结转工作量大。

（四）逐步结转分步法的程序

逐步结转分步法的成本计算程序取决于半成品实物的流程程序。

1）在半成品不通过仓库收发的情况下，逐步结转分步法的产品成本计算程序：首先计算第一步骤半成品成本，然后随半成品实物转移，将其成本转入第二步骤半成品成本明细账，加上第二步骤所发生的各项费用，计算出第二步骤半成品成本。随着加工步骤顺序累计结转，直到最后一步骤计算出产成品成本。此情形下的成本计算程序如图 7-3 所示。

图 7-3 逐步结转分步法下的成本计算程序（半成品不通过仓库收发）

2）在半成品通过仓库收发的情况下，应设置自制半成品明细账进行核算。此情形下的成本计算程序如图 7-4 所示。

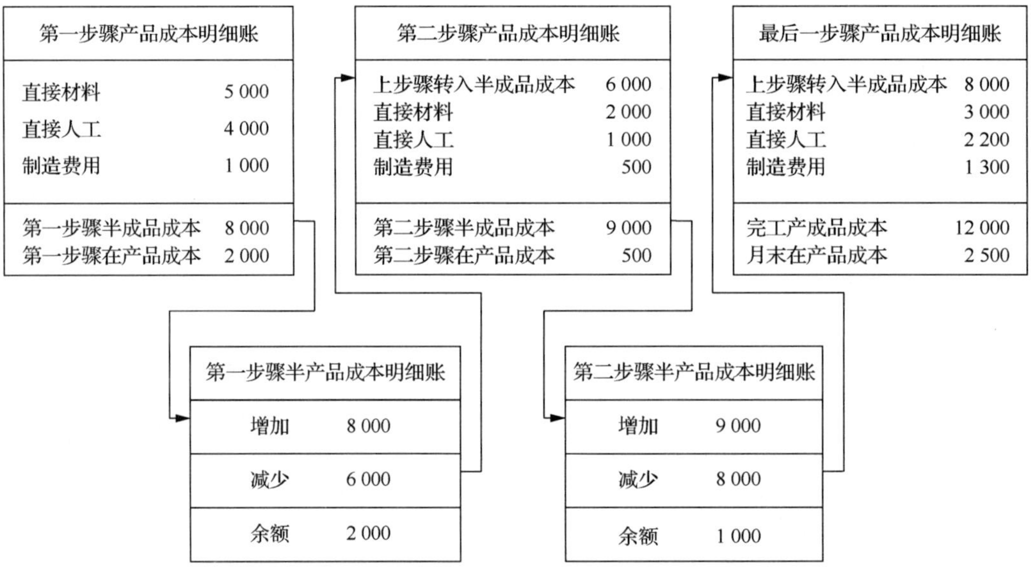

图 7-4 逐步结转分步法下的成本计算程序（半成品通过仓库收发）

由上述逐步结转分步法下的成本计算程序可以看出，逐步结转分步法实质上就是品种法的多次连续运用。

（五）半成品成本的结转方式

逐步结转分步法按照半成品成本在下一加工步骤成本明细账中的反映方法分为综合结转法和分项结转法。

1. 综合结转法

综合结转法是指各步骤所耗上一步骤的半成品成本不分成本项目，而是以综合的总额记入该步骤产品成本明细账中的“自制半成品”项目的一种成本结转方法。

综合结转法结转半成品成本的程序从成本计算的第一步骤开始计算出半成品成本，

在第二步骤将耗用的第一步骤转入的半成品成本转入“自制半成品”项目，加上第二步骤发生的各项费用计算出第二步骤的半成品成本并向第三步骤结转，以此类推，直至最后一个计算成本的步骤，计算出的即是完工产成品成本。

在实际工作中，综合结转法可以按照半成品的实际成本结转，也可以按照半成品的计划成本（或定额成本）结转。

（1）按实际成本综合结转

按实际成本综合结转时，各步骤完工的半成品按实际成本（根据结转半成品的数量乘以半成品的实际单位成本计算），结转到下一步骤生产成本明细账内的“自制半成品”成本项目。若半成品通过仓库收发，则各月所产半成品的单位成本不同，因此，在自制半成品明细账中必须与原材料发出的核算一样，按先进先出法、加权平均法等计算领用半成品的实际成本。为了简化核算，提高各步骤成本计算的及时性，在自制半成品明细账中月初余额较大，本月发出的半成品全部或大部分是以前月份所生产的情况下，本月领用半成品费用也可以按上月末的加权平均单位成本计算。

（2）按计划成本（或定额成本）综合结转

按计划成本（或定额成本）综合结转时，各步骤耗用上一步骤半成品成本是按耗用数量乘以计划单位成本计算的。这时，各步骤生产成本明细账内的“自制半成品”项目应设置若干栏，分别登记上一步骤转入半成品的“计划成本”“成本差异”“实际成本”。如果半成品是通过半成品仓库收发的，在各步骤的自制半成品明细账中就要相应设置专栏，平时按计划成本登记，月末在半成品实际成本计算出来后，再计算半成品的成本差异率，调整所耗半成品的成本差异。为简化成本计算，在半成品种类较多时可以按类计算半成品成本差异，在调整成本差异时也可以将各步骤所耗半成品的成本差异直接计入最后的产成品成本。因此，按计划成本（或定额成本）综合结转半成品成本可以简化和加速各步的成本计算，也有利于进行成本考核和分析。

（3）按实际成本综合结转实务

现举例说明按实际成本综合结转。

1）基本资料。

华兴公司生产 A 产品。A 产品生产分两个步骤，由两个车间进行。一车间生产 A 产品的半成品；二车间对 A 产品的半成品进行再加工。半成品转移通过半成品库，半成品成本结转按加权平均单位成本计算，原材料在生产开始时一次投入，月末在产品按定额成本计价。

该企业 202×年 6 月有关成本计算资料如下。

① 产量记录如表 7-24 所示。

表 7-24　产量记录

单位：件

项目	月初在产品	本月投入	本月完工	月末在产品
一车间	60	360	288	132
二车间	36	300	240	96

② 月末单位在产品定额成本、月初在产品定额成本、本月生产费用发生额如表 7-25 所示。

表 7-25　月末单位在产品定额成本、月初在产品定额成本、本月生产费用发生额

单位：元

项目		直接材料	半成品	直接人工	制造费用	合计
一车间	月末单位在产品定额成本	90		11	19	120
	月初在产品定额成本	5 400		660	1 140	7 200
	本月生产费用发生额	33 600		6 960	11 772	52 332
二车间	月末单位在产品定额成本		148	23.5	25	196.5
	月初在产品定额成本		5 328	846	900	7 074
	本月生产费用发生额			13 020	12 744	25 764

③ A 半成品仓库月初结存 72 件，实际成本 10 440 元。

2）具体应用。

根据上列资料，登记各车间产品成本明细账，并进行成本计算。

① 一车间产品成本明细账如表 7-26 所示。

表 7-26　一车间产品成本明细账

产品名称：A 半成品　　202×年 6 月　　单位：元

项目	直接材料	直接人工	制造费用	合计
期初在产品成本	5 400	660	1 140	7 200
本月生产费用	33 600	6 960	11 772	52 332
合计	39 000	7 620	12 912	59 532
结转半成品成本	27 120	6 168	10 404	43 692
期末在产品成本	11 880	1 452	2 508	15 840

在表 7-26 中，月末在产品成本用月末在产品数量乘以单位在产品定额成本计算，完工半成品成本采用倒扣的方法确定。

根据一车间半成品交库单和二车间半成品领用单，登记 A 半成品明细账，如表 7-27 所示。

表 7-27　自制半成品明细账

产品名称：A 半成品　　202×年 6 月

项目	收入			发出			结存		
	数量/件	单价/元	金额/元	数量/件	单价/元	金额/元	数量/件	单价/元	金额/元
期初余额							72	145	10 440
一车间交库	288	151.71	43 692						
二车间领用				300	150.37	45 110	60	150.37	9 022

根据一车间半成品交库单编制如下会计分录。

借：自制半成品——A 半成品　　43 692

　　贷：基本生产成本——A 半成品　　43 692

根据二车间半成品领用单编制如下会计分录。

借：基本生产成本——A 产品　　45 110

　　贷：自制半成品——A 半成品　　45 110

② 二车间产品成本明细账如表 7-28 所示。

表 7-28　二车间产品成本明细账

产品名称：A 产品　　202×年 6 月　　单位：元

项目	半成品	直接人工	制造费用	合计
月初在产品成本	5 328	846	900	7 074
本月生产费用	45 110	13 020	12 744	70 874
合计	50 438	13 866	13 644	77 948
月末在产品成本	14 208	2 256	2 400	18 864
完工产品成本	36 230	11 610	11 244	59 084
单位成本	150.96	48.37	46.85	246.18

根据产成品交库单编制如下会计分录。

借：库存商品——A 产品　　59 084

　　贷：基本生产成本——A 产品　　59 084

（4）按计划成本（或定额成本）综合结转实务

仍以上例资料为例，计算程序如下。

1）一车间根据各种费用分配表和半成品产品月报及有关资料，登记一车间成本明细账（略）。

根据一车间成本明细账和半成品入库单（设半成品单位计划成本 148 元/件）编制如下会计分录。

借：自制半成品——A 半成品　　42 624

　　自制半成品成本差异　　1 068

　　贷：基本生产成本——A 半成品　　43 692

2）根据结转完工自制半成品成本的会计分录，登记自制半成品明细账和半成品成本差异明细账，如表 7-29 所示。

表 7-29　自制半成品明细账

名称：A 产品　　单位计划成本：148 元/件

月初余额			本月增加			合计					本月减少		
数量/件	计划成本/件	实际成本/元	数量/件	计划成本/元	实际成本/元	数量/件	计划成本/元	实际成本/元	成本差异/元	差异率/%	数量/件	计划成本/元	实际成本/元
①	②	③	④	⑤	⑥	⑦	⑧	⑨=③+⑥	⑩=⑨−⑧	⑪=⑩/⑧	⑫	⑬	⑭=⑬×(1+⑪)
72	10 656	10 440	288	42 624	43 692	360	53 280	54 132	852	1.6	300	44 400	45 110

3）二车间生产需要领用半成品，根据半成品出库单（半成品单位计划成本 148 元/件）编制如下会计分录。

借：基本生产成本——A 产品 45110

贷：自制半成品——A 半成品 44 400

自制半成品成本差异 710

根据半成品出库凭证，登记二车间产品成本明细账，如表 7-30 所示。

表 7-30 二车间产品成本明细账

单位：元

项目	产品	半成品			直接人工	制造费用	合计
		计划成本	成本差异	实际成本			
期初在产品成本	36	5 328	0	5 328	846	900	7 074
本月生产	300	44 400	710	45 110	13 020	12 744	70 874

（5）综合结转法的成本还原

成本还原是企业根据管理的要求，对产成品成本中的“自制半成品”这一综合项目，按照原始成本项目进行的分解还原。

在综合结转法下，上一步骤转给下一步骤继续加工的自制半成品成本，一般以“自制半成品”这一综合项目反映在下一步骤的成本计算单中。这样，逐步结转计算出来的最后步骤产成品成本中的自制半成品项目，既包括第一步骤原材料费用，又包括各步骤转入的加工费用，不能清晰地反映产品成本构成情况，不利于按成本项目考核和分析成本计划的完成情况。因此，必须对产品成本中的“自制半成品”成本项目进行还原，将产品成本还原为按原始成本项目反映的产成品成本，以满足企业考核和分析产品成本构成的需要。

成本还原通常采用的方法是：从最后一个加工步骤开始，将产成品中所耗上一步骤自制半成品的综合成本，按上一加工步骤所产自制半成品成本结构，依次从后向前逐步分解，直至第一加工步骤为止，再汇总各加工步骤相同成本项目的余额，从而计算出按原始成本项目反映的产成品成本。

成本还原的具体分解方法通常有两种。①倒推法，即从最后一个生产步骤的成本计算单向前推算。将本步骤耗用上步骤半成品的综合成本，按照上一步骤的成本结构比例进行分解，求得其原始成本各项目的金额。②比重法，就是以上一步骤本月所产半成品成本合计为系数 1，计算本月产成品耗用上一步骤半成品成本数折合系数，该系数即为成本还原分配率，其计算公式为

成本还原分配率＝本月产成品所耗上一步骤自制半成品成本
÷上一步骤本月所产该种自制半成品合计

某步骤耗用上一步骤“自制半成品”各成本项目还原数的计算公式为

自制半成品成本还原为各成本项目金额
＝本月所产自制半成品成本中的各该成本项目金额×成本还原分配率

仍以上述甲产品按成本综合结转例题为例，计算程序如下。

1）倒推法。

一车间生产完工的 288 件 A 半成品各成本项目所占比例计算过程如下。

直接材料成本占总成本比例＝27 120÷43 692×100%≈62.071%

直接人工成本占总成本比例=6 168÷43 692×100%≈14.117%

制造费用成本占总成本比例=10 404÷43 692×100%≈23.812%

A 产成品中所含半成品 36 230 元的成本构成计算过程如下。

直接材料=36 230×62.071%≈22 488.32（元）

直接人工=36 230×14.117%≈5 114.59（元）

制造费用=36 230×23.812%≈8 627.09（元）

2）还原法。

根据例题资料，先将二车间产成品成本中的“自制半成品”项目 36 230 元（表 7-28）按一车间完工半成品成本构成（表 7-26）计算成本还原分配率。

成本还原分配率=36 230÷43 692≈0.829 21

以成本还原分配率还原分解一车间自制半成品的各成本项目，还原以后的各项费用之和等于还原对象，其计算公式为

自制半成品成本还原为直接材料=27 120×0.829 21≈22 488.18（元）

自制半成品成本还原为直接人工=6 168×0.829 21≈5 114.57（元）

自制半成品成本还原为制造费用=36 230－22 488.18－5 114.57=8 627.25（元）

将两个步骤相同的成本项目的数字汇总，就是按原始成本项目反映的产成品成本。

在实际工作中，成本还原一般通过编制成本还原计算表实现。产成品成本还原计算表如表 7-31 所示。

表 7-31　产成品成本还原计算表

202×年 6 月　　金额单位：元

项目	成本还原分配率	自制半成品	直接材料	直接人工	制造费用	成本合计
还原前成本		36 230		11 610	11 244	59 084
本月生产半成品成本			27 120	6 168	10 404	43 692
按半成品成本结构还原	0.829 21	－36 230	22 488.18	5 114.57	8 627.25	
还原后产成品成本			22 488.18	16 724.57	19 871.25	59 084

如果产品的加工步骤不止两步，在进行一次还原后，还有自制半成品成本项目，则应继续还原，直至自制半成品成本项目全部分解成按原始成本项目反映为止。

以上采用的成本还原方法是按本月所产半成品的成本结构进行还原的。虽然这种方法比较简单。但由于没有考虑以前月份所产半成品成本结构的影响，在各月结构变化较大的情况下，采用这种方法进行成本还原的准确性较差。如果企业半成品的定额成本或计划成本比较准确，则可以按半成品的定额成本或计划成本的成本结构进行还原。成本还原增加了核算工作量。因此，综合结转法一般适用于管理上要求计算各步骤完工产品所耗半成品费用，但不要求进行成本还原的情况。

2. 分项结转法

分项结转法是指各步骤所耗上一步骤完工半成品成本，按照成本项目记入该步骤产品成本计算单的相同项目，进行分项反映的一种方法。

采用分项结转时，如果半成品通过仓库转发，相应的半成品成本明细账也要按照成本项目设置并登记。

分项结转，可以按照半成品的实际单位成本结转，也可以按照计划单位成本结转，然后按成本项目分项调整成本差异。后一种做法的计算工作量较大。企业在实际工作中一般采用按实际成本分项结转的方法。

仍以上述产品按实际成本综合结转例题为例。计算程序如下。

1）一车间产品成本明细账如表 7-32 所示。

2）根据一车间产品成本明细账、结转完工半成品成本的会计分录及二车间领用半成品出库单，登记自制半成品成本明细账，如表 7-32 所示。

表 7-32　自制半成品成本明细账

202×年 6 月

日期	摘要	数量/件	直接材料/元	直接人工/元	制造费用/元	合计/元
	月初余额	72	6 040	1 580	2 820	10 440
	本月入库	288	27 120	6 168	10 404	43 692
	合计	360	33 160	7 748	13 224	54 132
	单位成本		92.111 1	21.522 2	36.733 3	
	本月领用	300	27 633.33	6 456. 67	11 020	45 110
	月末余额	60	5 526.67	1 291.33	2 204	9 022

本月领用的半成品的实际成本根据领用数量乘以按成本项目分别计算的单位成本计算。

会计分录与综合结转领用半成品相同。

3）二车间根据各种费用分配表、产成品产量月报、半成品领用会计分录及在产品定额成本资料，登记成本明细账，如表 7-33 所示。

表 7-33　产品成本明细账

二车间：甲产品　　202×年 6 月

项目	产量/件	直接材料/元	直接人工/元	制造费用/元	合计/元
月初在产品成本（定额）	36	5 328	846	900	7 074
本月本步骤费用	300		13 020	12 744	25 764
本月耗用半成品费用		27 633.33	6 456.67	11 020	45 110
合计		32 961.33	20 322.67	24 664	77 948
产成品成本	240	18 753.33	18 066.67	22 264	59 084
月末单位在产品成本（定额）		148	23.5	25	196.5
月末在产品成本（定额）	96	14 208	2 256	2 400	18 864

采用分项结转半成品成本，不需进行成本还原，但成本结转工作比较复杂。因此，

分项结转法适用于管理上要求按原始成本项目反映产品成本资料的情况。

三、平行结转分步法

（一）平行结转分步法的含义及特点

1. 平行结转分步法的含义

平行结转分步法是指各加工步骤只计算本步骤发生的生产费用，当最终产成品完工时，再将各步骤应计入完工产成品成本的份额进行平行汇总，计算出完工产成品成本的一种成本计算方法。此方法不计算中途的半成品成本，故也被称为不计算半成品成本的分步法。

2. 平行结转分步法的特点

与逐步结转分步法相比，平行结转分步法的特点主要表现在以下几个方面。

（1）成本计算对象是各生产步骤和最终完工产品

在平行结转分步法下，各生产步骤的半成品均不作为成本计算对象，各步骤的成本计算都是为了算出最终产品的成本。因此，从各步骤产品成本明细账中转出的只是该步骤应计入最终产成品成本的费用（份额），各步骤产品成本明细账不能提供其产出半成品的成本资料。

（2）半成品成本不随实物转移而结转

在平行结转分步法下，由于各步骤不计算半成品成本，只归集本步骤发生的生产费用，计算结转应计入产成品成本的份额，因此，各步骤半成品的成本资料只保留在该步骤的成本明细账中，并不随半成品实物的转移而结转，即半成品的成本结转与实物相分离。这时不论半成品是通过仓库收发，还是各步骤间直接转移，都不通过“自制半成品”账户进行价值核算，只能进行数量核算。

（3）月末生产费用要在最终产成品与广义在产品之间分配

在平行结转分步法下，每一生产步骤的生产费用都要选择适当的方法在完工产品与月末在产品之间分配，常用的方法是约当产量比例法和定额比例法。这里的完工产品是狭义完工产品，是指企业最终的产成品，而不是各步骤的完工半成品；这里的在产品是广义在产品，不仅包括尚在本步骤加工中的在产品，也包括本步骤至已经完工转入半成品的半成品，还包括从半成品库转移到以后步骤进一步加工尚未最后完工的在产品。

问题与思考

- 什么是完工产品与在产品？
- 半成品是完工产品还是在产品？

（二）平行结转分步法与逐步结转分步法的比较

1. 平行结转分步法的优点

1）采用这一方法，各步骤可以同时计算产品成本，然后将应计入完工产成品的份额汇总计入产成品成本，不必逐步结转半成品成本，从而可以简化和加快成本计算工作。

2）采用这一方法，一般按照成本项目平行结转、汇总各步骤成本应计入产成品成本的份额，因而能够直接提供按原始成本项目反映的产成品成本资料，不必进行成本还原，省去了大量烦琐的计算工作。

2. 平行结转分步法的缺点

1）不能提供各步骤半成品成本资料及各步骤所耗上一步骤半成品费用资料，因而不能全面地反映各步骤生产耗费的水平，不利于各步骤的成本管理。

2）由于各步骤之间不用结转半成品成本，半成品实物转移与成本结转相脱离，因而不能为各步骤在产品的实物管理和资金管理提供完整的资料。

（三）平行结转分步法的计算程序

1）按生产步骤和产品品种开设生产成本明细账，各步骤成本明细账按成本项目归集本步骤发生的生产费用（不包括耗用上一步骤半成品的成本）。

2）月终，将各步骤归集的生产费用在产成品与广义在产品之间进行分配，计算各步骤应计入产成品成本中的费用（份额）。

3）将各步骤生产费用总额减去本步骤应计入产品成本的费用份额，即为本步骤期末在产品成本，计算公式为

某步骤月末在产品成本＝该步骤月初在产品费用＋该步骤本月生产费用
－该步骤应计入产成品成本的费用份额

4）将各步骤计入产成品成本的费用份额平行相加汇总，计算出产成品总成本，除以完工产品数量，即为单位成本。

平行结转分步法下的成本计算程序如图 7-5 所示。

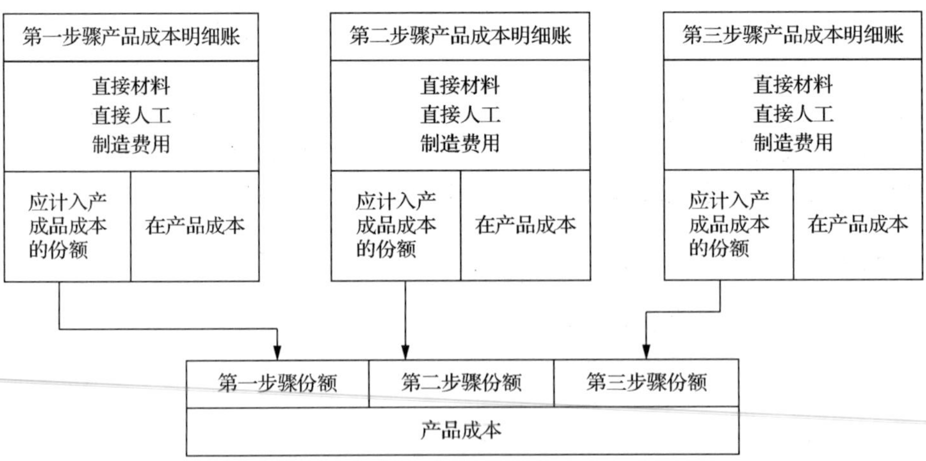

图 7-5 平行结转分步法下的成本计算程序

（四）各步骤计入产成品成本的份额的计算

采用平行结转分步法计算产品成本时，月末各步骤需要将本月累计的生产费用在最终的产成品与广义在产品之间进行分配，从而确定本步骤费用中应计入产品成本的份额。常用的分配方法有约当产量比例法和定额比例法。

1）采用约当产量比例法分配费用。各步骤计入产成品成本份额的计算公式为

某步骤应计入产品成本的份额＝产成品数量×单位产成品耗用该步骤半成品数量×该步骤单位半成品费用

该步骤单位半成品费用＝（该步骤月初在产品费用＋该步骤本月生产费用）÷该步骤约当总产量

某步骤约当总产量＝最终完工产品约当产量＋广义在产品约当产量
＝最终完工产品约当产量＋本步骤月末狭义在产品约当产量＋本步骤转入以后各步骤期末在产品数量

2）采用定额比例法分配费用。在实际工作中，作为分配费用标准的定额资料比较容易取得。产成品的定额消耗量或定额费用，可根据产成品数量乘以消耗定额或费用定额计算；在产品的定额消耗量或定额费用，可采用倒挤的方法计算出月末广义在产品的定额消耗量和费用定额，然后根据完工产品的定额和广义在产品的定额的比例确定费用分配率，最后即可确定各生产步骤的生产费用应计入产成品成本的份额。相关计算公式为

月末广义在产品的定额消耗量（工时）或定额费用
＝月初广义在产品定额消耗量（工时）或定额费用＋本月投入的定额消耗量（工时）或定额费用－本月产成品定额消耗量（工时）或定额费用

某步骤某项费用的分配率＝（该步骤该项目期初费用＋该步骤该项目本月发生费用）÷［产成品定额消耗量（工时）或定额费用＋月末广义在产品定额消耗量（工时）或定额费用］

某步骤某项费用应计入产成品成本的份额＝产成品定额消耗量（工时）或定额费用×某步骤某项费用分配率

（五）平行结转分步法实务

1. 按约当产量法分配费用

（1）基本资料

西华化肥厂大批生产甲产品，分三个步骤分别由三个基本生产车间进行生产，每件甲产品耗用各步骤半成品均为1 件。原材料陆续投入，月末各步骤狭义在产品完工程度均为50%，该厂202×年10月有关资料如下。

产量记录表如表7-34所示。

表 7-34　产量记录

单位：件

项目	一车间	二车间	三车间
月初在产品	80	16	32
本月投入	340	388	356
本月完工	388	356	372
月末在产品	32	48	16

月初在产品成本及本月生产费用资料如表 7-35 所示。

表 7-35　月初在产品成本及本月生产费用

单位：元

项目		直接材料	直接人工	制造费用	合计
一车间	月初在产品成本	1 920	320	400	2 640
	本月生产费用	4 000	960	1 280	6 240
二车间	月初在产品成本	1 600	304	216	2 120
	本月生产费用	3 200	2 400	2 320	7 920
三车间	月初在产品成本	1 676	288	200	2 164
	本月生产费用	3 360	2 080	2 160	7 600

各车间产品成本明细账如表 7-36～表 7-38 所示。

表 7-36　一车间产品成本明细账

产品名称：甲半成品　　　　单位：元

项目	直接材料	直接人工	制造费用	合计
月初在产品成本	1 920	320	400	2 640
本月生产费用	4 000	960	1 280	6 240
合计	5 920	1 280	1 680	8 880
应计入产成品成本的份额	4 872.21	1 053.45	1 382.65	7 308.31
月末在产品成本	1 047.79	226.55	297.35	1 571.69

（2）具体应用

表 7-36 中的“应计入产成品成本的份额”的计算如下。

直接材料应计入产成品成本的份额＝（1 920＋4 000）÷（372＋32×50%＋48＋16）×372
≈4 872.21（元）

直接人工应计入产成品成本的份额＝（320＋960）÷（372＋32×50%＋48＋16）×372
≈1 053.45（元）

制造费用应计入产成品成本的份额＝（400＋1 280）÷（372＋32×50%＋48＋16）×372
≈1 382.65（元）

表 7-37 二车间产品成本明细账

产品名称：甲半成品　　单位：元

项目	直接材料	直接人工	制造费用	合计
月初在产品成本	1 600	304	216	2 120
本月生产费用	3 200	2 400	2 320	7 920
合计	4 800	2 704	2 536	10 040
应计入产成品成本的份额	4 333.98	2 441.48	2 289.79	9 065.25
月末在产品成本	466.02	262.52	246.21	974.75

表 7-37 中的“应计入产成品成本的份额”的计算如下。

直接材料应计入产成品成本的份额＝（1 600＋3 200）÷（372＋48×50 %＋16）×372
≈4 333.98（元）

直接人工应计入产成品成本的份额＝（304＋2 400）÷（372＋48×50 %＋16）×372
≈2 441.48（元）

制造费用应计入产成品成本的份额＝（216＋2 320）÷（372＋48×50%＋16）×372
≈2 289.79（元）

表 7-38 三车间产品成本明细账

产品名称：甲成品　　单位：元

项目	直接材料	直接人工	制造费用	合计
月初在产品成本	1 676	288	200	2 164
本月生产费用	3 360	2 080	2 160	7 600
合计	5 036	2 368	2 360	9 764
应计入产成品成本的份额	4 929.98	2 318.15	2 310.32	9 558.45
月末在产品成本	106.02	49.85	49.68	205.55

在表 7-38 中，“应计入产成品成本的份额”的计算如下。

直接材料应计入产成品成本的份额＝（1 676＋3 360）÷（372＋16×50%）×372
≈4 929.98（元）

直接人工应计入产成品成本的份额＝（288＋2 080）÷（372＋16×50%）×372
≈2 318.15（元）

制造费用应计入产成品成本的份额＝（200＋2 160）÷（372＋16×50%）×372
≈2 310.32（元）

根据上述分配结果，将各步骤应计入产品成本的份额平行汇总，计算产成品成本，编制产成品成本汇总计算表，如表 7-39 所示。

表 7-39 产成品成本汇总计算表

产品名称：甲产品

产量：372 件　　202×年 10 月　　单位：元

项目	直接材料	直接人工	制造费用	合计
一车间	4 872.21	1 053.45	1 382.65	7 308.31
二车间	4 333.98	2 441.48	2 289.79	9 065.25
三车间	4 929.98	2 318.15	2 310.32	9 558.45
总成本	14 136.17	5 813.08	5 982.76	25 932.01
单位成本	38	15.63	16.08	69.71

2. 按定额比例法分配费用

（1）基本资料

第一纺织厂大量大批生产甲产品，分两个步骤分别由两个基本生产车间生产。原材料在生产开始时一次投入。生产费用在完工产品与在产品之间采用定额比例法分配，其中，原材料费用按定额原材料费用比例分配；其他各项费用均按定额工时比例分配。有关成本核算资料如下。

1）产品定额资料如表 7-40 所示。

表 7-40 甲产品定额表

车间	月初在产品		本月投入		本月产成品				
	定额直接材料费用/元	定额工时/小时	定额直接材料费用/元	定额工时/小时	单件定额		产量/件	定额直接材料费用/元	定额工时/小时
					直接材料费用/元	工时/小时			
一车间	1 800	800	88 200	24 000	100	27	880	88 000	23 760
二车间		1 600		22 000		25	880		22 000

2）实际成本资料如表 7-41 所示。

表 7-41 实际成本资料

单位：元

项目		直接材料	直接人工	制造费用	合计
一车间	月初在产品成本	2 000	900	1 100	4 000
	各月生产费用	86 000	28 400	35 600	150 000
	合计	88 000	29 300	36 700	154 000
二车间	月初在产品成本		1 800	2 000	3 800
	各月生产费用		22 200	15 000	37 200
	合计		24 000	17 000	41 000

（2）具体应用

1）登记一车间、二车间产品成本明细账，如表 7-42 和表 7-43 所示。

表 7-42　产品成本明细账

一车间：甲产品　　　　202×年 10 月

项目	产量/件	原材料/元		定额工时/小时	直接人工/元	制造费用/元	合计/元
		定额	实际				
月初在产品成本		1 800	2 000	800	900	1 100	4 000
本月生产成本		88 200	86 000	24 000	28 400	35 600	150 000
合计		90 000	88 000	24 800	29 300	36 700	154 000
费用分配率			0.977 8		1.181 5	1.479 8	
产成品成本中本步骤份额	880	88 000	86 046.40	23 760	28 072.44	35 160.05	149 278.89
月末在产品成本		2 000	1 953.60	1 040	1 227.56	1 539.95	4 721.11

表 7-42 中的“费用分配率”的计算如下。

$$直接材料费用分配率=88\ 000\div 90\ 000\approx 0.977\ 8$$

$$直接人工费用分配率=29\ 300\div 24\ 800\approx 1.181\ 5$$

$$制造费用分配率=36\ 700\div 24\ 800\approx 1.479\ 8$$

各项费用中应计入产成品成本的份额计算如下。

$$直接材料费用应计入产成品的份额=88\ 000\times 0.977\ 8=86\ 046.40（元）$$

$$直接人工费用应计入产成品的份额=23\ 760\times 1.181\ 5=28\ 072.44（元）$$

$$制造费用应计入产成品的份额=23\ 760\times 1.479\ 8\approx 35\ 160.05（元）$$

表 7-43　产品成本明细账

二车间：甲产品　　　　202×年 10 月

项目	产量/件	原材料/元		定额工时/小时	直接人工/元	制造费用/元	合计/元
		定额	实际				
月初在产品成本				1 600	1 800	2 000	3 800
本月生产成本				22 000	22 200	15 000	37 200
合计				23 600	24 000	17 000	41 000
费用分配率					1.016 9	0.720 3	
产成品成本中本步骤份额	880			22 000	22 371.80	15 846. 60	38 218.40
月末在产品成本				1 600	1 628.20	1 153.40	2 781.60

表 7-43 中的“费用分配率”“产成品成本中本步骤份额”“月末在产品成本”的计算与表 7-42 中相应各项目的计算方法相同。

2）将一车间、二车间产品成本明细账中应计入产成品成本的份额平行汇总，计算产成品成本，编制产成品成本汇总表，如表 7-44 所示。

表 7-44 产成品成本汇总表

产品名称：甲产品

项目	产量/件	直接材料/元	直接人工/元	制造费用/元	合计/元
一车间份额	880	86 046.40	28 072.44	35 160.05	149 278.89
二车间份额	880		22 371.80	15 846.60	38 218.40
合计	880	86 046.40	50 444.24	51 006.65	187 497.29
产成品单位成本		97.78	57.32	57.96	213.06

本章小结

品种法是以产品品种作为成本核算对象，归集生产费用，计算产品成本的最基本的成本核算方法，主要适用于大量、大批的单步骤生产企业和管理上不要求分步计算产品成本的大量大批多步骤生产企业，其成本计算期与产品生产周期不一致。品种法的成本核算程序是其他各种成本核算方法的基础。

分批法是以产品批别为成本计算对象归集产品费用并计算产品成本的一种成本核算方法，主要适用于小批单件多步骤生产的企业。分批法的主要特点是：成本计算对象以产品批别作为成本计算对象，以产品的生产周期为成本计算期。一般地，分批法不存在生产费用在完工产品与在产品之间的分配问题。在实际工作中，企业还采用一种不分批计算在产品成本的简化分批法，就是每月发生的各项间接费用不是按月在各批产品之间进行分配，而是将这些间接费用先分别累计起来，产品完工时，再按照完工产品累计工时的比例，在各批完工产品之间进行分配。

分步法是按照产品品种和每种产品所经过的生产步骤归集生产费用，计算产品成本的一种成本核算方法。分步法按是否需要计算和结转各步骤半成品成本分为逐步结转分步法和平行结转分步法两种。

逐步结转分步法是指按加工步骤归集生产费用，计算各步骤半成品成本，并且半成品成本按产品加工顺序随实物逐步结转，直到最后一步累积计算出产成品成本的一种成本核算方法，其成本计算对象是各步骤的半成品和最后步骤的产品。各加工步骤的半成品成本随实物的转移而在各加工步骤之间顺序结转。在产品成本是按在产品实物所在地反映的。各步骤产品成本明细账中的期末余额是狭义在产品，反映结存在该步骤在产品的全部成本。逐步结转分步法按照半成品成本在下一加工步骤成本明细账中的反映方法不同，分为综合结转法和分项结转法。综合结转法是指各步骤所耗上一步骤的半成品成本，不分成本项目，而是以综合余额记入各该步骤产品成本明细账中的“自制半成品”项目的一种成本结转方法，可以按照半成品的实际成本结转，也可以按照半成品的计划成本（或定额成本）结转。

在综合结转法下，上一步骤转给下一步骤继续加工的自制半成品成本，一般以“自制半成品”这一综合项目反映在下一步骤的成本计算单中。这样，逐步结转计算出来的最后步骤产成品成本中的“自制半成品”项目就需要进行还原，将产品成本还原为按原始成本项目反映的产成品成本，以满足企业考核和分析产品成本构成的需要。

分项结转法是指各步骤所耗上一步骤完工半成品成本，按照成本项目记入该步骤产品成本计算单的相同项目中，进行分项反映的一种成本结转方法。

平行结转分步法是指各加工步骤只计算本步骤发生的生产费用和这些生产费用应计入产成品成本的份额，然后将各步骤应计入完工产品成本的份额进行平行汇总，计算出产品成本的一种成本结转方法，其成本计算对象是各生产步骤和最终完工产品，半成品成本不随实物转移而结转。

理论知识练习

一、单项选择题

1．大量大批多步骤生产的企业，如果其规模较小，管理上不要求按生产步骤考核生产费用、计算产品成本，可以（　　）。

A．不按生产步骤计算产品成本

B．按产品品种计算产品成本

C．不按产品批别计算产品成本

D．既按生产步骤，又按产品品种计算产品成本

2．品种法的成本计算期是（　　）。

A．按月定期　　B．不定期

C．与会计报告期一致　　D．与产品生产周期不一致

3．在简化分批法下，生产费用的分配是利用间接费用累计分配率，到（　　）时合并一次完成。

A．月末　　B．季末　　C．年末　　D．产品完工

4．采用平行结转分步法时，完工产品与在产品之间的费用分配是（　　）之间的费用分配。

A．产成品与月末狭义在产品

B．各生产步骤完工半成品与月末加工中在产品

C．产成品与月末广义在产品

D．产成品与月末加工中在产品

5．采用平行结转分步法（　　）。

A．能够全面地反映各生产步骤产品的生产耗费水平

B．不能全面地反映各生产步骤产品的生产耗费水平

C．能够全面地反映最后一个生产步骤产品的生产耗费水平

D．能够全面地反映第一生产步骤产品的生产耗费水平

6．采用综合结转分步法时，在原材料一次投入的情况下，上一步骤成本计算单中

完工半成品成本与其下一步骤成本计算单中的“自制半成品”或“原材料”项目的本月发生额（　　）。

A．必然相等

B．必然不等

C．前者大于后者

D．当上一步骤完工半成品全部转入下一步继续加工时是相等的

7．成本还原是将（　　）耗用各步骤半成品的综合成本，逐步分解还原为原来的成本项目。

A．在产品　　B．自制半成品　　C．狭义在产品　　D．产成品

8．平行结转分步法下，在产品的含义是指（　　）。

A．自制半成品　　B．本步骤正在加工的在产品

C．狭义在产品　　D．广义在产品

9．逐步结转分步法下，在产品的含义是指（　　）。

A．自制半成品　　B．返修品

C．狭义在产品　　D．广义在产品

10．某产品采用逐步综合结转分步法分两个步骤计算产品成本：第一步骤本月发生生产费用 60 000 元，完工半成品成本 75 000 元；第二步骤本月生产领用第一步骤半成品 41 400 元，本月完工产品成本中半成品项目费用为 69 000 元。该种产品成本还原分配率为（　　）。

A．0.60　　B．1.15　　C．1.09　　D．0.92

二、多项选择题

1．品种法一般适用于（　　）。

A．单步骤生产企业

B．按订单来组织生产的企业

C．多步骤，但管理上不要求分步核算的企业

D．管理上要求分步核算的企业

2．分批法下，产品批别可以按（　　）确定。

A．客户的订单　　B．一张订单下的不同产品

C．产品的种类　　D．按订单分步骤

3．分批法下，批内产品跨月陆续完工且完工产品数量较少，则先完工产品可（　　）从产品成本明细账中转出。

A．按计划单位成本　　B．按近期相同产品的实际单位成本

C．按在产品单位成本　　D．按定额单位成本

4．品种法的特点是（　　）。

A．分步计算产品成本　　B．不分步计算产品成本

C．分批计算产品成本　　D．不分批计算产品成本

5．逐步结转分步法的主要特点是（　　）。

A．各步骤的在产品成本是狭义在产品的成本

B．各步骤的在产品成本是广义在产品的成本

C．需要计算各步骤半成品成本

D．半成品成本随半成品实物的转移而结转

6．平行结转分步法的主要特点是（　　）。

A．各步骤的在产品成本是广义在产品成本

B．月末在产品按费用发生地反映

C．半成品成本不随半成品实物转移而结转

D．完工产品是指最终完工的产成品

7．平行结转分步法下的在产品包括（　　）。

A．正在本步骤加工的在产品

B．本步骤已完工转入半成品仓库的半成品

C．已从半成品仓库转入以后各步骤进一步加工，但尚未最终完成的在产品

D．最后步骤完工入库的产成品

8．平行结转分步法，一般适合在（　　）的情况下采用。

A．半成品种类较多

B．逐步结转半成品成本的工作量比较大

C．管理上不要求提供各步骤半成品成本资料

D．管理上要求提供半成品成本的资料

9．逐步结转分步法的优点是（　　）。

A．能够提供各生产步骤的半成品成本资料

B．能够较好地满足各生产步骤成本管理的要求

C．能够为在产品的实物管理和资金管理提供资料

D．有利于简化和加速成本核算工作

10．平行结转法分步法的优点是（　　）。

A．各步骤可以同时计算产品成本，平行汇总计入产品成本

B．不必逐步结转半成品的成本

C．能够直接提供按原始成本项目反映的产成品成本资料

D．能够简化和加速成本计算工作

三、判断题

1．品种法只适用于单步骤生产的产品成本计算。（　　）

2．品种法的计算程序就是成本核算的一般程序。（　　）

3．分批法下，由于成本计算期与生产周期一致，因此，月末不存在完工产品与在产品之间分配费用的问题。（　　）

4．分批法下，如批内产品跨月陆续完工，则完工产品的成本不论批量大小，都只

能按实际成本计算结转。（ ）

5．简化分批法下，在各该批产品完工以前，产品成本明细账只需按月登记直接费用。（ ）

6．分批法适用于小批单件多步骤生产的企业，但在某些单步骤生产下，如果生产按小批单件组织，也可以采用分批法。（ ）

7．采用逐步结转分步法，各生产步骤半成品成本的结转与其半成品实物的转移不一致。（ ）

8．成本还原就是将各生产步骤停留在以后步骤的半成品综合成本项目，分解还原为原来的成本项目。（ ）

9．采用逐步分项结转和逐步综合结转还原后的计算结果应一致，各成本项目的金额相等。（ ）

10．逐步结转法和平行结转分步法是分步法计算产品成本的两种具体方法，因此，计算出来的产成品成本应相等。（ ）

11．采用平行结转分步法，每月末各步骤成本计算单中归集的生产费用，应选用适当的方法在完工产品与在产品之间分配。（ ）

12．采用分步法计算产品成本，产品成本计算的分步应与实际的生产步骤完全一致。（ ）

13．采用逐步分项结转分步法，产成品成本中没有“自制半成品”成本项目，可不设“自制半成品”账户。（ ）

14．在平行结转分步法下，如果半成品通过仓库收发，应设置“自制半成品”账户核算。（ ）

15．在逐步结转分步法下，各步骤在产品成本是按其费用发生地反映的；在平行结转分步法下，各步骤在产品成本是按其实物所在地反映的。（ ）

实务操作练习

一、品种法的运用

某企业系大量大批单步骤生产，设一个基本生产车间和一个辅助生产车间（机修车间）。基本生产车间生产 101、102 两种产品，辅助生产车间的制造费用不通过“制造费用”账户核算。9 月生产车间发生的经济业务如下。

1)基本生产车间领用材料 60 000 元。其中，直接用于 101 产品生产的甲材料 20 400 元，直接用于 102 产品生产的乙材料 28 600 元；101、102 产品共同耗用的丙材料 11 000 元（101 产品的定额耗用量为 400 千克，102 产品的定额耗用量为 600 千克）；车间一般耗用 1 400 元，机修车间领用材料 1 800 元。

2）基本生产车间的工人工资 18 000 元（101 产品生产工时为 350 小时，102 产品生产工时为 550 小时）；车间管理人员工资 2 600 元，机修车间工人工资 1 700 元。

3）基本生产车间月初在用固定资产原值 80 000 元，机修车间月初在用固定资产原值 30 000 元，年折旧率为 8.4%。

4）基本生产车间的办公费等为 900 元，机修车间的办公费等为 420 元，均通过银行办理转账结算。

5）机修车间提供劳务 2 000 小时，其中，为基本生产车间提供劳务 1 500 小时，为管理部门提供劳务 500 小时。

6）基本生产车间的制造费用按生产工时比例在 101、102 产品之间进行分配。

7）101 产品月初在产品成本为 8 400 元，其中，原材料费用 4 500 元，工资及福利费 2 000 元，制造费用 1 900 元；102 产品月初在产品成本为 15 600 元，其中，原材料费用 8 000 元，工资及福利费 4 500 元，制造费用 3 100 元。

101 产品 100 件月末全部完工，102 产品本月完工 180 件，月末在产品 50 件，完工率为 40%。

要求：

1）编制各项要素费用分配的会计分录。

2）编制辅助生产费用分配的会计分录。

3）编制结转基本生产车间制造费用的会计分录。

4）填列 101、102 产品成本明细账，计算产品成本。

5）编制结转入库产成品成本的会计分录。

二、分批法的运用

某企业根据购买单位的订单组织生产。7 月的生产情况如下：

6 月投产的 A 产品 4 台（批号 401），本月全部完工。本月投产 B 产品 8 台（批号 402），计划下月完成，本月末完成 3 台，按定额成本结转其成本；C 产品 2 台（批号 403），本月投产，尚未完成。

7 月的成本资料如下。

1）批号 401 的 A 产品月初在产品成本：直接材料 16 000 元，直接人工 1 600 元，其他直接费用 400 元，制造费用 600 元。

2）本月的生产工时和费用如表 7-45 所示。

表 7-45　7 月生产工时和费用

批号	工时/小时	直接材料/元	直接人工/元	其他直接费用/元	制造费用/元
401	10 000	1 600	14 060	4 200	1 200
402	5 000	8 000	2 430	1 400	2 100
403	3 000	1 200	880	640	480

3）批号 402 的 B 产品，每台定额成本：直接材料 1 200 元，直接人工 300 元，其他直接费用 200 元，制造费用 250 元。

要求：

1）填列各批产品成本明细账，计算各批产品的成本。

2）编制结转入库产成品成本的会计分录。

三、逐步结转分步法的运用

某企业大量生产 402 产品，生产分两个步骤顺序在一车间、二车间内进行，一车间为二车间提供半成品，厂部要求按车间计算产品成本。3 月，一车间完工并验收半成品 1 000 件，月末在产品按定额成本计算。

1）本月费用和月末在产品定额成本如表 7-46 所示。

表 7-46　3 月费用的月末在产品定额成本

单位：元

项目	直接材料	直接人工	制造费用
本月费用	12 600	26 000	12 200
月末在产品定额成本	5 600	11 400	5 200

2）在自制半成品明细账中，3 月月初余额：数量 800 件，实际成本 37 600 元。

3）本月二车间从半成品库领用半成品 1 400 件，本车间发生费用：直接人工 53 600 元，制造费用 37 700 元。二车间本月完工验收入库产成品 1 300 件，期末在产品 500 件，半成品费用按产成品和在产品数量比例分配，其他费用按定额工时比例分配（产成品 13 000 工时，在产品 3 000 工时）。

要求：

1）按实际成本，用综合结转法计算 3 月半产品的成本并还原为原始成本项目，编制结转完工产成品的会计分录。

2）按分项结转法计算 3 月半产品成本，二车间原材料费用按产成品和月末在产品数量比例分配，其他费用按定额工时比例分配。

四、平行结转分步法的运用

某厂大量生产一种产品，材料开始生产时一次投入，由三个车间连续加工为产成品。一车间将材料加工为半成品 501，二车间将四件 501 加工为半成品 502，三车间将两件 502 加工成产成品。

产量资料如表 7-47 所示。

表 7-47　产量资料

单位：件

项目	一车间	二车间	三车间
月初在产品	20	10	8
本月投产或上车间转入	60	33	13
本月完工	66	39	20
月末加工中在产品	14	4	1

三个车间月初在产品成本和本月费用如表 7-48 所示。

表 7-48　月初在产品成本和本月费用

单位：元

项目	一车间		二车间		三车间	
	月初在产品成本	本月费用	月初在产品成本	本月费用	月初在产品成本	本月费用
直接材料	8 800	6 296				
直接人工	11 700	9 168	4 006	5 094	764	2 024
制造费用	4 680	3 498	2 842	3 658	472	1 906

按约当产量比例法分配费用，各车间加工中在产品的完工率均为 50%。

要求：

1）按平行结转分步法计算该厂本月产品成本。

2）编制结转完工产成品的会计分录。

第八章　产品成本核算的辅助方法

内容提要

本章内容分为两节，分别介绍分类法、定额法的基本知识与基本程序。通过学习本章内容，重点掌握相关方法的含义、适用范围与特点，熟练运用各种方法的计算程序及具体操作技能。定额法是本章学习的难点，同时结合企业的实际情况，科学、合理地选择产品成本核算方法也是会计实务中值得注意的问题。

知识结构

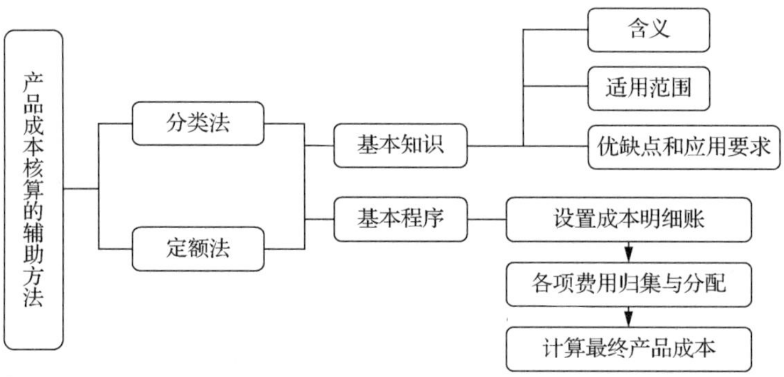

导入案例

【资料】成兴制鞋厂生产的男式牛皮鞋包括 38～42 码五个型号的产品，该厂本月先按类别计算出男式牛皮鞋总成本为 397 800 元，再将总成本采用系数法在男式牛皮鞋不同型号间进行分配。如果五种号型的男式牛皮鞋定额成本分别为 108 元、114 元、120 元、126 元、132 元，并且本月实际产量分别为 200 双、200 双、1 500 双、1 000 双、300 双，则五种型号男式牛皮鞋的单位成本分别是多少？

【问题】根据上述资料，思考并讨论以下问题。

1）该厂对男式牛皮鞋总成本的计算采用的是品种法吗？

2）五种型号男式牛皮鞋的成本应该如何计算？

第一节　分　类　法

在一些产品品种、规格繁多的企业，按照产品品种或规格归集生产成本，分别计算各种类、各规格产品的成本，其计算工作十分繁重。为了简化成本计算工作，按一定标准分类的生产企业可采用分类法。

一、分类法基本知识

（一）分类法的含义

成本计算的分类法是按产品类别归集生产费用，在计算出各类产品成本的基础上，再按一定标准在类内各种产品之间分配费用的一种成本计算方法。

分类法不是一种独立的成本计算方法，它与生产类型无直接关系，只是为了简化产品品种、规格繁多的企业的成本计算而采用的一种辅助成本计算方法。因此，分类法必须结合品种法使用。

（二）分类法的适用范围

分类法适用于产品品种或规格繁多且可以对产品进行合理分类的企业。具体内容如下。

1）用同样原材料、经过同样工艺过程生产出来不同规格的产品，如制鞋厂生产不同号码的胶鞋、食品行业的食品生产等。

2）用同一种原材料进行加工而同时生产出几种主要产品即联产品，如炼油企业投入原油加工出汽油、柴油、润滑油等。

3）零星产品。虽然零星产品所耗原材料、生产工艺过程不同，品种、规格较多，但由于数量较少、费用较少，为了简化成本计算，可归类计算产品成本。

4）在生产主要产品的过程中，附带生产的非主要产品即副产品，如炼钢厂的炉渣等。企业可以将主副产品归为一类计算成本，然后将副产品成本按一定方法计价从总成本中扣除，其余额即为主产品成本。

（三）分类法的优缺点和应用要求

1. 分类法的优缺点

采用分类法时，由于类内各种产品的生产费用均作为间接费用，采用适当的分配方法进行分配计算，在产品品种、规格繁多的情况下，可将产品进行合理分类。分类法具有合并成本计算对象、简化成本核算的优点。

但是由于类内各种产品的成本都是按照一定比例分配计算的，其结果带有一定的假定性。同时，分类和类距的合理性，直接影响成本计算的准确性。

2. 分类法的应用要求

采用分类法应注意以下几点。

1）分类合适。在进行产品分类时，应将产品的结构、生产工艺技术和所耗原材料基本相同或相近的产品划为一类，因为这类产品的成本水平比较接近。

2）类距恰当。类内产品的类距既不能过大，也不能过小。类距定得太大，会影响成本计算的准确性；类距定得太小，起不到简化成本计算工作的作用。

3）分配标准符合实际。分配标准的选择，是采用分类法时能否做到既简化成本核算工作，又使成本计算相对正确的关键。企业要尽可能选择与产品成本水平的高低有密切联系的分配标准。各成本项目可采用同一分配标准，也可采用不同的分配标准。当产品结构、所用原材料或工艺过程发生较大变动时，企业应修订分配系数或另选分配标准，以便使分配结果更加合理。类内产品常用的分配标准有定额消耗量、定额消耗费用、售价等。

（四）分类法成本计算的基本程序

1）将产品划分为不同类别，以产品类别作为成本计算对象，设置产品成本明细账。

2）归集生产费用，计算出各类完工产品总成本。

3）选择合理的分配标准将各类完工产品总成本在类内的各种产品之间进行分配，计算出类内各种产品的成本。

分类法下的成本计算程序如图 8-1 所示。

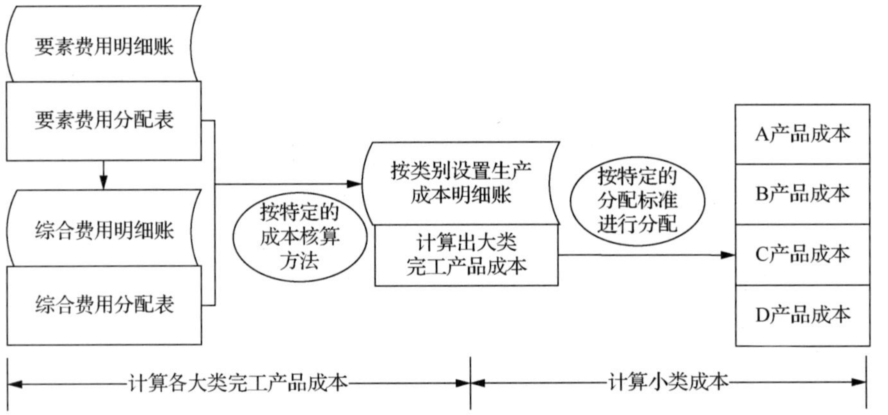

图 8-1　分类法下的成本计算程序

（五）类内产品成本的分配方法

1. 定额比例法

如果企业定额基础好，各项定额比较齐全、准确和稳定，可采用定额比例法进行类内产品成本的分配。定额比例法就是以类内各种产品的定额消耗指标比例作为分配标准，计算某类完工产品总成本的一种方法。

相关计算公式为

某类产品某项费用分配率

＝该类完工产品该项费用定额÷$\sum$该类内各种产品该项费用的定额耗用量（或定额工时）

类内某种产品某项费用的实际成本

＝类内该种产品该项费用的定额耗用量（或定额工时）×该类产品该项费用分配率

2. 系数法

系数法是将分配标准折算成相对固定的系数，按照固定系数在类内各种产品之间分配费用计算类内各种产品成本的一种方法。

具体做法：在类内产品中选择一种产量较大、生产较稳定、规格较适中的产品作为标准产品，把这种产品的系数定为“1”；求出类内其他各种产品的分配标准数额与标准产品的分配标准数额的比率，即系数；再把各种产品的产量乘以系数，折合为标准产品的产量，据以进行分配计算类内各种产品的成本。

相关计算公式为

某产品标准产量＝该产品实际产量×该产品系数

某产品某项费用分配率＝该类完工产品该项费用总额÷该类各种产品标准产量之和

某种产品应负担的某项费用＝该种产品标准产量×该类产品该项费用分配率

由于企业对成本管理的要求不同，系数可分为综合系数即以产品的全面因素（定额成本等）为基础换算的系数和单位系数即以产品成本中某一项目（直接材料等）为基础换算的系数。

问题与思考

- 分类法是品种法的延伸吗？
- 分类法与成本核算的基本方法有什么关系？

二、分类法实务

（一）分类法成本计算实务

1. 基本资料

某厂的产品规格很多，其中，A_1、A_2、A_3三种产品耗用原材料和生产工艺技术过程比较接近，因而将其归并为一类为甲类，采用分类法计算产品成本。有关资料如下。

1）甲类产品月初、月末在产品成本和本月生产费用资料如表 8-1 所示。

表 8-1　在产品成本和生产费用资料

单位：元

项目	直接材料	直接人工	制造费用	合计
月初在产品	6 600	5 850	3 200	15 650
本月费用	157 200	25 015	68 350	250 565
月末在产品	7 200	6 280	4 500	17 980

2）甲类产品的消耗定额比较准确、稳定，因而该企业月末在产品按定额成本计算。甲类产品的消耗定额和产量记录如表 8-2 所示。

表 8-2 甲类产品的消耗定额和产量记录

产品名称	产量/件	材料消耗定额/（千克/件）	工时消耗定额/（工时/件）
A_1	3 600	23.4	14.4
A_2	4 800	18	16
A_3	1 200	14.4	12

3）A_2 被选定为标准产品。

2. 具体应用

根据以上资料，采用分类法计算 A_1、A_2、A_3 产品成本。

1）开设按产品类别的成本计算单，归集和分配本月生产费用的程序和方法与品种法相同，因而本例计算分配过程略。

2）计算和分配各类别的本月完工产品和月末在产品成本，计算过程略。甲类产品成本计算单如表 8-3 所示。

表 8-3 产品成本计算单

产品类别：甲类　　202×年 12 月　　单位：元

项目	直接材料	直接人工	制造费用	合计
月初在产品成本	6 600	5 850	3 200	15 650
本月费用	157 200	25 015	68 350	250 565
合计	163 800	30 865	71 550	266 215
完工产品成本	156 600	24 585	67 050	248 235
月末在产品成本	7 200	6 280	4 500	17 980

3）计算材料和工时消耗系数，如表 8-4 所示。

表 8-4 材料和工时消耗系数计算表

产品名称	单位产品		材料定额消耗量系数	定额工时系数
	材料消耗定额/千克	工时定额/小时		
A_1	23.4	14.4	1.3	0.9
A_2	18	16	1	1
A_3	14.4	12	0.8	0.75

分配标准采用产品的售价等计算系数，可比照上述办法进行。

4）计算类内各种产品成本，如表 8-5 所示。

表 8-5 类内各种产品成本计算表

产品	产量/件	材料定额消耗量系数	定额工时系数	总系数		总成本/元				单位成本/元
				直接材料/元	其他费用/元	直接材料	直接人工	制造费用	合计	
①	②	③	④	⑤=②×③	⑥=②×④	⑦=⑤×分配率	⑧=⑥×分配率	⑨=⑥×分配率	⑩	⑪

续表

产品	产量/件	材料定额消耗量系数	定额工时系数	总系数		总成本/元				单位成本/元
				直接材料/元	其他费用/元	直接材料	直接人工	制造费用	合计	
分配率						15	2.75	7.5		
A_1	3 600	1.3	0.9	4 680	3 240	70 200	8 910	24 300	103 410	28.725
A_2	4 800	1	1	4 800	4 800	72 000	13 200	36 000	121 200	25.25
A_3	1 200	0.8	0.75	960	900	14 400	2 475	6 750	23 625	19.687 5
合计				10 440	8 940	156 600	24 585	67 050	248 235	

各种费用分配率计算过程如下。

直接材料费用分配率＝156 600÷10 440＝15

直接人工费用分配率＝24 585÷8 940＝2.75

制造费用分配率＝67 050÷8 940＝7.5

（二）其他产品成本的计算

1. 联产品成本的计算

（1）联产品基本知识

联产品是使用同一种原材料，在同一生产过程中，同时生产出若干种使用价值不同的主要产品，如炼油厂从原油中同时提炼出汽油、柴油、润滑油等。

1）联产品的主要特点。同一种材料投入生产后，在同一工艺过程中生产到一定的阶段分离出来若干种主要产品。分离后的各种产品，有的是产成品，有的是半成品，还要进一步加工才能形成产成品。

2）联产品成本计算的基本原理。同一种材料投入生产以后，在分离出联产品以前，是作为一个成本计算对象归集费用的，也就是几种产品分离前的费用无法按每种产品归集，只能将联产品视为同一类产品，采用产品成本计算的分类法计算成本。如果分离后的产品是半成品，对进一步加工而发生的费用，则应根据具体情况分别采用品种法或其他方法计算成本。

3）联产品成本计算的特点。联产品分离时的生产步骤称为“分离点”，在分离点之前按类别归集发生的费用，在分离点之后按分类法的程序分配计算类内各种联产品的成本。分离后还需继续加工的，其最终成本应由原分配的类内某种联产品的成本加上该联产品分离后继续加工的成本组成。

（2）联产品成本计算实务

联产品成本计算的关键是联产品之间各种产品成本的分配。归集和分配本月费用，以及分配完工产品和在产品费用的方法，可按照品种法的归集和分配方法；联产品之间分配成本一般可按系数法，分配标准可根据各种产品的销售价格制定。

【例 8-1】某厂用原油生产出汽油、煤油、柴油三种联产品，分离后煤油需继续加工，汽油和柴油可直接对外销售。

汽油、煤油、柴油分离前视同一类，定为甲类联产品。甲类联产品成本明细账如表 8-6 所示。

表 8-6　甲类联产品成本明细账

单位：元

项目	直接材料	直接人工	制造费用	合计
本月生产费用	89 440	33 987.2	38 012	161 439.2
合计				

甲类联产品系数计算表如表 8-7 所示。

表 8-7　甲类联产品系数计算表

产品	产量/千克	售价/元	系数
汽油	8 600	21.6	1.2
煤油	12 000	18	1
柴油	16 000	25.2	1.4

甲类联产品成本计算表如表 8-8 所示。

表 8-8　甲类联产品成本计算表

项目	产量/千克	单位系数	总系数	直接材料/元	直接人工/元	制造费用/元	成本合计/元
联合产品总成本				89 440	33 987.2	38 012	161 439.2
系数单位成本				2	0.76	0.85	
汽油	8 600	1.2	10 320	20 640	7 843.2	8 772	37 255.2
煤油	12 000	1	12 000	24 000	9 120	10 200	43 320
柴油	16 000	1.4	22 400	44 800	17 024	19 040	80 864
合计			44 720	89 440	33 987.2	38 012	161 439.2

注：直接材料系数单位成本＝89 440÷44 720＝2；直接人工系数单位成本＝33 987.2÷44 720＝0.76；制造费用系数单位成本＝38 012÷44 720＝0.85。

煤油仍需继续加工，发生以下费用：直接材料费 2 156 元，直接人工费 782 元，制造费用 1 032 元。

煤油成本计算单如表 8-9 所示。

表 8-9　煤油成本计算单

单位：元

项目	直接材料	直接人工	制造费用	总成本
应负担联合成本	24 000	9 120	10 200	43 320
可归属成本	2 156	782	1 032	3 970
合计	26 156	9 902	11 232	47 290

2. 副产品成本的计算

（1）副产品基本知识

副产品是指在主要产品的生产过程中附带生产出来的非主要产品，如提炼原油过程中产生的渣油和石油焦等。

1）副产品的主要特点。副产品是与主要产品在同一生产过程中产生的；副产品虽有使用价值，但费用比例不大，单位价值较低；副产品有些可直接对外销售（如酿造厂的酒糟），有些需经过一定的处理后才能对外销售（如炼焦中的煤气），有些还需加工成另一种产品（如肥皂生产过程中产生的含有甘油的盐水，需进一步加工后才能成为甘油）。

2）副产品成本计算的基本原理。副产品具有一定的使用价值，也需要计算生产成本。但副产品发生的生产费用是和主产品混在一起的。为了简化计算工作，可以不单独计算副产品成本，而将副产品与主产品合为一类产品，视同分类法归集生产费用，计算成本，然后将副产品按照一定的方法计价从总成本中扣除。

3）副产品成本计算的特点。副产品从主产品中分离出去之前，可按类别归集其生产费用；副产品从主产品中分离出去之后，可用一定的方法先计算出副产品成本。

4）副产品成本计算的基本程序。

① 以每一主、副产品为同一类别成本计算对象，开设成本明细账，归集和分配生产费用。

② 若月末有在产品，则按类别的成本明细账所归集的本月费用加月初在产品费用，分配给完工的类别产品即主产品和副产品的总成本及月末在产品。

③ 采用一定的方法计算出副产品成本。

（2）副产品成本计算实务

副产品成本计算的关键是如何将混在一起的完工产品成本分配给主产品和副产品。一般采用简单的方法先计算出副产品的成本，用完工产品总成本扣除副产品成本，即为主产品成本。

副产品成本的计算，通常采用作价扣除法，即以副产品同主产品分离后不需进一步加工为前提，按副产品的售价减去销售费用、税金及按正常利润率计算的销售利润后的余额确定为副产品的成本。成本明细账上的全部完工产品总成本扣除副产品总成本额，就是主产品的成本。副产品也可按单位计划成本计价。

为了正确地计算主、副产品的成本，对副产品的计价要合理，既不能提高副产品的价格，把主产品的费用转嫁给副产品，也不能压低副产品的价格，把销售副产品的损失转嫁给主产品。如果副产品的售价不能补偿其销售费用，副产品就不应计价。如果副产品的价值有所提高，其产量在全部产品中的比例也较大，副产品就会转变成联产品，这时就应该按联产品计算成本。

如果副产品与主产品分离后还要进行加工，则应根据副产品加工生产的特点和管理要求，采用适当的方法单独计算副产品的成本。

【例 8-2】某企业生产主产品酒的同时产出酒糟，月末无在产品，酒糟可直接对外销售。产品成本明细账如表 8-10 所示。

表 8-10　产品成本明细账

单位：元

项目	直接材料	直接人工	制造费用	合计
本月费用合计	36 600	11 000	10 000	57 600
完工产品成本	36 600	11 000	10 000	57 600

酒的产量为 10 000 千克，酒糟的产量为 1 000 千克，酒糟按作价扣除法计算成本，即按酒糟的售价扣除销售费用和正常利润后，每千克 0.5 元，从完工产品的直接材料费中扣除。酒、酒糟产品成本计算表如表 8-11 所示。

表 8-11　酒、酒糟产品成本计算表

项目	产量/千克	单价/元	直接材料/元	直接人工/元	制造费用/元	成本合计/元
分离前总成本			36 600	11 000	10 000	57 600
酒糟成本	1 000	0.5	500			500
酒成本	10 000		36 100	11 000	10 000	57 100
酒单位成本			3.61	1.10	1.00	5.71

3. 等级产品成本的计算

等级产品是指用相同原材料，经过相同的生产过程，生产出性质相同但品级或质量上有差别的产品。例如，搪瓷产品、电子元件产品等都可以分为一级、二级甚至更多级。

等级产品产生的原因大致有两种：一种是经营管理不善或技术操作不熟练等主观原因造成的，如织布时发生跳线等。在这种情况下，次级产品与正产品耗用的原材料相同，加工过程也相同，其成本理应是相同的，因此，不应分别计算等级产品的成本。次级产品因售价低而引起的损失，可以说明企业经营管理上存在问题，从而促使企业改善经营管理，提高产品质量。

等级产品产生的另一种原因是自然因素。由于生产技术过程本身所固有的特点或自然因素生产出一些不同等级的产品，它们的售价差别较大（如某些电子产品）。对于这类等级产品，可与联产品一样采用系数法计算产品成本。

【例 8-3】 某企业生产电子产品，由于技术条件限制，产生等级产品。本月全部产量 10 000 只，其中，一级品 8 000 只，二级品 1 500 只，三级品 500 只，单位售价分别为 20 元、14 元、10 元。本月生产费用归集如下：直接材料 80 000 元，直接人工 20 000 元，制造费用 15 000 元。等级产品成本计算如表 8-12 所示。

表 8-12　等级产品成本计算表

产品等级	产量/只	单位售价/元	系数	标准产量/只	分配比例/%	各等级应负担成本/元			总成本/元	单位成本/元
						直接材料	直接人工	制造费用		
一	8 000	20	1	8 000	86.02	68 816	17 204	12 903	98 923	12.37
二	1 500	14	0.7	1 050	11.29	9 032	2 258	1 693.5	12 983.5	8.66
三	500	10	0.5	250	2.69	2 152	538	403.5	3 093.5	6.19
合计	10 000			9 300	100	80 000	20 000	15 000	115 000	

第二节　定　额　法

一、定额法基本知识

（一）定额法的含义及目的

1. 定额法的含义

产品定额法是以产品的定额成本为基础，加减脱离定额成本差异和定额变动差异，计算实际成本的一种方法。它是在加强企业的计划管理和定额管理的基础上产生的。实行定额法，在生产费用发生时，就能根据生产费用定额和实际发生数额计算脱离定额成本差异，以便随时控制生产费用的发生，降低产品的实际成本。

问题与思考

- 定额法的成本核算对象是什么？
- 定额法是一种成本控制方法吗？为什么？

2. 定额法的目的

定额法的目的在于：通过对生产费用进行严密的日常核算和监督，对定额变动差异、脱离定额成本差异的核算及其原因的分析，使管理人员和生产人员对生产费用和产品成本做到心中有数，明确在降低成本方面的努力方向，主动地对生产费用进行事前控制，防止与克服各种浪费和损失发生，使产品的成本计划核算和分析密切结合，从而更好地发挥成本核算的分析和监督作用。

（二）定额法的特点

1）定额法把成本计划、成本核算、成本分析和成本控制有机地结合起来，不仅可以及时进行成本分析，还能有效地进行成本控制，有利于挖掘企业潜力，不断降低产品成本。

2）定额法不是一种独立的成本计算方法，它与生产类型无直接关系，是为了加强成本控制和简化成本核算而采用的一种辅助的成本计算方法。它必须结合品种法、分批法或分步法使用。

3）定额法根据计划和定额先计算定额成本，再分别计算脱离定额成本差异和定额变动差异，既便于根据定额成本按比例分配完工产品和月末在产品之间的费用，又有利于提高计划和定额管理工作水平。

4）定额法的实行必须具备一定的条件，即产品生产已经定型，产品结构及工艺基本稳定，定额管理制度比较健全，各项定额管理工作的基础较好。因此，定额法适用于大量大批生产、定额管理制度健全的企业。

（三）定额法的计算公式

采用定额法计算产品成本，其实际成本由定额成本、脱离定额成本差异、定额变动差异和材料成本差异四个因素组成，用公式可表达为

产品实际成本＝产品定额成本±脱离定额成本差异±定额变动差异±材料成本差异

产品定额成本是根据企业某一时期所实行的各种消耗定额、当期费用预算和其他资料计算的一种预计产品成本，它是衡量生产费用节约或超支的尺度，是计算实际成本的基础。

脱离定额成本差异是生产过程中各项实际生产费用脱离现行定额的差异，它标志着各项生产费用支出的合理程度，及时反映和监督生产消耗的节约和浪费，有利于加强成本控制，寻找降低成本的途径，同时也反映了执行现行定额的工作质量。它是运用定额法进行成本控制的关键因素。

定额变动差异是修改定额后在新旧定额成本之间产生的差额，它与生产费用支出的节约或浪费无关，是定额本身变动的结果，标志着生产技术和生产组织等方面的改善对定额的影响程度。它与定额差异截然不同。

材料成本差异是在定额法下，因材料的日常核算必须以计划成本计价而产生的材料实际成本与计划成本的差异，这项差异反映了所耗原材料的价差。只有将差异分配计入产品成本，才能最终求出产品的实际成本。

二、定额法成本计算的基本程序

通过定额法的控制程序，可以看出定额法的具体内容，其一般程序如下。

1）按产品（或批别、步骤）设置成本计算单，成本计算单按成本项目分设产品定额成本、脱离定额成本差异、定额变动差异等专栏。

2）根据产品实际产量和有关定额资料，计算产品的定额成本，根据各种定额差异凭证，汇总计算各种产品定额差异，并记入成本计算单。

3）如果定额有变动，则要计算脱离定额变动差异，并据以调整月初在产品定额成本。

4）月末根据产品成本计算单，分别算出定额成本和定额差异总数，并按成本项目分别计算脱离定额成本差异分配率和定额变动差异分配率。

5）根据完工产品通知单按成本项目计算完工产品定额成本，然后分别乘以脱离定额成本差异分配率和定额变动分配率，计算出完工产品应负担的脱离定额成本差异和定额变动差异。完工产品定额成本加减脱离定额成本差异和定额变动差异，即求得完工产品车间实际制造成本。

6）厂部财会部门将各车间产品成本计算单进行汇总，并分配材料价格差异，按产品类别汇编产品制造成本计算单即求得产成品的实际总成本和单位成本。

三、定额法的原理和计算方法

实行定额法，首先必须制定产品的定额成本。在产品制造过程中，通过对脱离定额成本差异的计算与分析，实行产品成本控制。

（一）脱离定额成本差异的计算

脱离定额成本差异的计算应按成本项目逐项进行。一般分为直接材料定额差异的计算、直接工资定额差异的计算和制造费用定额差异的计算。

1. 直接材料定额差异的计算

一般情况下，班组核算直接材料定额差异可只核算材料定额差异数量，而不核算其差异金额，差异金额可集中在月终由财会部门一次核算。当然如果班组核算员素质较好，也可以同时核算差异数量和差异金额。计算公式为

直接材料定额差异＝$\sum$［（材料实际消耗数量－材料定额消耗数量）×材料计划单价］

月末，班组将材料定额差异核算资料分产品进行汇总，即可求出按产品反映的材料定额差异，并提供给车间或厂部财会部门进行成本核算。

2. 直接工资定额差异的计算

由于工资制度不同，直接工资定额差异的计算也有所不同。

在计件工资下，符合定额的直接工资均应反映在产量记录中，按计件单价支付的工资就是定额工资。此外，一切奖金、津贴、补贴等都要专设凭证单独反映，均属于工资的定额差异，其计算与直接材料定额差异相似。

在计时工资下，无法根据产品产量计算，若生产工人工资是直接计入某种产品成本的，则其定额差异可以通过该产品的生产工人的实际工资同实际产量的定额工资比较确定。计算公式为

某产品直接工资脱离定额成本差异＝该产品实际直接工资－（该种产品实际产量×单位产品定额工资）

若生产工人工资不是直接计入某种产品成本的，而是采用实际生产工时进行分配，则应按下列步骤确定定额差异。计算公式为

单位小时计划工资＝某车间计划产量的定额直接工资总额÷该车间计划产量的定额生产工时总数

单位小时实际工资＝该车间实际直接工资总额÷该车间实际生产工时总数

某产品的定额直接工资＝该产品实际产量的定额生产工时×单位小时计划工资

从上述公式可见，直接工资定额差异是由工时差异和小时工资率差异两个因素形成的。在日常产量记录中，应按产品类别反映定额工时、实际工时和工时脱离定额成本的差异及差异产生的原因，以便定期按产品类别汇集。

3. 制造费用定额差异的计算

制造费用大多属于间接费用，不能在费用发生的当时直接按产品确定其定额差异。平时只能根据费用预算控制费用支出，只有待月末实际费用总额计算出来以后，才能与定额费用对比，确定其定额差异。若制造费用按工时标准分配，则其脱离定额成本差异是由工时差异和小时费用率差异两个因素形成的，其计算方法与直接工资定额差异基本相同，故不再赘述。

另外，废品损失应单独反映，对于不可修复废品的成本应按定额成本计算。因为废品损失并不列入产品定额成本内，所以全部作为定额差异处理，通常可根据废品损失通知单和废品损失计算表确定。

（二）材料成本差异的分配

在定额法下，为了便于控制与考核，材料的日常核算必须按计划成本进行。因此，直接材料的定额成本和脱离定额成本差异等均以计划单位成本反映。为使材料消耗按实际成本反映，显然还必须分配材料成本差异，这一差异属于材料价格差异（材料定额差异属于材料数量差异），通常由财会部门于月末一次分配计入产品成本。为简化和加速各步骤成本计算工作，材料成本差异一般由完工产品成本负担，不计入月末在产品成本。计算公式为

某产品应分配的材料成本差异＝（该产品直接材料定额成本
±直接材料脱离定额成本差异）×材料成本差异率

（三）定额变动差异的计算

定额成本修订，一般是定期地在月初、季初或年初进行。当定额变动时，月初在产品的定额成本仍按照旧定额计算。为了使月初在产品的定额成本和本月投入产品的定额成本的水平一致，以计算产品实际成本，可以按新定额对月初在产品的定额成本进行调整，计算出月初在产品的新定额成本及发生的定额变动差异。为了简化核算，可以暂时不调整，待下月初再进行调整。调整方法如下。

1. 直接计算法

根据在产品盘存资料计算，先求出变动前和变动后单位零部件定额差异数量，乘以定额变动的零部件数量，再乘以材料单价即得定额变动差异金额。计算公式为

月初在产品定额变动差异＝$\sum$［（变动前单位零件材料定额消耗量
－变动后单位零件材料定额消耗量）
×定额变动的零件数量×材料单价］

2. 系数换算法

系数＝按新定额计算的单位产品成本÷按旧定额计算的单位产品成本

月初在产品定额变动差异＝按旧定额计算的月初在产品成本×（1－系数）

消耗定额的变动一般表现为不断下降的趋势，因此，月初在产品定额变动差异，一方面应从月初在产品定额成本中扣除该项差异；另一方面，由于该项差异是月初在产品生产费用的实际支出，还应该将该项差异计入本月产品实际成本。若消耗定额不是下降而是提高，则月初在产品定额成本中应加入该项差异，但实际并未发生这部分支出，所以应将其从实际成本中扣减。

对于定额变动差异，一般应该按照定额成本比例在完工产品和在产品之间进行分配，但如果差异数量不大，也可以全部归完工产品成本负担。

（四）产品实际成本的计算

产品实际成本是以定额成本为基础，加、减脱离定额成本差异、材料成本差异和定额变动差异计算求得的。计算公式为

产品实际成本＝按现行定额计算的产品定额成本±脱离现行定额差异
±定额变动差异±材料成本差异

在核算月末在产品成本的情况下，月初核算实际产品成本时，还应将月初和本月发生的定额成本、脱离定额成本差异和定额变动差异分别相加，并按成本项目分别计算出定额差异分配率和定额变动差异分配率。计算公式为

脱离定额成本差异分配率＝定额差异合计÷定额成本合计×100%

定额变动差异分配率＝定额变动差异合计÷定额成本合计×100%

根据产量记录和产品定额成本计算表，按成本项目计算完工产品的定额成本，然后分别乘以脱离定额成本差异分配率和定额变动差异分配率，即得完工产品应负担的定额差异和定额变动差异。在完工产品定额成本的基础上，加、减定额差异和定额变动差异及材料成本差异，即得完工产品的实际成本。

四、定额法实务

（一）基本资料

某厂大量生产甲产品，本月制造完工 400 件。该产品由四个零部件组成。原材料系开工时一次投入，在产品的完工程度假定为 50%，月末脱离定额成本差异在产成品和在产品之间按定额成本比例分配。定额变动差异与材料成本差异由当月完工的产成品负担。甲产品是由 1 号零件两个、2 号零件一个、3 号零件一个、4 号零件三个组装而成。

有关成本资料如下。

1. 生产记录

生产车间零件生产记录如表 8-13 所示。

表 8-13　生产车间零件生产记录

单位：个

零件号数	期初结余零件	本期投料零件	期末结余零件
1	60	820	80
2	40	380	20
3	10	420	30
4	40	1 280	120

2. 定额资料

1）生产车间消耗定额资料如表 8-14 所示。

表 8-14　生产车间消耗定额资料

零件编号	直接材制	单位用量/千克	计划单价/元	直接工资/元		
				单件工时	小时工资	金额
1	方钢	6	0.40	1	0.4	0.40
2	方钢	5	0.40	2.5	0.4	1.00
3	圆钢	2	0.35	0.5	0.4	0.20
4	钢板	4	0.60	4	0.4	1.60

2）其他直接费用定额只包括提取的职工福利费，按定额工资的 14%计算。

3）制造费用定额按每工时定额 0.3 元计算。

（二）具体运用

确定成本计算对象，按成本计算对象设置成本计算单，并按车间进行成本核算，计算甲产品的车间实际成本。

根据定额法的特点，其成本计算程序如下。

1. 甲产品定额成本的制定

甲产品定额成本计算如表 8-15 所示。

表 8-15　甲产品定额成本计算表

金额单位：元

零件号	单产需件数	直接材料					直接人工			其他直接费用	制造费用	定额成本
		材料名称	零件单耗	产品单耗	计划单价	金额	零件工时	产品工时	金额			
1	2	方钢	6	12	0.40	4.80	1	2	0.80			
2	1	方钢	5	5	0.40	2.00	2.5	2.5	1.00			
3	1	圆钢	2	2	0.35	0.70	0.5	0.5	0.20			
4	3	钢板	4	12	0.60	7.20	4	12	4.80			
合计						14.70			6.80	0.95	5.10	27.55

2. 脱离定额成本差异的计算

1）直接材料。根据有关凭证编制直接材料定额成本和定额差异汇总表（表 8-16），并据以记入甲产品成本计算单。

表 8-16　直接材料定额成本和定额差异汇总表

零件号	投料件数	材料名称	单耗定额/千克	计划单价/元	本期实际耗料		本期定额耗料		脱离定额成本差异	
					数量/千克	金额/元	数量/千克	金额/元	数量/千克	金额/元
①	②	③	④	⑤	⑥	⑦=⑤×⑥	⑧=②×④	⑨=⑧×⑤	⑩=⑥-⑧	⑪=⑦-⑨
1	820	方钢	6	0.40	*4 560*	1 824.00	4 920	1 968.00	−360	−144.00
2	380	方钢	5	0.40	*1 840*	736.00	1 900	760.00	−60	−24.00
3	420	圆钢	2	0.35	*880*	308.00	840	294.00	+40	+14.00
4	1 280	钢板	4	0.60	*4 800*	2 880.00	5 120	3 072.00	−320	−192.00
合计						5 748.00		6 094.00		−346.00

注：表中斜体数据为本月实际耗用的数值。

① 投料件数，根据产量记录填制。

② 本期定额耗料，根据消耗定额计算。

③ 本期实际耗料，根据本期领退料等凭证计算填列。

2）直接工资。本厂实行计时工资，因此要先计算定额工时，再计算定额工资，然后与实际工资相比，计算脱离定额成本差异。定额工时的计算公式为

定额工时＝本期完工产量消耗定额＋（期末在产品－期初在产品）×50%×单耗定额

编制的直接工资定额成本和定额差异汇总表如表 8-17 所示。

表 8-17　直接工资定额成本和定额差异汇总表

零件号	期初在产品	期末在产品	本期完工产量/千克	定额		实际		脱离定额成本差异	
				工时/小时	工资/元	工时/小时	工资/元	工时/小时	工资/元
1	60	80	800	810		*740*		−70	
2	40	20	400	975		*1 020*		+45	
3	10	30	400	205		*175*		−30	
4	40	120	1 200	4 960		*4 240*		−720	
合计				6 950	2 780	6 175	*2 600*	−775	−180

注：表中斜体数据为本月实际耗用的数值。

3）其他直接费用。职工福利费的定额成本和实际成本均按工资总额的 14%计提。脱离定额成本差异的计算如下。

职工福利费车间脱离定额成本差异＝（2 600－2 780）×14%＝－25.20（元）

4）制造费用定额成本和定额差异。编制的制造费用定额成本和定额差异汇总表如表 8-18 所示。

表 8-18 制造费用定额成本和定额差异汇总表

定额			实际费用/元	脱离定额成本差异/元
工时/小时	每工时费用/元	合计/元		
6 950	0.30	2 085	1 980.74	−104.26

3. 材料成本差异的计算

根据本月直接材料定额成本和定额差异汇总表（表 8-16），计算材料成本差异，方钢、圆钢与钢板的材料成本差异率均为−1%。具体计算结果如表 8-19 所示。

表 8-19 材料成本差异计算表

项目	定额成本/元	脱离定额成本差异/元	实际成本/元	材料成本差异率/%	成本差异额/元
方钢	2 728	−168	2 560	−1	−25.6
圆钢	294	14	308	−1	−3.08
钢板	3 072	−192	2 880	−1	−28.8
合计	6 094	−346	5 748		−57.48

4. 定额变动差异的计算

根据定额变动通知单记录，确定甲产品的原材料消耗定额发生了变动。计算定额变动差异，登记甲产品成本计算单。编制的月初在产品消耗定额变动差异计算表如表 8-20 所示。

表 8-20 月初在产品材料消耗定额变动差异计算表

零件号	直接材料		定额		单位差异		月初在产品		差异总额	
	名称	单位	单价/元	旧定额	新定额	数量/件	金额/元	数量/件	数量/件	金额/元
1	方钢	千克	0.40	8	6	−2	0.80	60	−120	−48.00
3	圆钢	千克	0.35	3	2	−1	0.35	10	−10	−3.50
合计										−51.50

5. 甲产品成本的计算

根据各种费用的定额成本和定额差异汇总表，登记甲产品成本计算单。表中定额变动差异与材料成本差异的数额较小，直接由完工产成品承担，脱离定额成本差异在完工产品与在产品之间分配。甲产品的成本计算如表 8-21 所示。

表 8-21　成本计算表

产品名称：甲产品

成本项目			直接材料			直接工资	其他直接费用	制造费用	合计
			方钢	圆钢	钢板				
月初在产品/元	定额成本	①	*272*	*10.5*	*96*	*65*	*9.1*	*48.76*	*501.36*
	脱离定额成本差异	②	*10.56*	*1.02*					*11.58*
月初在产品定额变动/元	定额调整	③	−48	−3.5					−51.5
	定额变动差异	④	48	3.5					51.5
本月发生费用/元	定额成本	⑤	2 728	294	3 072	2 780	389.2	2 085	11 348.2
	脱离定额成本差异	⑥	−168	14	−192	−180	−25.2	−104.26	−655.46
	材料成本差异	⑦	−25.6	−3.08	−28.8				−57.48
生产费用合计/元	定额成本	⑧=①+③+⑤	2 952	301	3 168	2 845	398.3	2 133.76	11 798.06
	脱离定额成本差异	⑨=②+⑥	−157.44	15.02	−192	−180	−25.2	−104.26	−643.88
	定额变动差异	⑩=④	48	3.5					51.5
	材料成本差异	⑪=⑦	−25.6	−3.08	−28.8				−57.48
差异分配率/%	脱离定额成本差异分配率	⑫	−5.33	4.99	−6.06	−6.33	−6.33	−4.89	
本月产成品成本/元	定额成本	⑬	2 720	280	2 880	2 720	380.8	2 040	11 020.8
	脱离定额成本差异	⑭=⑬×⑫	−144.98	13.97	−174.53	−172.18	−24.10	−99.76	−601.58
	定额变动差异	⑮=⑩	48	3.5					51.5
	材料成本差异	⑯=⑪	−25.6	−3.08	−28.8				−57.48
	实际成本	⑰=⑬+⑭+⑮+⑯	2 597.42	294.39	2 676.67	2 547.82	356.7	1 940.24	10 413.24
月末在产品成本/元	定额成本	⑱=⑧−⑬	232	21	288	125	17.5	93.76	777.26
	脱离定额成本差异	⑲=⑨−⑭	−12.46	1.05	−17.47	−7.82	−1.10	−4.50	−42.3

注：表中斜体数据为期初已知的数据。

本 章 小 结

本章主要介绍了分类法、定额法等成本计算的辅助方法的特点、适用范围、计算程序及实际应用。

为了简化成本计算工作，对于可按一定标准分类的生产企业，可采用分类法。分类法是按产品类别归集生产费用，在计算出各类产品成本的基础上，再按一定标准在类内各种产品之间分配费用的一种成本计算方法。它不是一种独立的成本计算方法，与生产类型无直接关系，只是为了简化产品品种、规格繁多的企业的成本计算而采用的一种辅助成本计算方法，必须结合品种法使用。分类法适用于产品品种或规格繁多且可以对产品进行合理分类的企业。运用分类法须将产品划分为不同类别，以产品类别作为成本计算对象，选择合理的分配标准将各类完工产品总成本在类内的各种产品之间进行分配，计算出类内各种产品的成本。应注意分类合适、类距恰当、分配标准符合实际。

联产品是使用同一种原材料，在同一生产过程中，同时生产出若干种使用价值不同的主要产品。联产品在分离点之前按类别归集发生的费用，在分离点之后按分类法的程序分配计算类内各种联产品的成本。副产品是指在主要产品的生产过程中附带生产出来的非主要产品。等级产品是指用相同原材料，经过相同的生产过程，生产出性质相同但品级或质量上有差别的产品。

定额法是以产品的定额成本为基础，加减脱离定额成本差异和定额变动差异，计算产品实际成本的一种方法。把成本计划、成本核算、成本分析和成本控制有机地结合起来，不仅便于及时进行成本分析，还能有效地进行成本控制，有利于挖掘企业潜力，不断降低产品成本。定额法也不是一种独立的成本计算方法，它与生产类型无直接关系，只是为了加强成本控制和简化成本核算而采用的一种辅助的成本计算方法，它必须与品种法、分批法或分步法结合使用。企业应根据计划和定额先计算定额成本，再分别计算脱离定额成本差异和定额变动差异。运用定额法必须具备一定的条件。因此，定额法适用于大量大批生产且定额管理制度健全的企业。采用定额法计算产品成本，其实际成本由定额成本、脱离定额成本差异、定额变动差异和材料成本差异四个因素组成。

理论知识练习

一、单项选择题

1．采用分类法的目的是（　　）。

A．简化各类产品成本的计算工作　　B．分类计算产品成本

C．简化各种产品成本的计算工作　　D．分品种计算产品成本

2．采用系数分配法时，作为标准产品的应该是（　　）。

A．生产量最大的产品

B．获利最多的产品

C．品种规格多的产品

D．产量较大、生产稳定或规格适中的产品

3．原材料脱离定额成本差异是（　　）。

A．数量差异　　B．价格差异

C．定额变动差异　　D．材料成本差异

4．企业利用同一种原材料，在同一生产过程中附带生产出的一些非主要产品，被称为（　　）。

A．半成品　　B．联产品　　C．副产品　　D．等级产品

5．产品成本计算的定额法适用于（　　）。

A．大量大批生产同一种产品的企业

B．单件小批生产多种类型产品的企业

C．产品定额管理基础较好的企业

D．产品品种规格繁多且生产工艺基本相同的企业

6．采用定额法计算成本的目的是（　　）。

A．简化产品成本计算工作　　B．准确计算产品的实际成本

C．准确计算产品的定额成本　　D．加强产品成本管理工作

二、多项选择题

1．在采用分类法的情况下，做到既简化成本计算工作，又使成本计算相对正确的关键是（　　）。

A．产品类距越小越好

B．适当地进行产品分类

C．必须对各成本项目采用同一费用分配标准

D．适当地选择费用分配标准

2．产品成本的分类法（　　）。

A．与生产类型有关系　　B．与生产类型没有关系

C．适用于大量大批生产　　D．适用于单件小批生产

3．分类法不是一种独立的计算方法，往往要与（　　）等成本计算方法联合使用。

A．分步法　　B．系数法　　C．品种法　　D．分批法

4．在定额法下，产品实际成本的内容包括（　　）。

A．定额成本　　B．脱离定额成本差异

C．定额变动差异　　D．材料成本差异

5．联产品联合成本的分配方法有（　　）。

A．系数分配法　　B．相对价值销售分配法

C．实物量分配法　　D．人工成本分配法

三、判断题

1．只要产品的品种、规格繁多，就可以采用分类法计算产品成本。（　　）

2．若副产品的销售价值很小，主副产品的联合成本可以全部由主产品负担。（　　）

3．主、副产品在分离前作为同一类产品归集生产费用。（　　）

4．产品内部结构、所耗原材料质量不同造成的等级品，可以采用分类法计算成本。（　　）

5．领料差异也就是用料脱离定额成本差异。（　　）

6．在定额法下，各生产步骤所耗原材料和半成品的成本差异应计入各生产步骤的产品成本。（　　）

7．定额成本是以计划期内平均消耗定额为根据计算的产品成本。（　　）

8．原材料脱离定额成本差异，是按计划单位成本反映的数量差异。（　　）

实务操作练习

一、分类法的运用

某企业生产的A、B、C、D、E五种产品的生产工艺过程和耗用的原材料相同，因而归为一类（甲类产品），采用分类法计算产品成本。202×年6月的有关成本计算资料如下。

1）各种产品产量和定额资料，编制的甲类产品系数计算表如表8-22所示。

表8-22 甲类产品系数计算表

202×年6月

产品	本月实际产量/件	材料消耗定额/(千克/件)	材料系数	材料总系数	工时消耗定额/(工时/件)	工时系数	工时总系数
A	200	15			9.6		
B	240	12			8.8		
C	480	10			8		
D	360	9			7.6		
E	300	8			7.2		
合计	—	—	—		—	—	

2）月初在产品成本和本月生产费用。编制的甲类产品成本计算单如表8-23所示。

表8-23 甲类产品成本计算单

202×年6月 单位：元

摘要	直接材料	直接人工	制造费用	合计
月初在产品成本	20 000	30 000	18 800	68 800
本月生产费用	146 880	383 040	255 360	785 280

要求：

1）采用固定在产品成本法计算甲类产品月末在产品成本和本月完工产品成本（注：C类产品系数＝1）。

2）计算各种产品系数和本月总系数。

3）采用系数法分配计算类内各种产品的成本。

二、定额法的运用

某企业大批生产A产品，202×年6月的生产情况和定额资料如下：月初在产品100件，本月投入产品1 000件，本月完工800件，月末在产品300件。在产品完工率均为50%，材料在开工时一次投入。材料消耗定额由10千克降为9.5千克，材料计划单价为10元，材料成本差异率为超支1%，工时定额为4小时，计划小时工资率由5元上升为

5.2 元，计划小时制造费用为 4 元。A 产品 202×年 6 月初的在产品资料如表 8-24 所示。

表 8-24 在产品资料表

产品名称：A 产品　　　　202×年 6 月　　　　单位：元

成本项目		直接材料	直接人工	制造费用	合计
月初在产品成本	定额成本	10 000	2 000	1 600	13 600
	脱离定额成本差异	100	120	80	300
本月生产费用	定额成本	95 000	18 720	14 400	128 120
	脱离定额成本差异	5 000	800	−200	5 600

要求：采用定额法计算期末完工产品成本和在产品成本。

第九章　其他行业的成本核算

内容提要

本章内容分为四节，分别介绍商品流通企业的成本核算、物流企业的成本核算、建筑施工企业的成本核算、农业企业的成本核算。通过学习本章内容，重点掌握多种行业的成本核算方法、适用范围与特点，熟练运用多种行业的成本核算方法进行实务应用操作。成本核算方法是本章学习的难点。

知识结构

- 其他行业的成本核算
  - 商品流通企业的成本核算
  - 物流企业的成本核算
  - 建筑施工企业的成本核算
  - 农业企业的成本核算

导入案例

【资料】华兴农场主要从事多年生作物甘蔗的生产和当年生作物水稻的生产。甘蔗属于生产性生物资产，而水稻属于消耗性生物资产，两种作物的成本核算方法差别很大。华兴农场分别以甘蔗和水稻两种作物作为成本计算对象，分别计算其成本。甘蔗在未提供产品前发生的整地、种植、田间管理等费用，应予以资本化，并在其提供农产品的预计年限中计提折旧；在提供产品当年发生的各项生产费用将计入当年收获的甘蔗成本。水稻当年发生的整地、种植、田间管理等费用都将计入当年收获的水稻成本。

【问题】根据上述资料，思考并讨论以下问题。

1）甘蔗和水稻的会计核算流程的区别主要体现在哪里？

2）甘蔗和水稻的产品成本中包含的内容有什么不同？

第一节　商品流通企业的成本核算

商品流通企业在商品经营及成本核算方面，与物流企业、建筑施工企业、农业企业等其他行业相比，有其独特且显著的特点。在系统了解和掌握工业企业成本核算方法后，了解和掌握其他主要行业的成本核算方法非常有必要。本节将介绍商品流通企业的成本核算。

一、商品流通企业及成本核算的特点

商品流通企业是以从事商品流通（购销）为主营业务，自主经营、自负盈亏、独立核算的经济组织。商品流通企业一般包括商业、粮食、物资供销、对外贸易、医药商业、石油商业、烟草商业、供销合作社、图书音像等企业。商品流通企业经营资金的运动形态表现为从货币资金到商品资金再到货币资金的完整循环。

商品流通企业的成本核算，与工业生产企业相比，具有如下特点。

1）成本核算对象。商品流通企业，一般以购进或销售商品的品种或类别作为成本核算的对象。

2）成本计算期。商品流通企业一般在月末进行成本计算，成本计算期与会计结算期保持一致。

3）成本项目构成。商品流通企业的成本项目主要由购进或销售商品的购买价款和商品采购费用构成。

4）成本明细账设置。商品流通企业购进商品的采购成本，一般通过设置“商品采购”明细账进行核算；已销商品的销售成本，一般通过设置“主营业务成本”明细账进行核算。

二、商品流通企业的类型

按照其在商品流转过程中所处的地位或所起的作用，商品流通企业可以分为商品批发企业和商品零售企业。商品批发企业主要从事批发业务，其商品经营具有业务量及经营规模比较大、销售对象一般为生产企业和零售企业、商品购销活动基本以大宗商品为主进行成批销售且交易金额较大等特点，同时，其商品交易次数不像零售企业那样频繁。商品零售企业主要从事零售业务，同商品批发企业相比，其商品经营具有经营商品品种比较多、规格复杂、一般库存量较少、销售对象广泛、交易频繁且单笔交易量较少等特点。

问题与思考

- 商品流通企业的类型包括哪些？
- 商品流通企业的成本核算有哪些特点？

三、商品流通企业的业务核算

商品流通企业的规模不同，其经营方式、经营商品的品种不同，购销对象也不同。企业根据各自经营的特点和管理的需要，对商品流通业务采用不同的核算方法。目前来看，商品流通业务的核算方法主要分为进价核算法和售价核算法两大类。同时，进价核算法和售价核算法又各分为金额核算法和数量金额核算法。

商品流通企业的成本核算，一般是指商品采购成本和商品销售成本的核算。根据新企业会计准则的相关规定，商品采购成本是指企业采购商品时发生的有关支出，包括购买价款、相关税费、运输费、装卸费等，以及其他可归属于商品采购成本的费用，但不包含增值税。除此之外，企业在商品验收入库之后的储存、保管、销售等流转过程中发生的支出作为销售费用，连同企业发生的管理费用、财务费用等作为期间费用，一同计入当期损益，一般不计入商品成本。

在商品流通企业中，商品销售成本是指已销售商品的采购成本。库存商品采用实际采购成本进行记账，在计算结转商品的销售成本时，可选择采用先进先出法、月末一次加权平均法、移动加权平均法、个别计价法等方法。

（一）数量进价金额核算法

数量进价金额核算法是指“库存商品”总账和明细账均按进价金额登记，同时明细分类账户还必须登记商品实物数量的一种核算方法。数量进价金额核算法的核算特点如下。

1）“库存商品”总账和明细账均按商品的进价登记。

2）“库存商品”明细账按商品的品名、规格型号分级设置，需要反映每种、每个规格型号商品收入、发出及结存的数量和进价金额，因此，每笔采购和销售都应取得或开具票据并登记“库存商品”明细账。

3）商品采购通过“在途物资”“库存商品”账户核算。

4）企业销售商品的成本按进价结转，可以采用个别计价法、加权平均法、移动平均法、先进先出法和毛利率法。

数量进价金额核算法的优缺点及适用范围：数量进价金额核算法能够按品名、规格全面反映和监督各种商品的进、销、存的数量和进价金额的变动情况，便于企业从数量和金额两个方面进行控制，有利于明确责任和保护商品的安全。但是其核算工作量大，手续较繁杂。因此，它主要适用于批发企业，有些专业性零售企业也采用这种方法。

（二）进价金额核算法

进价金额核算法是指“库存商品”总账和明细账都只登记商品的进价金额，不登记实物数量的一种核算方法。进价金额核算法的核算特点如下。

1）“库存商品”明细账按柜组或按商品大类设置，对收入、发出及结存不需设置数量栏。

2）无须每笔销售业务逐一开具票据，也不需要每笔销售逐一登记“库存商品”明细账。

3）商品销售时不结转销售成本，盘点商品时，根据盘存的商品金额倒挤销售商品的成本并结转。因此，进价金额核算法又称“进价记账、盘存计销”。

进价金额核算法的优缺点及适用范围：记账手续最为简便，工作量小。但是，采用这种方法由于没有数量的记载，日常无法了解商品收入、发出和结存的数量，并且通过盘存计销，将商品销售成本、日常损耗、差错事故混在一起，容易产生弊端，不易发现企业经营管理中存在的问题。因此，进价金额核算法只适用于经营鲜活商品的零售企业。

（三）售价金额核算法

售价金额核算法是指“库存商品”总账和明细账都只反映商品的售价金额，不反映实物数量的一种核算方法。售价金额核算法的特点如下。

1）“库存商品”总账和明细账均按售价金额登记，并且无论是明细账还是总账均只登记金额，不登记实物数量，库存商品的结存数量通过实地盘点来掌握。

2）“库存商品”明细账按经营商品的营业柜组或门市部（也称实物负责人）设置，在收入、发出和结存栏中不需再设置数量栏。营业柜组或门市部对其经营的商品从售价金额上加以控制，承担经济责任。财会部门通过商品的售价来控制营业柜组或门市部的商品，因此，售价金额核算法又称“售价金额核算实物负责制”。

3）商品采购通过“在途物资”“库存商品”“商品进销差价”账户核算。

4）不必为每笔销售业务填制销售凭证，也不必登记大量的实物数量明细账。商品销售后根据各营业柜组的销售收入缴款单，按售价确认收入并结转成本，期末再一次性将所有收入和成本调整为企业的实际收入和销售商品的实际成本。

售价金额核算法的优缺点及适用范围：采用售价金额核算法，对于经营品种繁多、交易次数频繁的零售企业而言，可以大大简化核算的手续，减少工作量。但是，售价金额核算法只记金额不记数量，不利于商品的数量控制，也就是说，“库存商品”账面上仅有实物负责人所经管商品的售价总金额，无法提供商品进、销、存的数量，库存商品发生溢余、短缺、毁损、责任事故等时不易被发现，一般要定期盘点时才能发现，难以分清溢缺商品的品种与数量，也难以分析溢缺的原因和责任，不便于商品的管理。同时，库存商品反映的是售价金额，为了了解企业库存商品的实际成本和销售商品的实际成本，需要通过商品进销差价进行调整，这使得会计核算变得较为复杂。因此，这种核算方法主要适用于经营品种繁多、日常销售频繁且单笔金额较小的综合性零售企业。

（四）数量售价金额核算法

数量售价金额核算法是指“库存商品”总账和明细账均按售价金额登记，同时明细账还必须登记商品实物数量的一种核算方法。数量售价金额核算法的核算特点如下。

1）必须按每一商品的品名、规格设置“库存商品”明细账，以随时掌握各种商品的结存数量。

2）每笔销售业务都要填制销售凭证，做好销售记录，并按商品品名、规格登记“库存商品”明细账。

3）与售价金额核算法相同，需要设置“商品进销差价”账户核算商品售价与实际成本的差额。

数量售价金额核算法优缺点及适用范围：这种核算方法能够反映和监督每种商品的购进、销售、结存的数量和售价金额。但是，在购进和销售商品后，除了需要登记库存商品售价的增减变动，还要确定商品的进销差价，以反映购进、销售商品的实际成本，核算工作量较大。因此，这种方法主要适用于部分专业性零售企业，特别是经营贵重商品的零售企业。

【例 9-1】企业购入圆钢一批，增值税发票上注明价款 500 000 元，增值税 65 000 元，增值税税率 13%。在购入圆钢过程中，发生运输费用 21 800 元，并取得货物运输业增值税专用发票，增值税税率 9%。货款已通过银行支付，圆钢已经到达并验收入库。

1）收到发票时，根据采购合同、发票等有关凭证做如下会计分录。

借：在途物资　520 000
　　应交税费——应交增值税——进项税额　65 000
　　应交税费——应交增值税——进项税额　1 800
　　贷：银行存款　586 800

2）商品验收入库后，根据物资点收单、验收单等收货凭证做如下会计分录。

借：库存商品　520 000
　　贷：在途物资　520 000

【例 9-2】企业购入钢材一批，增值税发票上注明售价 500 000 元，增值税 65 000 元，增值税税率 13%。购入钢材过程中，发生运输费用 21 800 元，并取得货物运输业增值税专用发票，增值税税率 9%。货款已经预付给供货方，钢材已经到达并验收入库。

1）收到发票时，根据采购合同、发票等有关凭证做如下会计分录。

借：在途物资　520 000
　　应交税费——应交增值税——进项税额　65 000
　　应交税费——应交增值税——进项税额　1 800
　　贷：预付账款　586 800

2）商品验收入库后，根据物资点收单、验收单等收货凭证做如下会计分录。

借：库存商品　520 000
　　贷：在途物资　520 000

【例 9-3】企业销售 190 吨钢板，价款为 1 000 000 元，增值税税率 13%，客户用支票结算，财务人员按业务人员填制的销售结算单等相关手续，收取价款，并开具增值税发票，钢板账面价为 900 000 元。

办完相关结算手续后，根据销售合同、销售结算单、经仓库及客户盖章或签字的出库单等相关手续做如下会计分录。

借：银行存款　1 130 000
　　贷：主营业务收入——商品销售收入　1 000 000
　　　　应交税费——应交增值税——销项税额　130 000
借：主营业务成本——商品销售成本　900 000
　　贷：库存商品　900 000

【例 9-4】企业销售给客户钢板 200 吨，不含税单价每吨 4 000 元，增值税税率 13%，价税合计 904 000 元，代垫运杂费 14 000 元。钢板账面价为 650 000 元，按照合同规定客户通过银行预付货款 1 000 000 元，财务部门已收到此款，财务部门按业务部门提供的销售结算单及运杂费用等单据向客户办理结算。

1）实际收到货款时，根据银行收款单及业务员签字确认的客户已付款凭据做如下会议分录。

借：银行存款　1 000 000
　　贷：预收账款　1 000 000

2）按照合同的规定办理发货后，财务部门根据销售合同、销售结算单、经仓库及客户盖章或签字的出库单及运杂费用单据向客户办理结算，并做如下会计分录。

借：预收账款　918 000
　贷：主营业务收入——商品销售收入　800 000
　　应交税费——应交增值税——销项税额　104 000
　　应收账款——代垫运杂费　14 000
借：主营业务成本——商品销售成本　650 000
　贷：库存商品　650 000

【例 9-5】 企业销售给车辆厂钢板 200 吨，不含税单价每吨 4 000 元，增值税税率 13%，价税合计 904 000 元，钢板的账面价为 650 000 元，发生代垫运杂费用 14 000 元，财务部门按业务部门提供的销售结算单及运杂费用单据向客户办理结算。

实际办完相关结算手续后，根据销售合同、销售结算单、经仓库及客户盖章或签字的出库单（发料单）等相关凭证做如下会计分录。

借：应收账款　918 000
　贷：主营业务收入——商品销售收入　800 000
　　应交税费——应交增值税——销项税额　104 000
　　应收账款——代垫运杂费　14 000
借：主营业务成本——商品销售成本　650 000
　贷：库存商品　650 000

第二节　物流企业的成本核算

物流行业是指物品从供应地向接收地的实体流动过程中，根据实际需要，将运输、仓储、装卸、搬运、包装、流通加工、配送、信息处理等基本功能进行有机结合，形成完整的供应链，为用户提供多功能、一体化的综合性服务的行业。运输业务是物流行业的核心，仓储业务、包装业务、装卸业务、配送业务等也是物流行业的重要组成部分。

一、物流企业生产经营的特点

与工业企业相比，物流企业的生产经营具有如下特点。

1）物流企业的生产经营过程只是使劳动对象（货物和旅客）发生位置的变化，并不改变劳动对象的属性和形态，不创造新的物质产品。

2）在运输生产过程中只消耗劳动手段（运输工具及设备），不消耗劳动对象。

3）运输生产和消费同时进行。

4）运输生产过程具有流动性、分散性。

5）各种运输方式之间的替代性和协作性比较强。

6）运输生产中所需固定资产比例大，流动资产比例小。

问题与思考

- 物流行业的组成部分包括哪些？
- 物流企业的生产经营具有哪些特点？

二、运输成本的核算

物流企业运输有多种方式，因此，运输业务包括汽车运输业务、火车运输业务、飞机运输业务、轮船运输业务等。以汽车运输业务的成本核算为例，说明物流企业运输成本的核算。

（一）运输成本计算对象、成本计算单位和成本计算期

1）成本计算对象。物流企业汽车运输业务的营运车辆的车型较为复杂，为了反映不同车型的运输经济效益，通常以不同燃料和不同厂牌的营运车辆所提供的运输服务作为成本计算对象。对于以特种大型车、集装箱车、零担车、冷藏车、油罐车从事运输业务的物流企业，还应以不同类型、不同用途车辆所提供的运输服务分别作为单独的成本计算对象。

2）成本计算单位。企业运输业务的成本计算单位，是以汽车运输工作量的计量单位为依据的。货物运输工作量，通常称为货物周转量，其计量单位为吨公里，它是实际运输货物的吨数与距离的乘积。在实际工作中，通常以千吨公里作为成本计算单位。集装箱车辆的成本计算单位为千标准箱公里。

3）成本计算期。汽车运输业务的成本，应按月、季、半年和年计算从年初至各期末的累计成本。营运车辆在经营跨月运输业务时，通常以行车路单签发日期所归属的月份计算其运输成本。

（二）直接材料的归集和分配

1）燃料费用的归集和分配。物流企业各种车辆耗用的燃料应根据领料单位进行汇总，编制燃料耗用汇总表，以便于对燃料费用进行归集和分配。物流企业确定各月燃料实际耗用数的方法有满油箱制和实地盘存制两种。实行满油箱制的物流企业在月初、月末油箱加满的前提下，车辆当月加油的数量即为当月燃料的实际耗用数。实行实地盘存制的物流企业，应在月末实地测量车辆油箱的存油数，并根据当月的领用数计算车辆当月实际耗用的燃料数，其计算公式为

当月实际耗用数＝月初车存数＋本月领用数－本月车存数

当燃料采用计划成本法时，还要相应地摊销材料成本差异。若车辆在本企业以外的油库加油，应根据加油车辆所属的部门，将燃料费用直接记入相关的成本费用账户。

2）轮胎费用的归集和分配。物流企业应对各种车辆领用的轮胎外胎、内胎和垫带，根据各月的领料单进行汇总，编制轮胎领用汇总表，以便于对轮胎费用进行归集和分配。

对于外胎采用一次性摊销法的物流企业，在外胎领用时，应根据外胎的领用部门记

入“主营业务成本”“营运间接费用”“管理费用”等相关账户。对于外胎采用按行程摊销法的企业，则应根据外胎行驶里程的原始记录和外胎里程摊销率，编制外胎摊销费用计算表，以便于对外胎费用进行归集和分配。

（三）直接人工的归集和分配

直接人工主要是指车辆司机和助手的职工薪酬费用，包括工资费用和其他薪酬费用。

对于有固定车辆的司机和助手的工资，可以根据工资汇总表直接列入各成本计算对象的明细账户；对于没有固定车辆的司机和助手的工资、后备司机和助手的工资，则应按一定的标准通过分配后记入各成本计算对象的明细账户。分配标准主要有按营运货物吨位或按营运车日两种，相应的职工福利费用等其他薪酬费用直接列入各成本计算对象的明细账户。

（四）其他直接费用的归集和分配

1）养路费。物流企业向公路管理部门缴纳的车辆养路费，一般按货车吨位数计算缴纳。因此，企业缴纳的车辆养路费可以根据缴款凭证直接计入各成本计算对象的成本及有关费用。

2）折旧费。物流企业发生的车辆固定资产折旧一般采用工作量法计提。当采用工作量法时，由于外胎费用核算有两种不同的方法，因此，车辆折旧的计算也有两种方法。当采用外胎价值一次摊销计入成本的方法计提折旧时，外胎价值不必从车辆原值中扣减；当采用按行驶公里摊入成本的方法计提折旧时，外胎价值就应从车辆原值中扣减，否则会出现重复摊销的现象。

3）其他费用。营运车辆的公路运输管理费一般按运输收入的规定比例计算缴纳。企业缴纳的车管费可以根据缴款凭证直接计入各类运输成本。

营运车辆在营运过程中因种种行车事故所发生的救援和善后费用，以及支付外单位人员的医药费、丧葬费、抚恤费、生活费等支出，扣除向保险公司收回的赔偿收入及事故对方或过失人的赔偿款后，净损失根据付款、收款凭证直接计入各类运输成本。

车辆牌照和检验费、车船税、洗车费、过桥费、轮渡费、司机途中住宿费、行车杂费等费用发生时，可以根据付款凭证直接计入各类运输成本。此外，领用随车工具及其他低值易耗品可以根据领用凭证，一次或分次摊入各类运输成本。

（五）营运间接费用的归集和分配

物流企业运输业务的营运间接费用是运输分公司、车场、车站等部门为组织与管理运输业务过程所发生的各种间接费用，包括工资、职工福利费、折旧费、保险费、差旅费、水电费、办公费、取暖费等。在实际工作中，营运间接费用应分运输分公司、车场、车站等部门进行明细分类核算。

以上费用一般通过“营运间接费用”账户进行核算，该账户是成本类账户，用以核算企业在物流营运过程中发生的不能直接计入成本计算对象的各种间接费用。营运间接费用发生时记入借方，期末从贷方分配转入各成本计算对象，结转后无余额。

期末各部门归集的营运间接费用应按照一定标准在各成本计算对象内进行分配，分配的标准主要有直接费用或营运车日等。

（六）单位运输成本的核算

物流企业汽车运输业务应负担的直接材料、直接人工、其他直接费用和营运间接费用构成了汽车运输总成本。汽车运输总成本除以运输周转量即为单位运输成本。

物流企业月末应根据“主营业务成本运输支出”明细账所归集的运输成本和该月实际完成的运输周转量，编制汽车运输成本计算表，以反映运输总成本和单位成本。

三、包装成本的核算

包装是指为在流通过程中保护产品、方便运输、促进销售，按一定技术方法而采用的容器、材料及辅助物等的总体名称，也指为了达到上述目的而采用容器、材料和辅助物的过程中施加一定技术方法等的操作活动。

（一）包装成本的构成

在物流过程中，几乎大多数商品都必须经过一定的包装后才能进行流转。因而，为了方便商品的正常流转，企业通常会发生一定的包装成本。物流企业的包装成本一般包含如下几项。

1）包装材料费用，是指各类物资在实施包装过程中耗费在材料支出上的费用。

2）包装机械费用，是指使用包装机械（或工具）所发生的购置费用、日常维护保养费用及各期间的折旧费用等。

3）包装技术费用，是指设计、实施缓冲包装、防潮包装、防霉包装等技术所支出的费用。

4）包装人工费用，是指对实施包装作业的人员发放的计时工资、计件工资、奖金、津贴和补贴等各项费用支出。

5）其他辅助费用，是指除了上述主要费用，物流企业发生的如包装标记、包装标志的印刷、拴挂物费用等支出。

（二）包装成本的核算

包装费用可能发生在不同的物流环节，也可能发生在不同的企业。根据不同的具体情况，包装费用的核算有以下几种方式可供选择。

1）如果企业的包装收入单独核算，则对于包装业务中产生的各项费用，凡是可以和包装收入配比的，直接记入“主营业务成本——包装成本”账户，不能直接配比的则应记入“销售费用”账户。

2）如果企业的包装收入未能单独核算，则对于发生于物流环节的包装费用应区分费用的性质和项目记入“销售费用”总分类账户及其相关的明细账户。

四、仓储成本的核算

（一）仓储成本项目

仓储成本项目分为堆存直接费用和营运间接费用两项。

1）堆存直接费用是指仓库因仓储、保管货物而发生的直接费用，主要包含工资、职工福利费、材料费、低值易耗品摊销、动力及照明费、折旧费、劳动保护费、事故损失、保险费等明细项目。

2）营运间接费用是指企业的仓储装卸营运部或分公司为管理和组织仓储、装卸的营运生产所发生的管理费用和业务费用。仓储业务和装卸业务是密不可分的，仓储业务与装卸业务往往与客户合签一张合同。

（二）仓储成本计算对象、成本计算单位和成本计算期

1）成本计算对象。物流企业经营仓储业务的仓库类型复杂多样，按建筑结构可分为露天仓库、简易仓库、平房仓库、楼房仓库、立体仓库和罐式仓库等；按保管货物的特性可分为普通仓库、冷藏仓库、恒温仓库、特种危险品仓库等。仓储业务的成本计算对象为各种类型的仓库。

2）成本计算单位。仓储业务的成本计算单位，是以货物堆存量的计量单位为依据的。因为货物堆存量通常以重量作为成本计量单位，所以仓储业务的成本计算单位通常用堆存吨·天表示，它是实际堆存货物的吨数与货物堆存天数的乘积。货物堆存量也能以面积作为成本计量单位，因此，仓储业务的成本计算单位也可以用堆存平方米·天表示，它是实际堆存货物的面积与堆存货物天数的乘积。在实际工作中，通常用堆存前吨·天或堆存前平方米·天作为仓储业务的成本计算单位。

3）成本计算期。仓储业务的成本应按月、季、半年、年计算从年初至各期末的累计成本。

（三）堆存成本的核算

由于仓储业务是堆存货物，仓储成本一般被称为堆存成本。仓储业务应负担的堆存直接费用和营运间接费用构成了堆存总成本。堆存总成本除以货物堆存量即为堆存单位成本。物流企业月末应根据“主营业务成本堆存支出”明细账所归集的堆存成本和该月实际完成的堆存量，编制堆存成本计算表，以反映堆存总成本和单位成本。

1）堆存直接费用的归集。物流企业存储货物所发生的堆存直接费用应根据工资及福利费分配表、耗用材料汇总表、固定资产折旧费用计算表及各种发票、单据等，直接列入所属仓库或库区的成本，借记“主营业务成本——堆存支出”账户，贷记“应付职工薪酬”“原材料”“累计折旧”“银行存款”等相关账户。

2）堆存间接费用的归集和分配。物流企业的营运间接费用应按营运部或分公司设明细分类账，归集营运部或分公司发生的营运间接费用，期末按营运部或分公司的堆存直接费用和装卸直接费用的比例进行分配。

五、装卸成本的核算

广义的装卸业务是指物流企业运用机械设备和人力为客户提供改变货物在物流同一节点内的存在状态和空间位置的服务，包括狭义的装卸和搬运。狭义的装卸是指在指定地点以人力或机械将货物装入或卸下运输设备。搬运是指在同一场所内对货物进行水平的移动，其结果是货物横向或斜向的位移。

（一）装卸成本计算对象、成本计算单位和成本计算期

1）成本计算对象。以运输业务或仓储业务为主的物流企业，在经营装卸业务时，可以将机械作业和人工作业分别作为成本计算对象。以机械作业为主、人工作业为辅的作业活动，可不单独计算人工装卸成本。以人工作业为主、机械作业为辅的作业活动，也可以不单独计算机械装卸成本。

经营港口业务的物流企业，为了加强成本管理，可以装卸作业的主要货种作为成本计算对象。主要货种可分为石油、煤炭、矿石、木材、粮食、集装箱、杂货等。

2）成本计算单位。装卸成本的计算单位以货物装卸量的计量单位为依据，货物装卸量通常以重量作为成本计算单位，用装卸吨表示。

集装箱装卸成本的计算单位可采用标准箱，也可采用装卸吨，两者的换算比例为1标准箱＝10装卸吨。

3）成本计算期。装卸成本应按月、季、半年和年计算从年初至各期末止的累计成本。

（二）装卸成本的归集和分配

物流企业的装卸费用通过“主营业务成本——装卸支出”账户进行归集与分配。该账户可按成本计算对象设置明细账，并按成本项目进行明细核算。

1. 直接人工

企业的直接人工成本可根据工资结算表等有关资料，编制职工薪酬费用汇总表，据以直接计入各类装卸成本。

2. 直接材料

1）燃料和动力。对于燃料和动力，企业可于每月终了根据油库转来的装卸机械领用燃料凭证，计算实际消耗数量计入成本。企业耗用的电力根据供电部门的收费凭证或企业的分配凭证直接计入成本。

2）轮胎。物流企业装卸机械的轮胎损耗是在装卸场地操作过程中发生的。因此，其轮胎费用不宜采用轮胎公里摊销方法处理，一般可于领用新胎时将其价值一次直接计入装卸成本。如果一次集中领换轮胎数量较多，为均衡各期成本负担，可将其按月份分摊计入装卸成本。装卸机械轮胎的翻新和零星修补费用，一般在费用发生和支付时直接

计入装卸成本。装卸队配属各种车辆所领用新胎及翻新和零星修补的费用，也可按上述方法计入成本。

3. 其他直接费用

1）折旧费。物流企业装卸机械的折旧应按规定折旧率计提，根据固定资产折旧计算表直接计入各类装卸成本。装卸机械计提折旧适宜采用工作量法，一般按其工作时间（以台班表示）计提。

2）其他费用。装卸机械领用的随机工具、劳保用品和装卸过程中耗用的工具，在领用时根据领用凭证，可将其价值一次直接计入各类装卸成本。一次领用数额过大时，可分月摊销处理。工具的修理费用，以及防暑、防寒、保健饮料、劳动保护安全措施等费用，在费用发生和支付时，可根据费用支付凭证或其他有关凭证，一次直接计入各类装卸成本。物流企业对外发生和支付装卸费时，可根据支付凭证直接计入各类装卸成本。事故损失一般于实际发生时直接计入有关装卸成本，或先通过“其他应收款——暂付赔款”账户归集，然后于月终将应由本期装卸成本负担的事故净损失结转计入有关装卸成本。

4. 营运间接费用

装卸队直接开支的管理费及业务费可在发生和支付时直接列入装卸成本。当按机械装卸和人工装卸分别计算成本时，可先通过“营运间接费用”账户汇集，月终再按直接费用比例分配计入各类装卸成本。

（三）装卸总成本和单位成本的计算

物流企业的装卸总成本通过“主营业务成本装卸支出”账户的明细账所登记的各项装卸费用总额确定。装卸支出明细账的格式及登记方法与运输支出明细账的相同。装卸业务的单位成本以“元/千操作吨”为计算单位。

六、配送成本的核算

配送业务是指物流企业根据客户的要求，对货物进行储存、拣选、包装、组配等作业，并按时将组配的货物以最合理的方式送交收货人的服务。配送是物流系统中一种特殊的综合性活动形式，集装卸、储存、包装、运输等活动于一体。

（一）配送成本的构成

不同的配送模式，其成本构成差异较大。在相同的配送模式下，由于配送物品的性质不同，其成本构成差异也很大。企业在实际工作中应根据配送的具体流程归集成本。常见的配送成本包括如下项目。

1）配送运输费用，包括车辆费用和营运间接费用。

2）分拣费用，包括分拣人工费用和分拣设备费用。

3）配装费用，包括配装材料费用、配装人工费用和配装辅助费用。

4）流通加工费用，包括流通加工设备费用、流通加工材料费用和流通加工人工费用。

（二）配送成本计算对象、成本计算单位和成本计算期

1）成本计算对象。配送的各环节都有各自的成本计算对象。例如，物流保管环节的成本计算对象是仓库，分拣及配货环节的成本计算对象是分拣及配备的货物，配送发运环节的成本计算对象是货运车辆。

2）成本计算单位。配送业务有多个成本计算对象，也就有多个成本计算单位。例如，货物保管环节的成本计算单位为堆存量，用千吨天表示；分拣配货环节的成本计算单位为分拣配货量，用千吨或千件表示；配装环节的成本计算单位为配装量，用千吨表示；运送环节的成本计算单位为货物周转量，用千吨公里表示。

3）成本计算期。配送业务的成本应按月、季、半年和年计算从年初至各期末止的累计成本。

（三）配送直接费用的归集

物流企业配送货物所发生的配送直接费用应根据工资及福利费分配表、耗用材料汇总表、固定资产折旧费用计算表及各种发票、单据等，直接列入各环节的成本，借记“主营业务成本——配送支出——堆存费用”“主营业务成本——配送支出——分拣配货费用”“主营业务成本——配送支出——配装费用”“主营业务成本——配送支出——运输费用”等账户，贷记“应付职工薪酬”“原材料”“累计折旧”“银行存款”等相关账户。

（四）营运间接费用的归集和分配

物流企业配送业务各环节的营运间接费用，先在组织和管理这些业务的营运部门或分公司的明细账中归集，借记“营运间接费用——配送营运部”账户，贷记“应付职工薪酬”“累计折旧”等相关账户。期末再将归集的营运间接费用按堆存、分拣及配货、配装和运输四项业务的直接费用的比例进行分配。

第三节　建筑施工企业的成本核算

一、建筑施工企业生产经营的特点

建筑施工企业是国民经济中一个重要的物质生产部门，也是以基本建设、建筑安装工程为主营业务的经济组织。由于其从事行业的特殊性，建筑施工企业的生产经营有着不同于其他行业的特点，主要特点如下。

1）建筑产品具有固定性、单体性、多样性，同时形体庞大，且使用寿命长。

2）建筑施工过程具有流动性、长期性、综合协作性，施工生产具有单件性。

3）生产经营管理具有生产经营业务不稳定性、管理环境多变性、机构人员多变性。

二、工程成本的核算对象

工程成本的计算对象是指在计算工程成本时，应该选择什么样的工程作为目标，来归集和分配生产费用，确定实际成本。工程成本的计算对象，既可以根据企业施工组织的特点、所承包工程的实际情况和工程价款的结算办法来确定，也可以根据与施工图预算相适应的原则来确定。

一般来说，施工企业应以每个单位工程作为成本计算对象。但是一个施工企业要承包多个建设项目，每个建设项目的具体情况往往不相同：有的工程规模很大、工期很长；有的是一些规模小、工期短的零星改扩建工程；有时一个工地上有若干个结构类型相同的单位工程同时施工、交叉作业，共同耗用现场堆放的大堆材料等。因此，工程成本计算对象的确定，一般要根据与施工图预算相适应的原则，以每个独立编制施工图预算的单位工程为依据，根据承包工程的规模大小、结构类型、工期长短及现场施工条件等具体情况，结合企业施工组织的特点和加强成本管理的要求，确定建筑安装工程成本计算对象。具体来讲，主要有以下几种划分方法。

1）建筑安装工程，一般应以每一独立编制施工预算图的单位工程为成本计算对象。

2）一个单位工程由几个施工单位共同施工时，各施工单位都应以同一单位工程为成本计算对象，各自核算自行完成的部分。

3）规模大、工期长的单位工程，可以将工程划分为若干部位，以分部工程作为成本计算对象。

4）在同一建设项目中，同一施工单位、同一施工地点、同一结构类型、开竣工时间相近的若干个单位工程，可以合并作为一个成本计算对象。

5）改建、扩建零星工程，可以将开竣工时间相近、属于同一建设项目的各个单位工程，合并作为一个成本计算对象。

6）土石方工程、打桩工程，可以根据实际情况和管理需要，以一个单位工程为成本计算对象，或将同一施工地点的若干个工程量较小的单项工程合并作为一个成本计算对象。

7）独立施工的装饰工程的成本计算对象应与土建工程成本计算对象一致。

8）工业设备安装工程，可按单位工程或专业项目，如机械设备、管道、通风设备、工业筑炉的安装等作为工程成本计算对象。变电所、配电站、锅炉房等可按所、站、房等安装工程作为成本计算对象。

工程成本计算对象一经确定，在一定期限内不能随意更改，若要更改应及时通知施工企业内部相关部门，以统一工程成本的核算口径，减少因此造成的成本分析和考核上的潜在矛盾。为了集中反映各工程成本计算对象的成本发生情况，财务部门应当为每个成本计算对象分别设置工程成本明细账（卡），并按照成本项目设置专栏来组织会计核算。所有的原始记录须按照规定的成本计算对象写清楚，以便于归集和分配成本费用。

问题与思考

- 建筑施工企业的生产经营有哪些特点？
- 工程成本的计算对象包括哪些？

三、工程成本核算的会计账户

施工企业为核算和监督施工过程中各项施工费用的发生、归集和分配情况，正确计算工程成本，需要设置下列总分类会计账户，在此基础上进行明细分类核算，以利于企业进行成本管理。

（一）“工程施工”账户

“工程施工”账户核算施工企业（建筑承包商）实际发生的合同成本和合同毛利。该账户可按建造合同，分别按“合同成本”“间接费用”“合同毛利”进行明细核算。

企业进行合同建造时发生的人工费、材料费、机械使用费，以及施工现场材料的二次搬运费、生产工具和用具使用费、检验试验费、临时设施折旧费等其他直接费用，借记本账户（合同成本），贷记“应付职工薪酬”“原材料”等账户。

发生的施工、生产单位管理人员职工薪酬、固定资产折旧费、财产保险费、工程保修费、排污费等间接费用，借记本账户（间接费用），贷记“累计折旧”“银行存款”等账户。会计期末，将间接费用分配计入有关合同成本，借记本账户（合同成本），贷记本账户（间接费用）。

确认合同收入、合同成本时，借记“主营业务成本”账户，贷记“主营业务收入”账户，按其差额借记或贷记本账户（合同毛利）。

合同完工时，应将该账户余额与相关工程施工合同的“工程结算”账户对冲，借记“工程结算”账户，贷记本账户。

本账户期末借方余额，反映企业尚未完工的建造合同成本和合同毛利。

（二）“机械作业”账户

“机械作业”账户核算施工企业（建筑承包商）及其内部独立核算的施工单位、机械站和运输队使用自有施工机械和运输设备进行机械作业（包括机械化施工和运输作业等）所发生的各项费用。企业及其内部独立核算的施工单位，从外单位或本企业其他内部独立核算的机械站租入施工机械发生的机械租赁费，直接在“工程施工”账户中核算。

“机械作业”账户可按施工机械或运输设备的种类等进行明细核算。施工企业内部独立核算的机械施工、运输单位使用自由施工机械或运输设备进行机械作业所发生的各项费用，可按成本计算对象和成本项目进行归集。

企业发生机械作业支出时，借记本账户，贷记“原材料”“应付职工薪酬”“累计折旧”等账户。

会计期末，企业及其内部独立核算的施工单位、机械站和运输队为本单位承包的工程进行机械化施工和运输作业的成本，应转入承包工程的成本，借记“工程施工”账户，贷记本账户。对外单位、专项工程等提供机械作业（包括运输设备）的成本，借记“劳务成本”账户，贷记本账户。本账户期末应无余额。

（三）“辅助生产成本”账户

“辅助生产成本”账户核算施工企业（建筑承包商）所属的非独立核算的辅助生产部门为工程施工生产材料和提供劳务所发生的费用，其借方登记实际发生的辅助生产费用，贷方登记生产完工验收入库的辅助生产的产品成本或者按受益对象分配结转的辅助生产费用。本账户期末借方余额表示辅助生产的在产品的成本。

（四）“工程结算”账户

“工程结算”账户核算施工企业（建筑承包商）根据建造合同约定向发包方（业主或甲方）办理工程价款结算的累计金额，其贷方登记企业向发包方办理工程价款结算的金额，借方登记合同完工时与“工程施工”账户对冲的金额。本账户期末贷方余额反映尚未完工的建造合同已办理结算的累计金额。

四、工程成本的归集和分配

（一）直接材料的归集和分配

施工企业建筑安装活动中需要耗费大量的材料，材料品种多，大堆材料比例大。材料费应按照材料领用的不同情况进行归集和分配。

1）凡能点清数量和分清材料对象的，能直接用于工程的材料，如钢材、木材、水泥，通常可分别按成本计算对象直接记入各工程成本的材料费项目中。

2）凡能点清数量、集中配料或统一下料的，如油漆、玻璃、木材等，应在领料凭证上注明“工程集中配料”字样，月末由材料管理人员或领用部门根据用料情况，结合材料消耗定额，编制集中配料耗用分配表，在各成本计算对象之间分配。

3）凡不能点清数量也很难立即分清用料对象的一些大堆材料，如砖、瓦、白灰、砂石等，几个单位工程共同使用，则先由材料员或领料部门验收保管，月末实地盘点结存数量，然后根据月初结存数量与本月进料数量，倒轧本月实际用量，结合材料耗用定额，编制大堆材料耗用计算单，据以计入各成本计算对象。

4）对于其他不能点清数量的材料，也需要采用适当的方法分配计入各工程成本材料费项目。用于辅助生产部门、机械作业部门的各种材料应分别记入“辅助生产成本”“机械作业”账户的借方。

5）实行材料节约奖的，应按材料节约的数额，直接计入各成本计算对象。

6）成本计算期内已办理领料手续，但没有全部耗用的材料，应在期末进行盘点，填制退料单，作为办理退料的凭证，据以冲减本期材料费。对于工程施工后的剩余材料，应填制退料单，办理退料手续。对于施工过程中发生的残次料和包装物等，应尽量回收利用，并填制废料交库单估价入账，并冲减工程材料费。

7）周转材料应根据各工程成本计算对象在用的数量，按照规定的摊销方法计提当月的摊销额，并编制周转材料摊销计算表。

月末，财会部门必须严格审核各种领退料凭证，并根据各种领料凭证、退料凭证及材料成本差异，编制材料费分配表，计算受益对象应分配的材料费。

（二）直接人工的归集和分配

人工费计入成本的方法一般应根据企业实行的具体工资制度确定。

1）如果施工企业采用的是计件工资制度，人工费的受益对象容易确定，根据工程任务单和工程结算汇总表，将所归集的人工费用直接计入工程成本。

2）施工企业采用计时工资制度时，如果能够正确区分工人劳动的服务对象，就可以采用与计件工资制度下相同的方法，直接将人工费计入工程成本。如果建筑安装工人同时为多项工程工作，就需要将发生的工资在各成本计算对象之间进行分配。分配的方法，可以用当月工资总额除以工人的出勤日计算出平均日工资，然后用平均日工资乘以各工程当月实际用工数，得到各工程应负担的人工费。

（三）机械使用费的归集和分配

施工企业使用的施工机械可分为租赁机械和自有机械两种。施工企业各工程项目租赁施工机械而支出的租赁费和进出场费，应根据结算账单直接记入各工程成本“机械使用费”成本项目，不用通过“机械作业”明细账户进行核算。自有施工机械使用过程中发生的费用，应首先按机组或单机归集，计算每台班的实际成本，然后根据各成本计算对象的使用台班数，确定应计入各成本计算对象的机械使用费。进行机械作业所发生的各项费用的归集和分配，通过“机械作业”账户进行，并按照机械设备的类别设置明细账户，按规定的成本项目归集费用。费用项目的确定通常应和机械台班预算定额的构成内容一致，以便计算出来的台班实际成本与定额相比较。费用发生时记入“机械作业”账户的借方，月末根据归集的费用和设备作业时间，计算各类机械的台班成本或按适当的标准分配记入各项工程成本的“机械使用费”项目，同时贷记“机械作业”账户。

分配机械使用费可以采用如下方法。

1）按施工机械的实际台时（或完成工程量）分配机械使用费。月末，根据各类机械明细账的借方发生额及实际作业台班数计算台班成本，编制机械使用费分配表并记入“工程施工——合同成本”账户的借方及工程成本计算单的“机械使用费”项目内，同时贷记“机械作业”账户。当月“机械作业”账户发生的费用一般当月分配完毕，月末没有余额。

2）先按施工机械的计划台时费对机械使用费进行分配，然后依据计划机械使用费与实际机械使用费之间的比值调整为实际机械使用费。

为了简化计算手续，对于各种中型机械的机械使用费，可在月终先根据机械使用月报中各种机械的工作台时（或完成工作量）合计和该种机械台时费计划数，算出当月机械使用费计划数，再计算实际机械使用费占机械使用费计划数的百分比，然后将各成本计算对象按台时费计划数计算的机械使用费计划数按照算得的百分比进行调整。

(四)辅助生产费用的归集和分配

施工企业一般会设置若干个非独立核算的辅助生产部门。辅助生产部门主要为工程施工服务，包括木工车间、供水站、供电站、混凝土搅拌站、运输队等。

辅助生产部门所发生的各项费用，通过“辅助生产成本”账户进行归集，并按辅助生产车间或单位、产品或劳务的品种设置二级明细账，按规定的成本项目归集费用。月末根据归集的费用计算产品、劳务的总成本和单位成本，然后按各工程和部门的受益数量分配计入各项工程成本、机械作业成本及其他费用项目。期末，“辅助生产成本”账户的借方余额为在产品成本。

(五)其他直接生产费用的归集和分配

其他直接生产费用包括材料二次搬运费、临时设施摊销费、生产工具用具使用费、检验试验费、工程定位复测费、工程点交费及场地清理费等。

施工企业发生的其他直接费用，凡是能分清成本计算对象的，应直接记入各受益工程成本计算对象下的“其他直接费用”项目。如果是几个工程共同发生的，不能直接确定成本计算对象的其他直接费用，可以先行汇总，在“其他直接费用”明细账中归集，然后以定额用量、预算费用或工程的工料成本作为分配基数，月末或竣工时编制其他直接费用分配表分配计入各成本计算对象。

(六)间接费用的归集和分配

在建筑安装工程成本中，除了各项直接费用，还包括企业所属各施工单位（如工程处、施工队、项目经理部）为施工准备、组织和管理所发生的各项费用。

间接费用属于共同费用，难以分清受益对象。为了归集和分配间接费用，企业应在“工程施工——间接费用”账户中进行核算，汇总本期发生的各种间接费用，并按费用项目进行明细核算。当间接费用发生时记入“工程施工——间接费用”账户的借方；月末将归集的间接费用采用一定的标准进行分配，借记相应工程的“工程施工——合同成本”账户，贷记“工程施工——间接费用”账户。“工程施工——间接费用”账户月末应无余额。

需要说明的是，有的施工企业也单设“间接费用”总账账户来核算间接费用，而不通过在“工程施工”账户中设置“间接费用”二级账户来核算，但其核算原理是一样的。

间接费用的分配标准因工程类别不同而有所不同。土建工程一般以工程成本的直接费用为分配标准。安装工程以人工费用为分配标准。在实际工作中，施工单位施工的工程往往既有土建工程又有安装工程，有时辅助生产单位生产的产品或劳务还会对外销售。因此，施工单位的间接费用一般要经过两次分配。

间接费用的第一次分配是将发生的全部间接费用在不同类的工程、劳务和作业间进行分配。这次分配一般以各类工程、劳务和作业中的人工费为基础进行分配。

间接费用的第二次分配是将分配到各类工程、劳务和作业的间接费用在本类工程、劳务和作业中进行分配。这次分配一般以各个工程、劳务和作业中的直接费用或人工费用为基础进行分配。土建工程以工程的直接费用实际金额或已完工程直接费用预算金额为标准进行分配。安装工程以工程的人工费用实际金额或已完工程人工费用预算金额为标准进行分配。

另外，在实际核算工作中，对于间接费用的分配，若已给出间接费用定额，也可先计算本月实际间接费用与间接费用定额的百分比，再用该百分比对各项工程按定额计算的间接费用进行调整。

五、月末已完工程和未完工程成本的分配

施工企业的各项生产费用，在各成本计算对象之间进行归集和分配以后，应计入本月各成本计算对象的生产费用，归集在“工程施工——合同成本”账户的借方和有关成本计算单中。这些生产费用月末应在已完工程和未完工程之间进行分配。已完工程既包括已全部竣工且不再需要进行任何施工活动的工程（即竣工工程），也包括已经完成预算定额所规定的全部工序且在本企业不再需要进行任何加工的分部分项工程。

（一）未完工程成本的计算

计算未完工程成本时，通常由统计人员月末到施工现场实地丈量盘点未完施工实物量，并按其完成施工的程度折合为已完工程数量，根据预算单价计算未完工程成本。

期末未完工程成本一般不负担管理费。如果未完施工工程量占当期全部工程量的比例很小，或期初与期末数量相差不大，可以不计算未完工程成本。

根据计算结果填制未完施工盘点单，并计入工程成本计算单。

（二）已完工程实际成本的计算

月末未完工程成本确定后，即可根据如下公式确定当月各成本计算对象已完工程的实际成本。

已完工程实际成本＝月初未完工程成本＋本月生产费用－月末未完工程成本

根据各成本计算对象的成本计算单的实际成本，填入已完工程成本表中的实际成本栏，据此结转已完工程实际成本。

六、工程成本的结转

如果在工程竣工时确认合同收入和成本，则按已完工程实际成本借记“主营业务成本”账户，按合同收入贷记“主营业务收入”账户，按二者之差借记或贷记“工程施工——合同毛利”账户。同时，根据工程结算金额，借记“银行存款”“应收账款”等账户，贷记“工程结算”账户。最后，对冲结平“工程施工”账户（合同成本和合同毛利）与“工程结算”账户。

在工程跨年度完工的情况下，如果分期确认工程收入和成本，则在工程完工前，每

期期末按当期实际发生的工程成本借记“主营业务成本”账户，按当期应当确认的收入贷记“主营业务收入”账户，按二者之差借记或贷记“工程施工——合同毛利”账户。同时，根据当期结算金额，借记“银行存款”“应收账款”等账户，贷记“工程结算”账户。待工程竣工后，对冲“工程施工”账户和“工程结算”账户，即按该工程累计结算金额借记“工程结算”账户，按“工程施工”中该工程的累计金额（包含合同成本和合同毛利）贷记“工程施工”账户。

第四节　农业企业的成本核算

农业是整个国民经济的基础，是一个重要的综合性物质生产部门。从广义的角度看，农业包括种植业、林业、畜牧养殖业、渔业等行业。从狭义的角度看，农业是指粮食作物、经济作物、饲料作物、蔬菜栽培等生产。农业企业是指从事农、林、牧、渔业等生产经营活动的企业，该类企业主要通过生物的种养和生产繁殖取得相应的农产品。

一、农业生产的特点

对于农业企业而言，生产过程一般是农业生产经营活动的最基本环节，而这一生产过程又与一般的工业生产有很大的区别，从而使农业生产成本核算具有特殊性。

农业生产的特点主要包括以下几点。

1）土地，包括陆面、水面、山场等自然资源，是农业生产的基础生产资料，也是农业企业最重要的经济资源。

2）农业生产的劳动对象是有生命的动植物，也即生物资产。生物资产与企业的存货、固定资产等一般资产不同，其具有特殊的自然增殖性，具有生物转化的能力，这导致其会计确认、计量与相关成本核算都有一定的特殊性。

3）农业生产过程是一个自然过程，其生产周期与动植物的生命周期相融合，具有明显的季节性和地域性，生产成果受自然环境的影响明显。

4）在农业生产过程中，人的劳动时间与农业自然生产时间不一致。农业生产的劳动对象是有生命的动植物，它们有自己的自然生长过程，同时又需要人的劳动帮助其成长，生物资产的生长时间与社会劳动时间并不一致。

5）部分劳动资料与劳动对象可以相互转化。在农业持续生产经营过程中，生产性生物资产可以转化为消耗性生物资产，消耗性生物资产也可以转化为生产性生物资产。

6）农业生产的组织形式复杂多样，一般以主业为主，多种经营，同一地域往往能同时或交错生产出多种产品。另外，种植业和养殖业一般是相互依存、相互促进地进行生产经营等。

二、生物资产与农产品

生物资产是有生命的动物或植物，动植物一旦停止生命活动，就不再是生物资产。这一界限对生物资产和农产品进行了本质的区分。农业企业的生产对象是有生命的植物。农业生产的根本特点是将植物的自然再生产过程和人类的经济再生产过程结合在一起，生产出人类赖以生存的粮食、油料、蔬菜等基本生活资料。因此，农产品与生物资产密不可分：在农产品收获之前，其附着于生物资产上；从农产品收获时开始，就离开了生物资产这一母体。因此，农业生产的成本核算与生物资产的核算密切相关。

与农产品相关的生物资产包括消耗性生物资产和生产性生物资产。消耗性生物资产通常是一次性产出农产品，在收获农产品后该资产就不复存在。生产性生物资产能够在生产经营中长期、反复使用，在产出农产品后该资产仍然保留，并可以在未来期间继续产出农产品。不同种类的生物资产，其成本核算会存在差异。

生产性生物资产通常需要生长到一定阶段才开始具备生产的能力。根据其是否具备生产能力，可以将生产性生物资产划分为未成熟和成熟两类。前者是指尚未达到预定生产经营目的、还不能够多年连续产出农产品的生产性生物资产。后者是指已经达到预定生产经营目的、能够多年连续产出农产品的生成性生物资产。

问题与思考

- 农业生产的特点有哪些？
- 生物资产与农产品有什么本质区别？

三、农业生产的成本计算对象和成本计算期

（一）成本计算对象

农业企业生产的主要作物以每种作物为成本计算对象，单独计算其成本。农业企业生产的次要作物可以每类作物为成本计算对象，先计算出各类作物的总成本，再按一定标准确定每类中各种作物的成本。对不同收获期的同一种作物必须分别核算。企业的主要作物一般确定为小麦、水稻、大豆、玉米、棉花、糖料、烟叶等。需要补充主要农作物目录的，由企业确定。

（二）成本计算期

农作物的生产周期较长，收获期比较集中，在年度中各项费用的发生不均匀。为适应这些特点，农业企业一般一年计算一次成本。

四、农作物的成本项目和费用界限

（一）农作物的成本项目

农作物的成本按经济用途可以划分为如下成本项目。

1）直接材料，是指农业生产中直接耗用的自产或外购的种子、种苗、肥料、农药等。

2）直接人工，是指直接从事农业生产的人员的职工薪酬费用，包括工资费用及按规定计提的职工福利费等其他薪酬费用。

3）其他直接费用，是指除直接材料、直接人工以外的其他直接支出，包括机械作业费、灌溉费、田间运输费等。

4）间接费用，是指分配计入农产品成本的间接费用，包括为组织和管理生产所发生的生产单位的管理人员工资及福利费、折旧费、水电费、办公费等。

（二）农作物的费用界限

农作物收获的具体情况不同，其成本的费用终止点的确定也不相同。计入各种农作物成本的费用界限如下。

1）粮豆的成本，算至入仓入库或能够销售为止。从仓囤出库和场上交售发生的包装费、运杂费等作为销售费用处理。

2）不入库、入窖的鲜活产品的成本，算至销售为止；入库、入窖的鲜活产品的成本，算至入库、入窖为止。

3）棉花的成本，算至加工成皮棉为止。打包上交过程中发生的包装费、运杂费等作为销售费用处理。

4）纤维作物、香料作物、人参、啤酒花等的成本，算至纤维等初级产品加工完成为止。

五、属于消耗性生物资产的农作物成本核算

（一）属于消耗性生物资产的农作物成本归集和分配

属于消耗性生物资产的农作物成本，应在“消耗性生物资产”账户中进行归集和分配，并按照成本计算对象设置明细账，在明细账中还应按规定的成本项目设置专栏。

为属于消耗性生物资产的农作物生产所发生的材料、人工、机械等一切费用都在“消耗性生物资产”账户的借方归集。

1）农作物耗用的直接材料、直接人工等直接成本，借记“消耗性生物资产”账户，贷记“原材料”“应付职工薪酬”“库存现金”“银行存款”等账户。

2）由于机械作业所发生的机械折旧费用，可按一定标准在各种消耗性生物资产中分配，借记“消耗性生物资产——××作物”账户，贷记“累计折旧”账户。

消耗性生物资产在一次性产出农产品后就不复存在，因此，收获的农产品成本直接从“消耗性生物资产”账户的贷方转入“农产品”账户的借方，而无须借助“农业生产成本”账户。

（二）属于消耗性生物资产的农产品成本计算

1. 当年生大田作物的农产品成本计算

当年生大田作物是指作物生长期不超过一年的农作物，一般是当年播种、当年收获，少部分作物也有跨年度收获的。它属于消耗性生物资产。当年生大田作物的主产品单位成本的计算公式为

某作物的主产品单位成本＝（某作物生产费用总额－副产品价值）÷某作物的主产品产量

式中，某作物生产费用总额是由“消耗性生物资产”账户贷方转入“农产品”账户借方的成本金额。

农作物在完成生产过程时，一般可以产出主产品和副产品两种产品。主产品是生产的主要目的，如小麦、水稻等。副产品不是生产的主要目的，而是在生产过程中附带获得的产品，如麦秸、稻草等。因为主产品和副产品是同一生产过程的结果，所以它们的各种费用是联系在一起的。因此，必须将生产费用在主产品和副产品之间进行分配，以分别确定其成本。分配方法一般有以下两种。

1）估价法。对副产品按市场价格进行估价，以此作为副产品成本。从生产费用总额中减去副产品价值就得到主产品成本。

2）比率法。先求出生产费用实际额与计划额之比，再分别以主产品和副产品的计划成本乘以这一比率就可计算出主产品和副产品的成本。

2. 一次性收获的多年生作物的农产品成本计算

多年生作物是指人参、甘蔗、剑麻、胡椒等生长期限长的经济作物。多年生作物培育年限和提供产品的年限比较长，具体有两种情况：一种是连续培育几年，一次收获产品，如人参；另一种是连续培育几年，多次收获的产品，如甘蔗、剑麻、胡椒等。前者属于消耗性生物资产，后者属于生产性生物资产。收获次数不同，其成本计算方法也不同。

一次性收获的多年生作物，应按各年累计的生产费用计算成本，其主产品单位成本的计算公式为

一次性收获的多年生作物主产品单位成本＝（往年费用＋本年累计生产费用－副产品价值）÷主产品总产量

3. 蔬菜的成本计算

蔬菜的栽培按生产技术过程一般分为露地蔬菜栽培和保护地蔬菜栽培两大类。

1）露地蔬菜栽培是在大地上栽种蔬菜，它是蔬菜栽培的主要方式。在大面积栽培大宗、主要的蔬菜时，可分别计算各种蔬菜的成本。计算的方法：按照蔬菜的品种和规定的成本项目归集生产费用，计算各种蔬菜的总成本；分别用各种蔬菜的总成本除以各该蔬菜的实际产量，得到各种蔬菜的单位成本。露地蔬菜的成本计算方法与大田作物的农产品成本基本相同。对于栽培面积不大的或次要的蔬菜，可以分类合并计算，即按蔬菜类别设置明细账，分类归集生产费用，采用计划成本比率法分别计算各种蔬菜的单位成本。

2）保护地蔬菜栽培是利用温床和温室等防寒设备进行育苗和种植蔬菜，其成本指标除蔬菜每千克成本以外，还有温床格日（一个温床格用一天为一个温床格日）成本和温室平方米日（温室中一平方米面积占用一天为一个温室平方米日）成本。

在温床或温室栽培蔬菜时所发生的费用，能明确区分是某种蔬菜费用的，可直接计

入某种蔬菜的成本。若干种蔬菜的共同性费用，如保温用的材料、燃料、辅助材料等，应按温床格日数或温室平方米日数进行分配。采用这种分配标准，是由于温床或温室蔬菜的成本高低与蔬菜所占用的种植面积和生产期长短密切相关。利用温床或温室栽培各种蔬菜所发生的生产费用，当合并核算时，可按每温床格日成本或每温室平方米日成本计算各种温床或温室蔬菜的成本。

六、属于生产性生物资产的农作物成本核算

（一）属于生产性生物资产的农作物成本归集和分配

属于生产性生物资产的农作物也就是多次收获的多年生作物。这类作物在达到预定的生产经营目的、能够连续产生农产品之前所发生的成本，应在“未成熟生产性生物资产”账户中进行归集，并按照成本计算对象设置明细账，在明细账中还应按规定的成本项目设置专栏。

当这类作物达到预定的生产经营目的、能够连续产生农产品时，其成本从“未成熟生产性生物资产”账户的贷方转入“成熟生产性生物资产”账户的借方。

由于生产性生物资产会多次收获农产品，在较长时期内反复使用，因此，成熟的生产性生物资产类似固定资产，在存续期内需要计提折旧。每年计提的折旧借记“农业生产成本”账户，贷记“生产性生物资产累计折旧”账户。

在成熟生产性生物资产连续产生农产品的期间，为了该农作物发生的生产费用，借记“农业生产成本”账户，贷记“原材料”“应付职工薪酬”“库存现金”“银行存款”等账户。

在农产品收获过程中发生的费用，借记“农业生产成本”账户，贷记“应付职工薪酬”“银行存款”等账户。

属于生产性生物资产的农作物，每次收获的农产品实际成本，从“农业生产成本”账户的贷方转入“农产品”账户的借方。

（二）属于生产性生物资产的农产品成本计算

多次收获的多年生作物，在提供农产品以前的费用作为“生产性生物资产”处理，投产后按一定方法计提折旧，计入投产后各年产出农产品的成本。本年产出农产品的成本包括生产性生物资产在本年计提的折旧费用和投产后本年发生的全部生产费用。

本 章 小 结

商品流通企业、物流企业、建筑施工企业、农业企业等行业的成本核算，各有独特且显著的特点。因此，各行业的成本核算方法、适用范围，需科学合理地加以应用。

理论知识练习

一、单项选择题

1．农场对种植的还在生长中的大田作物、蔬菜所发生的相关费用进行核算，一般应采用（　　）会计账户。

A．“生产性生物资产”　　B．“消耗性生物资产”

C．“农业生产成本”　　D．“农产品”

2．施工企业在与客户办理工程价款结算时，按应收金额借记“应收账款”“预收账款”等账户，贷记（　　）账户。

A．“工程施工”　　B．“主营业务收入”

C．“合同毛利”　　D．“工程结算”

二、多项选择题

1．建筑施工企业，施工项目的成本构成内容包括（　　）。

A．直接材料　　B．直接人工　　C．机械使用费　　D．间接费用

2．农业企业所拥有的下列资产项目中，一般作为生产性生物资产核算的包括（　　）。

A．肉牛　　B．奶牛　　C．种牛　　D．薪炭林

三、判断题

1．农产品的成本计算期间一般与其生产周期保持一致。（　　）

2．交通运输企业相关运输成本通常定期进行结转，而不存在期末余额。（　　）

3．商品流通企业的商品采购成本包括商品验收入库后的储存、保管等支出。（　　）

4．建筑产品具有固定性、单体性、多样性。（　　）

5．商品流通企业在计算结转商品的销售成本时可以采用个别计价法。（　　）

实务操作练习

一、商品流通企业成本核算

梅林公司1月5日购入190吨钢材，增值税发票上注明售价600 000元，增值税78 000元。在购入钢材过程中，发生运输费用21 800元，并取得货物运输业增值税专用发票，增值税税率9%，货款采用商业汇票结算，商业汇票已经开出，钢材已经到达。梅林公司1月26日销售给客户190吨钢材，不含税价款720 000元，客户用支票结算，财务人

员按业务人员填制的销售结算单等相关手续，收取价款，并开具增值税发票。公司适用的增值税税率为13%。

要求：

1）编制公司采购商品收到发票时的相关会计分录。

2）编制公司采购商品验收入库时的相关会计分录。

3）编制公司销售商品并结转成本时的相关会计分录。

二、农业企业成本核算

际华公司主营业务为种植苹果树。第一年发生苹果苗成本5 000元，化肥、农药成本600元，人工成本54 000元，用银行存款支付灌溉等费用800元。第二年发生化肥、农药成本1 600元，人工成本48 000元，用银行存款支付灌溉等费用600元。第三年发生化肥、农药成本1 800元，人工成本48 000元，用银行存款支付灌溉等费用600元。第四年发生化肥、农药成本1 800元，人工成本48 000元，用银行存款支付灌溉等费用600元。第五年苹果树成熟，开始挂果，预计可以结果30年，预计净残值为900元，采用直线法折旧。第五年发生化肥、农药成本600元，人工成本72 000元，用银行存款支付灌溉等费用1 000元。

要求：

1）编制第一年的相关会计分录。

2）编制第二年的相关会计分录。

3）编制第三年的相关会计分录。

4）编制第四年的相关会计分录。

5）编制第五年的相关会计分录。

第十章　成本管理的方法

内容提要

本章内容分为三节，分别介绍标准成本法、作业成本法和责任成本法三种常见的成本管理方法。通过学习本章内容，了解各成本管理方法的含义和特点，熟悉各成本管理方法的计算流程，掌握标准成本法下成本差异的计算和责任成本考核指标的计算。本章的难点是固定制造费用差异的计算及作业成本法的基本原理。

知识结构

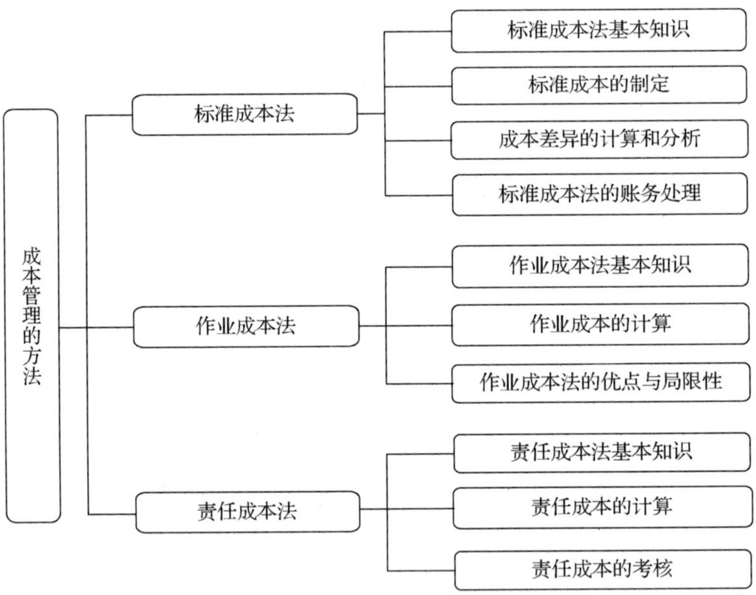

导入案例

【资料】阳光公司正打算解雇采购员小王，因为公司发现小王以大量采购来获得价格优惠，这样造成大量资金被占用在存货上。小王却认为，公司的要求是达到标准，至于如何达到标准并不重要。小王还强调，只有通过大量采购才能达到价格标准，否则就会出现不利的价格差异。

【问题】根据上述资料，思考并讨论以下问题。

1）小王为什么要采购大量的原材料？这种行为就是为了实现价格目标吗？

2）小王应该被解雇吗？请解释原因。

第一节　标准成本法

一、标准成本法基本知识

（一）标准成本的含义

标准成本是指企业在特定生产管理水平下，通过调查、分析与技术测定而确定的产品成本，可以用来评价实际成本，衡量工作效率。在标准成本中，基本上排除了不应该发生的“浪费”，所以标准成本是一种“应该成本”。

标准成本在实际工作中有两种含义：一种含义是指单位产品的标准成本，它是根据标准消耗量和标准单价计算出来的，准确地说，应称之为“成本标准”，其计算公式为

成本标准＝单位产品标准成本＝单位产品标准消耗量×标准单价

另一种含义是指实际产量的标准成本，它是根据实际产品产量和单位产品标准成本计算出来的，其计算公式为

标准成本＝实际产量×单位产品标准成本

采用标准成本法进行计算，将产品生产的实际成本与标准成本加以比较，揭示成本差异，评价业绩，并对成本加以控制是标准成本法的基本内容。

（二）标准成本的类型

1. 理想的标准成本

理想的标准成本是在现有技术、设备和经营管理达到最优状态下的目标成本。所谓最优状态，是指在资源无浪费、设备无故障、产品无废品、工时全有效、生产能力达到充分利用的前提下，以最少的耗用量、最低的费用水平生产出的最大产出量。在该生产水平下制定的标准成本是最理想的也是最难实现的，虽然这种目标成本可以激励职工努力工作，但因为条件苛刻，通过努力也难以达到，所以在实际工作中，以此为目标可能会适得其反。

2. 正常的标准成本

正常的标准成本是以正常的技术、设备和经营管理水平为基础制定的目标成本。所谓正常水平，是指在考虑了设备可能发生的故障、意外或计划停工等一切不利因素后的技术、设备和经营管理水平，是企业过去较长时间内所达到的平均水平，是经过努力可以达到的。但该标准成本只是根据过去经验估计的，不能反映目前的实际水平，以此为目标成本可能会低估或高估目前的生产水平，达不到有效控制成本的目的。

3. 现实的标准成本

现实的标准成本是在正常的标准成本的基础上考虑了目前的实际情况而制定的目

标成本，它是以一种合理的耗用量、合理的费用耗费水平和生产能力利用程度制定的切合实际情况的一种标准成本。这种标准成本是通过努力能够达到且切实可行的标准成本，标准成本制度下的标准成本通常是指这种标准成本。

（三）标准成本法的作用

1. 有利于加强成本控制

标准成本是衡量正常成本水平的尺度，可作为评价和考核工作成果的标准。标准成本作为事前和事中控制的依据，通过差异分析，能及时发现问题，采取措施加以控制和纠正，从而降低成本水平，提高经济效益。

2. 有利于开展业绩考核

标准成本是在生产过程开始前经过综合分析所确定的、在正常的生产经营条件下应该发生的成本，它是衡量成本水平的标准，也是评价与考核工作成果的基础和依据。在实际生产过程中，将实际成本与标准成本予以比较，进行差异分析，可以区分经济责任，正确评价各部门的工作业绩，从而有利于增强职工的成本意识，调动其工作积极性，让其关心和参与生产成本的控制与管理，不断降低成本费用。

3. 有利于企业的新产品定价等经营决策

实施标准成本法，为企业进行新产品定价、接受特别订货等经营决策提供信息。在给新产品定价时，通常可以在标准成本的基础上加上一定利润来确定价格。另外，在标准成本的制定过程中进行了多方面的分析，剔除了许多不合理的因素，比实际成本更为客观。在差异分析中，对实际成本脱离标准成本的差异进行分析，分清各部门的经济责任。因此，标准成本法所提供的信息可为企业产品定价、接受特别订货等专门决策提供依据。

4. 有利于简化成本核算工作

采用标准成本来反映材料和产品成本，应将实际发生的成本按照标准成本和成本差异分开列示，即原材料、在产品、产成品和产品销售成本都按照标准成本记账，实际成本和标准成本之间的差额可以直接由发生期负担，这样可以大大简化成本计算过程中日常的账务处理工作。

5. 有利于企业编制预算

标准成本资料可以直接作为编制预算的基础，为预算编制提供极大方便，并提高预算的现实可能性。例如，企业编制的直接材料预算、直接人工预算和制造费用预算等，有许多数据直接取自标准成本资料。

（四）标准成本法实施的基本条件

实施标准成本法需要具备一些基本条件，否则，标准成本的计算就难以顺利实施。

标准成本法实施的基本条件主要包括以下几个方面。

1. 工艺操作过程的标准化

实施标准成本法，需要确定零部件、半成品等成本要素的标准，就必须建立作业流程和工艺过程的标准化，从而确定它们同成本要素之间的数量关系。如果产品生产过程中使用的零部件、半成品和耗用的材料，以及使用的设备、工艺操作方法不符合标准化，就无法进行标准成本的计量，也不能制定合理的标准，标准成本法的实施会大打折扣。

2. 成本管理体系的完善

如果只有标准成本计算而没有相应的成本管理体系，那么，标准成本管理将有名无实。因此，需要建立同标准成本计算相适应的成本管理体系，成立专门机构负责标准成本的制定、成本差异的分析、工作成果的评价及标准成本的修订等。另外，还应根据生产工艺流程和组织特点，建立成本责任中心，明确管理者在成本管理上的责任权限，以保障标准成本法的顺利实施。

3. 全体职工成本意识的提高

采用标准成本法对成本进行全面控制，离不开企业全体职工的参与和实施，标准成本法能否有效发挥作用，取决于企业职工对标准成本法的认识和态度。因此，提高企业全体职工的成本意识，取得他们对标准成本法的支持，使之积极参与成本管理，是标准成本法有效实施的重要条件。

二、标准成本的制定

标准成本一般是由会计部门会同采购部门、技术部门和生产部门等，在对企业生产经营情况进行分析、研究和技术测定的基础上，采用科学的方法共同制定的。产品标准成本的制定按成本项目进行，通常有直接材料标准成本、直接人工标准成本和制造费用标准成本。

（一）直接材料标准成本的制定

直接材料标准成本的制定包括直接材料数量标准的制定和直接材料价格标准的制定。

直接材料数量标准是指在现有的生产技术条件下，生产单位产品所需要的材料数量，即材料的消耗定额。直接材料数量标准应根据企业产品的设计、生产工艺状况，并结合企业经营管理水平，考虑降低材料消耗的可能等条件来制定。同时，企业应为产品耗费不同的直接材料分别制定标准的耗用量。

直接材料价格标准是指采购部门根据供应商的报价，结合最佳采购批量、最佳运输方式等其他影响价格的因素，确定各种材料的价格标准，包括买价和运杂费等。

根据直接材料数量标准和直接材料价格标准就可以确定直接材料标准成本，其计算

公式为

直接材料标准成本＝单位产品直接材料数量标准×单位产品直接材料价格标准

【例 10-1】蓝天公司生产的甲产品耗用 A、B、C 三种直接材料，其直接材料标准成本如表 10-1 所示。

表 10-1　甲产品的直接材料标准成本

标准	A 材料	B 材料	C 材料
数量标准	5 千克	3 千克	10 米
价格标准	12 元/千克	10 元/千克	1 元/米
标准成本	60 元	30 元	10 元
合计	100 元		

（二）直接人工标准成本的制定

直接人工标准成本的制定包括直接工时标准的制定和工资率标准的制定。

直接工时标准是指在现有的生产技术条件下，生产单位产品所需要的时间，这里的工时既可以是生产工时，也可以是机器工时。但在制定工时标准时，应考虑生产间歇和正常停工所占用的时间。如果有的企业的生产工艺比较复杂，就可先制定零件的工时标准，再制定部件及产品的工时标准。

在不同的工资制度下，工资率标准的表现形式不同。在计件工资制度下，工资率标准就是在现有的生产技术水平下，生产单位产品所应支付的计件单价；在计时工资制度下，工资率标准就是单位工时工资率标准。在计时工资制度下，工资率标准的计算公式为

工资率标准＝标准工资总额÷标准总工时

根据单位产品工时标准和工资率标准就可以确定产品的直接人工标准成本，其计算公式为

直接人工标准成本＝单位产品工时标准×工资率标准

【例 10-2】蓝天公司生产甲产品的直接人工标准成本如表 10-2 所示。

表 10-2　甲产品的直接人工标准成本

项目	标准
月标准总工时	16 000 小时
月标准工资总额	320 000 元
工资率标准	20 元/小时
单位产品工时标准	10 小时
直接人工标准成本	200 元

（三）制造费用标准成本的制定

制造费用标准成本可分别按照变动制造费用和固定制造费用来制定。

1. 变动制造费用标准成本

变动制造费用标准成本的制定与直接人工标准成本的制定类似，除制定工时标准外，还需要计算变动制造费用标准分配率，其计算公式为

变动制造费用标准分配率＝变动制造费用预算总额÷标准总工时

变动制造费用预算总额可采用弹性预算的方式按不同的生产活动水平来确定。

据此，变动制造费用标准成本的计算公式为

变动制造费用标准成本＝单位产品工时标准×变动制造费用标准分配率

2. 固定制造费用标准成本

固定制造费用标准成本的制定与变动制造费用标准成本的制定基本相同，只不过固定制造费用的预算总额只能预计某一生产水平下的费用总额，一旦计划确定就不能随生产量而任意变动，其计算公式为

固定制造费用标准分配率＝固定制造费用预算总额÷标准总工时

固定制造费用标准成本＝单位产品工时标准×固定制造费用标准分配率

【例 10-3】蓝天公司生产甲产品的制造费用标准成本如表 10-3 所示。

表 10-3　甲产品的制造费用标准成本

项目	标准
月标准总工时	16 000 小时
变动制造费用预算总额	64 000 元
变动制造费用标准分配率	4 元/小时
单位产品工时标准	10 小时
变动制造费用标准成本	40 元
固定制造费用预算总额	80 000 元
固定制造费用标准分配率	5 元/小时
固定制造费用标准成本	50 元
制造费用标准成本	90 元

（四）单位产品标准成本的计算

按成本项目制定好各标准成本后，就可以计算单位产品的标准成本。单位产品标准成本的计算通常以填制标准成本卡的形式进行。

【例 10-4】根据例 10-1～例 10-3 的资料，蓝天公司生产甲产品的标准成本卡如表 10-4 所示。

表 10-4　甲产品的标准成本卡

成本项目		数量标准	价格标准	标准成本
直接材料	A 材料	5 千克	12 元/千克	60 元
	B 材料	3 千克	10 元/千克	30 元
	C 材料	10 米	1 元/米	10 元
	小计	—	—	100 元
直接人工		10 小时	20 元/小时	200 元
制造费用	变动制造费用	10 小时	4 元/小时	40 元
	固定制造费用	10 小时	5 元/小时	50 元
	小计	10 小时	9 元/小时	90 元
单位产品标准成本		—	—	390 元

三、成本差异的计算和分析

（一）成本差异计算的通用公式

成本差异是指产品的实际成本与标准成本之间的差额。当实际成本高于标准成本时，形成超支差异；当实际成本低于标准成本时，形成节约差异。企业应定期将实际成本与标准成本进行比较和分析，确定差异数额，分析差异形成的原因，落实相关部门的责任，寻求可行的改进途径和措施。

从标准成本的制定过程可以看出，任何一项费用的标准成本都是由数量标准和价格标准两个因素决定的。因此，差异分析就应该从这两个方面进行。成本差异计算的通用公式为

总差异＝实际产量下的实际成本－实际产量下的标准成本

＝实际用量×实际价格－实际产量下的标准用量×标准价格

＝（实际用量－实际产量下的标准用量）×标准价格＋（实际价格－标准价格）×实际用量＝数量差异＋价格差异

数量差异＝（实际用量－实际产量下的标准用量）×标准价格

价格差异＝（实际价格－标准价格）×实际用量

上述公式中，数量差异为第一因素，价格差异为第二因素。当然，也可以反过来分析。在分析中应本着事物从量变到质变的规律，通常先分析数量再分析价格。

（二）直接材料标准成本差异的计算和分析

直接材料成本差异包括直接材料数量差异和直接材料价格差异两部分。直接材料数量差异是指在生产过程中材料实际耗用量和标准耗用量之间的差额与材料标准价格的乘积，它反映了企业生产单位产品时材料消耗的浪费或节约情况。直接材料数量差异主要是由产品结构改变、材料加工方法改变、材料质量改变、材料代用等造成的，该差异的责任一般应由生产部门承担。直接材料价格差异是指材料采购的实际价格和标准价格之间的差异与材料实际用量的乘积，该差异的责任一般应由采购部门承担。

直接材料数量差异和直接材料价格差异的计算公式为

直接材料数量差异＝（实际用量－实际产量下的标准用量）×标准价格

直接材料价格差异＝（实际价格－标准价格）×实际用量

计算结果如果是正数则表示超支，为不利差异；如果为负数则表示节约，为有利差异。

【例 10-5】绿岛公司生产乙产品所需甲材料的标准价格为 45 元/千克，数量标准为 3 千克/件。假定该公司本月投产乙产品 8 000 件，领用甲材料 32 000 千克，其实际价格为 40 元/千克。该公司直接材料成本差异计算如下。

直接材料成本差异＝32 000×40－8 000×3×45＝200 000（元）（超支）

其中：

直接材料数量差异＝（32 000－8000×3）×45＝360 000（元）（超支）

直接材料价格差异＝32000×（40－45）＝－160 000（元）（节约）

上述计算结果表明，绿岛公司乙产品的甲材料成本差异为超支 200 000 元，为不利差异，该差异是由直接材料数量差异 360 000 元与直接材料价格差异－160 000 元共同造成的。其中，直接材料数量差异为超支 360 000 元，是不利差异，应由生产部门进一步寻找原因，落实责任。直接材料价格差异为节约 160 000 元，是有利差异，但也需要进一步分析原因，希望该节约差异不会影响产品质量。

（三）直接人工标准成本差异的计算和分析

直接人工成本差异包括直接人工效率差异和直接人工工资率差异两部分。直接人工效率差异是实际耗用工时脱离标准工时导致的成本差异，是实际工时和标准工时之间的差额与标准工资率的乘积，它类似直接材料的数量差异。直接人工工资率差异是每小时实际工资率和标准工资之间的差额与实际工时之间的乘积，它类似直接材料的价格差异。一般来说，直接人工效率差异应由生产部门负责，因为其差异通常可能是机器运转不正常、材料或零件传递方法不当、工人技术不熟练等与生产活动相关的原因造成的。直接人工工资率差异一般应由人事管理部门负责，它通常与人事变动、工资制度和工资级别的调整有关，但如果是非生产工时造成的差异，如停工待料时间的工资、开会时间的工资等，仍由生产部门负责。

直接人工效率差异和直接人工工资率差异的计算公式为

直接人工效率差异＝（实际工时－实际产量下的标准工时）×标准工资率

直接人工工资率差异＝（实际工资率－标准工资率）×实际工时

计算结果如果是正数则表示超支，为不利差异；如果为负数则表示节约，为有利差异。

【例 10-6】绿岛公司生产乙产品的标准工资率为 30 元/小时，标准工时为 1.5 小时/件，工资标准为 45 元/件。假定该公司本月实际生产乙产品 8 000 件，用工 10 000 小时，实际应付直接人工工资 350 000 元。该公司人工差异分析如下。

直接人工成本差异＝350 000－8 000×45＝－10 000（元）（节约）

其中：

直接人工效率差异＝（10 000－8 000×1.5）×30＝－60 000（元）（节约）

直接人工工资率差异＝（350 000÷10 000－30）×10 000＝50 000（元）（超支）

上述计算结果表明绿岛公司乙产品的直接人工成本差异为－10 000 元，为有利差异。其中，直接人工效率差异为节约 60 000 元，是有利差异，可能源于生产部门改进生产流程、优化生产方法等引起生产效率的提高和生产成本的节约；直接人工工资率差异为超支 50 000 元，是不利差异，应由人事管理部门进一步寻找原因，落实责任。

（四）变动制造费用标准成本差异的计算和分析

变动制造费用标准成本差异包括变动制造费用效率差异和变动制造费用耗费差异两部分，变动制造费用效率差异是实际耗用工时脱离标准工时导致的成本差异，它类似直接材料数量差异，它是实际工时和标准工时之间的差额与变动制造费用标准分配率的乘积。变动制造费用耗费差异是变动制造费用实际耗费脱离标准导致的成本差异，它类似直接材料的价格差异，它是变动制造费用实际分配率和标准分配率的差额与实际工时的乘积。

变动制造费用效率差异与变动制造费用耗费差异的计算公式为

变动制造费用效率差异＝（实际工时－实际产量下的标准工时）×变动制造费用标准分配率

变动制造费用耗费差异＝（变动制造费用实际分配率－变动制造费用标准分配率）×实际工时

计算结果如果是正数则表示超支，为不利差异；如果为负数则表示节约，为有利差异。

【例 10-7】绿岛公司生产乙产品的变动制造费用标准分配率为 3.6 元/小时，工时标准为 1.5 小时/件。假定该公司本月实际生产乙产品 8 000 件，用工 10 000 小时，实际发生变动制造费用 40 000 元。该公司变动制造费用成本差异分析如下。

变动制造费用成本差异＝40 000－8 000×1.5×3.6＝－3 200（元）（节约）

其中：

变动制造费用效率差异＝（10 000－8 000×1.5）×3.6＝－7 200（元）（节约）

变动制造费用耗费差异＝（40 000÷10 000－3.6）×10 000＝4 000（元）（超支）

上述计算结果表明，绿岛公司乙产品的变动制造费用成本差异为－3 200 元，为有利差异。其中，变动制造费用效率差异为节约 7 200 元，是有利差异，可能源于生产部门改进生产流程、优化生产方法等引起生产效率的提高和生产成本的节约；变动制造费用耗费差异为超支 4 000 元，是不利差异，应由生产部门进一步寻找原因，落实责任。

（五）固定制造费用标准成本差异的计算和分析

固定制造费用差异是指固定制造费用实际发生额与实际产量下标准总额之间的差额。固定制造费用属于固定成本，它在一定业务量范围内不随业务量的变动而变动，其内容主要与生产能力的形成与生产过程的正常维护相联系。在实际生产经营活动中，实际耗用的工时（或机器小时）总数与预计的标准有所偏离或固定制造费用的实际发生数与预算数有所偏离而导致固定制造费用差异。产量的变动只会影响单位固定制造费用，实际产量与预计产量的差异只会对单位产品应负担的固定制造费用产生影响。因此，对固定制造费用的控制与管理，除考察固定制造费用总额的变化外，还要注意生产和销售数量的变化对单位产品成本中固定制造费用的影响。与其他成本差异的计算方法有所不同，固定制造费用成本差异不能简单地划分为价格差异和数量差异，通常有两种分析方法，即二差异分析法和三差异分析法。

1. 二差异分析法

二差异分析法是将固定制造费用差异分为固定制造费用耗费差异和固定制造费用能量差异。

固定制造费用耗费差异是指固定制造费用的实际金额与固定制造费用预算金额之间的差额。固定费用与变动费用不同，不随业务量的改变而改变，所以其差异分析有别于变动费用。在分析时，不考虑业务量的变动，以原来的预算数作为标准，实际数超过预算数即视为耗费过多。

固定制造费用耗费差异的计算公式为

固定制造费用耗费差异＝固定制造费用实际数－固定制造费用预算数

固定制造费用能量差异是指固定制造费用预算与固定制造费用标准成本的差额，或者说是生产能量与实际产量下标准工时的差额乘以标准分配率后的金额。它反映实际产量标准工时未能达到生产能量而造成的损失，其计算公式为

固定制造费用能量差异＝固定制造费用预算数－固定制造费用标准成本
＝固定制造费用标准分配率×生产能量－固定制造费用标准分配率×实际产量下的标准工时
＝（生产能量－实际产量下的标准工时）×固定制造费用标准分配率

2. 三差异分析法

三差异分析法是将固定制造费用成本差异分为耗费差异、效率差异和闲置能量差异三部分。耗费差异的计算与二差异分析法相同。不同的是要将二差异分析法中的能量差异进一步分为两部分：一部分是实际工时未达到生产能量而形成的闲置能量差异；另一部分是实际工时脱离标准工时而形成的效率差异。相关计算公式为

固定制造费用闲置能量差异＝固定制造费用预算－实际工时×固定制造费用标准分配率
＝（生产能量－实际工时）×固定制造费用标准分配率

固定制造费用效率差异＝实际工时×固定制造费用标准分配率－固定制造费用标准成本
＝实际工时×固定制造费用标准分配率－实际产量下的标准工时×固定制造费用标准分配率

＝（实际工时－实际产量下的标准工时）×固定制造费用标准分配率

问题与思考

➢ 固定制造费用的二差异分析法与三差异分析法有何联系和区别？

➢ 制造费用的耗费差异、效率差异由哪个部门负责？

【例 10-8】绿岛公司生产乙产品的固定制造费用标准分配率为 12 元/小时，工时标准为 1.5 小时/件。假定该公司乙产品预算产量为 10 400 件，实际生产乙产品 8 000 件，用工 10 000 小时，实际发生固定制造费用 190 000 元。

1）二差异分析法。

固定制造费用成本差异＝190 000－8 000×1.5×12＝46 000（元）（超支）

其中：

固定制造费用耗费差异＝190 000－10 400×1.5×12＝2 800（元）（超支）

固定制造费用能量差异＝（10 400×1.5－8 000×1.5）×12＝43 200（元）（超支）

通过以上计算可以看出，该公司乙产品固定制造费用超支 46 000 元，主要是生产能力不足，实际产量小于预算产量所致。

2）三差异分析法。

固定制造费用成本差异＝190 000－8 000×1.5×12＝46 000（元）（超支）

其中：

固定制造费用耗费差异＝190 000－10 400×1.5×12＝2 800（元）（超支）

固定制造费用闲置能量差异＝（10 400×1.5－10 000）×12＝67 200（元）（超支）

固定制造费用效率差异＝（10 000－8 000×1.5）×12＝－24 000（元）（节约）

固定制造费用的构成比较复杂，企业应结合具体项目的超支和节约进行分析。

四、标准成本法的账务处理

（一）标准成本法的核算流程

1）为各成本计算对象按成本项目制定标准成本。

2）按成本对象设置产品成本明细账，根据上月成本明细账，填入月初在产品成本。

3）编制各成本费用分配表，分别反映其标准成本和实际成本，并列出其差异。

4）将标准成本记入成本明细账，结转完工产品的标准成本。

5）计算、分析各种成本差异，月末根据各成本差异账户的余额编制成本差异汇总表，将各种成本差异账户余额转入“主营业务成本”明细账，计入当月损益。

（二）标准成本法的账户设置

在标准成本法下，需要增加成本差异的相关账户，具体包括“直接材料数量差异”“直接材料价格差异”“直接人工效率差异”“直接人工工资率差异”“变动制造费用效率差异”“变动制造费用耗费差异”“固定制造费用耗费差异”“固定制造费用能量差异”

等账户。如果固定制造费用差异分析采用三差异分析法，则其中的“固定制造费用能量差异”账户可改设“固定制造费用闲置能量差异”和“固定制造费用效率差异”两个账户。

这些成本差异账户的借方登记超支差异，贷方登记节约差异和差异转销额。

（三）标准成本法的具体账务处理举例

【例 10-9】以上述绿岛公司资料为例，对本月乙产品的各种成本差异进行归集，并编制相应的会计分录。

1）直接材料成本差异的账务处理。

根据例 10-5 的资料编制如下会计分录。

借：基本生产成本	1 080 000	
直接材料数量差异	360 000	
贷：原材料		1 280 000
直接材料价格差异		160 000

记入“基本生产成本”账户借方的是直接材料的标准成本，记入“原材料”账户贷方的是直接材料的实际成本。直接材料数量差异是超支差异，记入“直接材料数量差异”账户的借方；而直接材料价格差异是节约差异，记入“直接材料价格差异”账户的贷方。

2）直接人工成本差异的账务处理。

根据例 10-6 的资料编制如下会计分录。

借：基本生产成本	360 000	
直接人工工资率差异	50 000	
贷：应付职工薪酬		350 000
直接人工效率差异		60 000

记入“基本生产成本”账户借方的是直接人工的标准成本，记入“应付职工薪酬”账户贷方的是直接人工的实际成本。直接人工工资率差异是超支差异，记入“直接人工效率差异”账户的借方；而直接人工效率差异是节约差异，记入“直接人工效率差异”账户的贷方。

3）变动制造费用成本差异的账务处理。

根据例 10-7 的资料编制如下会计分录。

借：制造费用	43 200	
变动制造费用耗费差异	4 000	
贷：原材料、应付职工薪酬等		40 000
变动制造费用效率差异		7 200

记入“制造费用”账户借方的是变动制造费用的标准成本，记入“原材料”“应付职工薪酬”等账户贷方的是材料、人工等的实际成本。变动制造费用耗费差异是超支差异，记入“变动制造费用耗费差异”账户的借方；而变动制造费用效率差异是节约差异，记入“变动制造费用效率差异”账户的贷方。

4）固定制造费用成本差异的账务处理。

根据例 10-8 的资料编制如下会计分录。

① 二差异分析法。

借：制造费用	144 000
固定制造费用耗费差异	2 800
固定制造费用能量差异	43 200
贷：原材料、应付职工薪酬等	190 000

记入“制造费用”账户借方的是固定制造费用的标准成本，记入“原材料”“应付职工薪酬”等账户贷方的是材料、人工等的实际成本。固定制造费用的耗费差异和能量差异均为超支差异，应相应地记入“固定制造费用耗费差异”“固定制造费用能量差异”账户的借方。

② 三差异分析法。

借：制造费用	144 000
固定制造费用耗费差异	2 800
固定制造费用闲置能量差异	67 200
贷：原材料、应付职工薪酬等	190 000
固定制造费用效率差异	24 000

固定制造费用的耗费差异和闲置能量差异均为超支差异，应相应地记入“固定制造费用耗费差异”“固定制造费用闲置能量差异”账户的借方；而固定制造费用效率差异为节约差异，记入“固定制造费用效率差异”账户的贷方。

5）月末结转制造费用和生产成本

① 月末，将上述发生的所有制造费用（包括变动制造费用和固定制造费用）标准成本的合计数，按照一定的标准，分配至各种产品的生产成本。编制如下会计分录：

借：基本生产成本	187 200
贷：制造费用	187 200

② 假设本月生产的乙产品全部完工。编制如下会计分录。

借：库存商品	1 827 200
贷：基本生产成本	1 827 200

6）月末将全部标准成本差异账户余额转入“主营业务成本”账户。编制如下会计分录。

借：主营业务成本	232 800
直接材料价格差异	160 000
直接人工效率差异	60 000
变动制造费用效率差异	7 200
固定制造费用效率差异	24 000
贷：直接材料数量差异	360 000
直接人工资率差异	50 000

变动制造费用耗费差异　　4 000
固定制造费用耗费差异　　2 800
固定制造费用闲置能量差异　　67 200

通过此笔结转分录，将成本差异账户的余额全部转入“主营业务成本”账户后，月末各成本差异账户均无余额。

第二节　作业成本法

一、作业成本法基本知识

（一）作业成本法产生的时代背景

作业成本法的基本思想由美国会计学家科勒在20世纪40年代初提出，对它的全面研究始于20世纪80年代，哈佛大学教授库珀和卡普兰对作业成本法进行了较为全面深入的研究。作业成本法的本质就是要确定分配间接费用的合理基础——作业，并引导管理人员将注意力集中在发生成本的原因——成本动因上，而不仅仅是关注成本结果本身。同时，通过对作业成本的计算和有效控制，可以克服传统成本以数量为基础对间接费用进行责任划分的缺陷，使以前的许多不可控间接费用变得可控。因此，可以说作业成本法是一场真正的成本会计革命。

作业成本法的产生和发展有其深刻的经济背景。可以说，高科技的迅猛发展及其在生产经营中的广泛应用，是作业成本法产生和发展的基本依据与根本动力。

1．企业生产方式和经营理念的巨大变化对成本会计的新要求是作业成本法产生的基本依据和动力

1）计算机辅助设计、生产自动化和管理信息化，对传统的生产和管理模式提出了严峻的挑战。为适应新技术革命的变化，对传统的生产和经营管理模式进行变革，是高科技时代的要求，同时高科技也为这种变革的实现提供了技术上的可能。

2）高科技对社会生产的发展起到了极大的推动作用。20世纪70年代以来，西方发达国家消费者的行为变得极具选择性，逐步形成买方市场。市场的这种变化对传统的生产组织形式提出了挑战，企业必须放弃大量或大批生产产品以待销售的传统做法，转而使用能对顾客多样化、日新月异的需要做出快速响应的弹性制造系统。

上述情况使得企业在经营理念上发生了深刻的变化，形成了新的企业观，即把企业看作最终满足顾客需要设计的一系列作业的集合体，是一个由此及彼、由内到外的作业链。每完成一项作业都要消耗一定的资源，而作业的产出又形成一定的价值，转移到下一项作业，依此逐步推移，直到将最终产品提供给企业外部的顾客。按照新的企业观的要求，企业要赢得市场、实现目标，就必须最大限度地满足顾客的需求，向市场供应质优价廉、品种丰富的产品。为此，企业必须实施适时制生产方式和全面质量管理的变革，

以最大限度地消除非增值作业，并减少产品质量缺陷。

所谓适时制，是一种“需求拉动”型的生产系统。在适时制生产系统下，就企业与外部顾客来说，企业只根据顾客的订单进行生产；就企业内部来说，前一生产工序只按照后一生产工序的需求进行生产。也就是说，后一生产工序对前一生产工序提出需求。以此类推，直到第一生产工序对原材料提出需求。这样，在适时制生产系统下，企业与供应商、外部顾客及企业内部生产经营的各环节之间都能紧密地协调配合，使得企业在供产销各环节实现“零存货”成为可能，从而使企业资金的使用效率大大提高。

全面质量管理是企业成功实施适时制生产系统的要素之一。要满足适时制生产系统的需要，将质量管理贯穿整个生产经营过程的始终，企业全体职工都必须参与质量工作，保证产品质量的“零缺陷”，这是全面质量管理的主要特征。这是因为适时制生产系统要求企业在生产经营的各环节都实现“零存货”，而一旦某个环节出现质量问题，将引起整个生产秩序的混乱，可见，没有全面质量管理的配合，适时制的目标就不可能实现。适时制生产系统下的全面质量管理必须从原材料供应、产品设计、生产到销售都实现“零存货”，为此，企业必须精心挑选供应商，并与其保持良好的合作关系，以保证原材料按时、按质、按量送到生产线，使企业的每个部门、每个职工都积极参与质量管理工作，使其树立高度的责任心，严把质量关，以保证整个生产过程的“零缺陷”。

新的企业观的形成，以及与此相关的适时制生产方式和全面质量管理，要求企业必须将经营管理工作深入作业层次。企业生产方式和经营管理模式的变化，必然会要求有与其相适应的成本会计系统，也必然会要求成本会计工作由以产品为中心转移到以作业为中心。

2. 间接成本费用的增加和构成内容的复杂化催生了作业成本法

伴随弹性制造系统、适时制生产方式和全面质量管理的实施，企业的间接成本费用大大增加，并且在构成内容上更加复杂，一些重要的间接制造费用并不受产量的影响，甚至有不少间接制造费用完全发生在制造过程之外，如设计生产程序费用、组织协调生产过程费用、组织订单费用等。也就是说，现代企业生产经营环境的巨大变化使得企业的制造费用与传统的制造费用相比发生了很大的变化，它不仅包括与产量直接相关的制造费用，而且包括与产量相对独立的服务和后援功能的制造费用。

显然，在这种情况下，为了正确计算产品成本，提供更可靠的相关成本信息，以满足企业经营管理的需要，客观上就要求把成本计算的重点放到间接制造费用的分配上。因此，需要对传统的间接制造费用分配进行根本变革，采用以作业量为成本分配基础的作业成本法是新技术经济环境下的必然选择。

（二）作业成本法的基本概念

所谓作业成本法，就是从“作业消耗资源、产品消耗作业”这一基本原理出发，以作业量为成本分配的基础，以作业为成本计算的基本对象，旨在为企业作业管理提供更可靠相关成本信息的一种成本计算方法。要深入理解作业成本法，首先必须了解其所使用的一些特有概念。

1. 作业

“作业”是作业成本法中最基本的概念，是进行作业成本计算的核心和基础。一般认为，作业是企业为了提供一定产量的产品或劳务所消耗的人力、技术、原材料、方法和环境的集合体。通俗地讲，作业就是基于一定目的、以人为主体、消耗一定资源的工作。表 10-5 列示了某家具企业典型的作业清单。

表 10-5　某家具企业典型的作业清单

作业名称	作业说明
材料订购	包括选择供应商、签订合同、明确供应方式等
材料检验	对每批购入的材料进行质量、数量检验
生产准备	每批产品投产前，进行设备、调整等准备工作
发放材料	每批产品投产前，将生产所需材料发往各车间
材料切割	将管材、圆钢切割成适于机加工的毛坯工件
车床加工	使用车床加工零件（轴和连杆）
铣床加工	使用铣床加工零件（齿轮）
刨床加工	使用刨床加工零件（变速箱外壳）
产品组装	人工装配变速箱
产品质量检验	人工检验产品质量
包装	用木箱将产品包装
车间管理	组织和管理车间生产、提供维持生产的条件

常见的作业可以分为以下四类。

1）产量级作业，是指使每个产品受益的作业，如产品加工、产品检验等。每生产一单位产品就需要作业一次，所耗费的成本与产品产量成比例变动。

2）批别级作业，是指使每批产品受益的作业，如机器准备、设备调试、原材料处理、订单处理等。这类作业的成本与产品批数成比例变动。

3）品种级作业，是指使某种产品的每个单位都受益的作业，如新产品设计、现有产品质量与功能改进、生产流程监控、产品广告等。这类作业的成本与产品产量及批数无关，与产品品种数量成比例变动。

4）设施级作业，是指为提供生产产品的基本能力而实施的作业，如车间管理、针对企业整体的广告等。这类作业使所有产品都受益，但与产品的产量、批数、品种数均无关。

问题与思考

- 四种类型作业如何区分？
- 设备维修属于哪种类型的作业？

2. 作业链、价值链

与“作业”相关联的概念是“作业链”和“价值链”的概念。

作业成本法认为，企业管理深入作业层次以后，现代企业实质上是一个为了满足顾客需要而建立的一系列有序的工作集合体，这形成了一个由此及彼、由内向外的“作业链”。每完成一项作业都要消耗一定量的资源，而作业的产出又形成一定的价值，转移给下一个作业，按此逐步推移，直至把最终产品提供给企业外部的顾客。最终产品作为企业内部一系列需要的总产出，凝聚了在各项作业上形成并最终转移给顾客的价值。因此，“作业链”同时也表现为“价值链”，作业的推移同时也表现为价值在企业内部的逐步积累和转移，最后形成转移给外部顾客的总价值，这个总价值就是产品的成本。

3. 成本动因

作业成本法的核心在于把“作业量”与传统成本计算方法的“数量”（如产品产量、人工工时、机器小时等）区别开来，并主张以“作业量”作为分配大多数间接成本的基础。所谓成本动因，就是决定成本发生的那些重要的活动或事项。成本动因可以是一个事件、一项活动或作业，它支配成本行为，决定成本的产生。所以，要把间接成本分配到各产品成本中，就必须了解成本行为，识别恰当的成本动因。

根据成本动因在资源流动中所处的位置通常可将其分为资源动因和作业动因两类。

1）资源动因，通俗地讲，它就是资源被各种作业消耗的方式和原因。它反映作业中心对资源的消耗情况，是资源成本分配到作业中心的标准。例如，如果人工方面的费用主要与从事各项作业的人数相关，就可以按照人数向各作业中心（作业成本库）分配人工方面的费用。在这里，从事各项作业的人数就是一个资源动因。

2）作业动因，通俗地讲，它就是各项作业被最终产品消耗的方式和原因。它反映产品消耗作业的情况，是作业中心的成本分配到产品成本的标准。例如，如果在各种产品的每份订单上所耗用的费用基本相当，就可以按照订单份数向各种产品分配订单作业成本。在这里，订单的份数就是一项作业动因。

二、作业成本的计算

（一）作业成本法的基本原理

在作业成本法下，成本费用的归集与分配是基于以下基本原理来进行的：①作业消耗资源，产品消耗作业；②生产导致作业的发生，作业导致成本的发生。

作业成本法对直接材料、直接人工等直接成本的核算与传统的成本法计算方法并无不同，其主要区别体现在间接制造费用的核算上。传统的成本计算方法对于间接制造费用，通常是在企业范围内采用一个费用分配率进行一次性分配，或者是先将制造费用按生产部门归集，按各部门的分配率进行分配。至于各生产部门制造费用分配的标准，则根据各生产部门的生产特点选择。例如，劳动密集型的部门以人工工时作为制造费用的分配标准；技术密集型的部门以机器工时为制造费用的分配标准；以耗用原材料为主的部门则以原材料成本为制造费用的分配标准等。

上述传统的制造费用分配方法最显著的特点就是，假设制造费用的发生与生产数量相联系，通常以人工工时、机器工时、原材料成本等作为制造费用的分配标准。因此，传统的制造费用分配方法满足的只是与生产数量相关的制造费用的分配。

在作业成本法下，对制造费用的核算进行了根本性的变革。具体体现在以下两个方面。

1）将制造费用由按部门进行归集和分配，改为由若干个成本库分别进行归集和分配。

2）增加了分配标准，由按单一标准（如人工工时、机器工时等）分配改为按引起制造费用发生的多种成本动因进行分配。

（二）作业成本法的基本流程

根据作业成本法计算的基本原理，采用作业成本法进行成本核算的基本流程如下。

1）对企业生产经营过程中发生的作业及其资源消耗进行详细分析，确认作业、主要作业、作业中心及成本动因，并在此基础上建立作业成本库。这一步是进行作业成本计算的关键，只有进行这样的分析，才能描述企业的作业链，发现同质作业及作业动因，从而将同质作业合并为作业中心，并按作业中心建立作业成本库。同时，才能充分地揭示资源被作业消耗的方式和原因，即资源动因。

2）将各类资源的价值耗费按资源动因分配到各作业成本库。将各类资源的价值耗费向作业成本库分配的过程中，如果某项耗费可以直接认定各项作业应负担的数额（在这种情况下，该类资源的价值耗费属于专属耗费），则可以进行直接分配。否则，就需要选择相对科学合理的量化依据作为标准，即按照资源动因进行计算分配。

3）将各作业成本库归集的成本按作业动因分配计入最终产品，计算出各种产品应负担的作业成本。在这一步中，作业动因是将作业成本库归集的成本向产品进行分配的标准。这里所体现的规则是：产出量的多少决定着作业的耗用量，而作业耗用量的多少又决定着应负担的作业成本的多少。

4）计算出各种产品的成本。将各种产品发生的直接成本和作业成本加以汇总，计算出各产品的总成本和单位成本。

（三）作业成本法计算的案例

【例 10-10】白云公司是专业制造电动自行车配件产品的小型企业，其主要生产电动自行车充电器和电动自行车电机。已知两种产品的有关成本资料如表 10-6 所示。

表 10-6　白云公司产品成本资料

产品名称	产量/件	单位产品直接成本/（元/件）		
		A 材料	B 材料	主要作业直接人工
充电器	100	50	40	50
电机	200	80	30	80

其中，A 材料由次要作业耗用，B 材料由主要作业耗用。由于该企业自动化程度较高，次要作业中不涉及人工费用。

由于产品充电器和电机加工流程及部件通用性很高，两种产品共同使用了如下四项次要作业。有关资料如表 10-7 所示。

表 10-7　白云公司作业成本资料

作业名称	成本动因	作业成本/元	生产充电器耗用作业量	生产电机耗用作业量
毛坯铸造	加工次数	4 000	5	15
零件电镀	批次数	4 000	30	10
生产线联动调试	机器小时数	40 000	200	800
机器清理及检修	调整准备次数	2 000	6	4

该企业的主要作业是零部件的组装，最终在不同的组装车间形成充电器和电机。

要求：用作业成本法计算两种产品的单位成本。

1）将次要作业成本分配到主要作业成本。

毛坯铸造的成本动因分配率＝4 000÷（5＋15）＝200（元/次）

零件电镀的成本动因分配率＝4 000÷（10＋30）＝100（元/份）

生产线联动调试的成本动因分配率＝40 000÷（200＋800）＝40（元/小时）

机器清理及检修的成本动因分配率＝2 000÷（6＋4）＝200（元/次）

分配到生产充电器的次要作业总成本＝200×5＋100×30＋40×200＋200×6＋50×100＝18 200（元）

分配到生产充电器的作业单位成本＝18 200÷100＝182（元/件）

分配到生产电机的次要作业总成本＝200×15＋100×10＋40×800＋200×4＋80×200＝52 800（元）

分配到生产电机的作业单位成本＝52 800÷200＝264（元/件）

2）将主要作业成本分配至成本对象。

充电器单位成本＝182＋40＋50＝272（元/件）

电机单位成本＝264＋30＋80＝374（元/件）

三、作业成本法的优点与局限性

（一）作业成本法的优点

作业成本法与传统成本计算方法相比，主要有以下六个方面的优点。

1. 拓宽了成本核算的范围

作业成本法建立了以作业成本为核心的成本核算体系，不仅核算出各产品成本，还核算出各作业成本，拓宽了成本核算的范围。这种以作业为核心而建立起来的由多维成本对象组成的成本核算体系，可以抓住资源向成本对象流动的关键，便于合理计算成本，有利于全面分析企业在特定产品、劳务、顾客、市场，以及各相应作业上盈利性的差别。

2. 提供了较为准确的成本信息

在传统成本计算方法下，假定所有的间接费用与直接人工、机器工时等产出数量有关，并以这些项目的数量为依据分配间接费用，但这种假定并不能反映成本对象与资源耗费之间的本质联系，可能导致成本信息的较大歪曲。尤其是在自动化程度不断提高、人工工时日益减少的情况下，这种分配方法将导致间接费用分配的严重失真，使得产量高、复杂程度低的产品成本高于其实际发生成本，而产量低、复杂程度高的产品成本又低于其实际发生成本，造成对产品成本信息的歪曲。作业成本法能够改变传统成本计算方法中标准成本背离实际成本的事实，它从成本对象与资源耗费的因果关系着手，根据资源动因将间接费用分配到作业，再按作业动因将作业成本计入成本对象，从而揭示了资源与成本对象之间“一对一”的本质联系，使间接费用的分配更具精确性和合理性，克服了传统成本计算按单一分配标准分配间接费用所造成的对成本信息的严重歪曲。

3. 有效地改进企业战略决策

在作业成本法下，由于间接成本不是均衡地在产品间进行分配，而是通过成本动因追踪到产品，因而有助于改进产品定价决策，并为是否停产老产品、引进新产品和指导销售提供准确的信息。除了定价、资源分配及优化产品组合决策，作业成本信息也有助于对竞争对手的“价格-产量”决策做出适当反应。所以说，作业成本法不仅是一种先进的成本计算方法，也是一种有效的管理工具。

4. 提供了便于不断改进的业绩评价体系

传统成本计算方法将非增值作业耗费的资源也计入成本对象，严重影响了业绩评价的客观性。作业成本法利用具体的作业信息，提高增值作业效率，力图规避无效作业。作业成本法业绩评价清晰地反映了作业、资源在增加顾客价值中所起的作用，揭示了增值作业、非增值作业，以及可供资源、实际使用资源和实际需用资源之间的差别，可为改进作业管理、优化资源配置提供有用信息。

5. 便于调动各部门挖掘盈利潜力的积极性

作业成本法的成本计算过程实际上贯穿资源流动的因果分析过程，便于明确各部门的岗位责任，揭露存在的问题，从而推动各部门不断挖掘盈利潜力，优化经营管理决策。

6. 有利于企业减少浪费

作业成本法通过对成本动因的分析，揭示了资源耗费、成本费用发生的前因后果，指明了对企业供、产、销各环节进行改进与提高的途径，从而有利于消除一切可能的浪费，全面提高企业的经济效益。

（二）作业成本法的局限性

作业成本法不是一种十全十美的成本计算方法，还存在一些局限性，主要表现在以下几个方面。

1. 在成本动因的选择上具有一定的主观性

作业成本法在成本计算过程中，需要确认资源和作业，设立作业成本库，并为每一作业成本库选择最佳的成本动因，在这一过程中，难免带有主观性和一定程度的武断性，尤其是所选择的成本动因并不是客观的、可验证的，有时甚至很难进行恰当选择。例如，厂房租赁费用和车间的一些维持性成本就很难选择合适的成本动因。这不仅为作业成本的有效实施增加了难度，同时也为管理层人为地操纵成本提供了空间。

2. 实施作业成本法的费用较高

全面实施作业成本法对于企业来说无疑是一项相当庞大的系统工程，尤其是在企业业务量大、生产经营过程复杂的情况下，不仅成本计算过程相当复杂，而且需要做许多基础性的工作，并且随着企业生产经营环节的变化、技术的创新及产品结构的调整，还需要重新进行作业的调整工作，其费用非常高。

3. 降低成本信息的可比性

作业成本法较传统成本计算方法，就产品成本所包括的内容来说，其内涵要广泛得多，包括一切为生产该产品而发生的费用，即产品成本是“全部成本”的概念。因此，在两种成本核算方法下，不仅同一个企业或车间在取得的成本信息上存在差别，而且同一种产品的成本信息也会大不相同。不言而喻，这种成本信息上的差别，必然会使企业有关资产价值的计量及企业损益的计量发生变化。成本信息变化，以及由此而带来的有关资产价值和企业损益的变化，不仅会使企业前后期的会计信息失去可比性，还会使企业的会计信息失去与其他企业的会计信息的可比性。

第三节 责任成本法

一、责任成本法基本知识

尽管责任中心的规模大小不一，各责任中心控制的区域和权责范围也不一样，但是不论层次高低、所负责任大小，责任中心都有成本发生，都要考核其责任成本。

（一）责任中心的分类

责任中心根据其控制区域和权责范围的大小，一般可分为成本中心、利润中心和投资中心三种类型。

1. 成本中心

成本中心是指那些只能控制成本从而只对成本负责的责任中心。成本中心有狭义和广义之分，狭义的成本中心是指对产品生产或劳务提供所造成的资源耗费负责的责任中心，即生产产品或提供劳务的责任中心；广义的成本中心除狭义的成本中心外，还包括那些非生产性的以控制经营管理费用为主的责任中心，也即费用中心。

成本中心的特点是没有经营权或销售权，无法控制收益，因而其责任只是对在其职权范围内发生的成本或费用负责，成本中心的目标也就是在保质保量完成生产任务或做好管理工作的前提下控制及降低成本费用。企业中的某一生产部门，如组装部或加工部，就是成本中心的实例，生产部门的管理人员不制定价格或做出营销决策，但可以控制生产成本。因此，成本控制的好坏是对成本中心管理者评价的主要依据。

成本中心是应用最广泛的一种责任中心形式，上至工厂一级，下至车间、工段、班组，甚至个人都可被划分为成本中心。成本中心的规模大小不一，因此，各成本中心控制和考核的内容也不一样。

2. 利润中心

利润中心是对利润负责的中心。利润等于收入减去成本费用，因此，利润中心实际上既要对收入负责，又要对成本费用负责。利润中心有以下两种形式。

1）自然的利润中心。这种利润中心虽然是企业内部的一个责任单位，但它既可向企业内部其他责任单位提供产品和劳务，又可直接向外界市场销售产品和提供劳务，获得收入并赚取利润。分公司、分厂就是自然的利润中心的实例。

2）人为的利润中心。这种利润中心一般不直接对外销售，只对本企业内部各责任单位提供产品或劳务，但需按内部转移价格进行内部结算，实现等价交换，并确认其成本、收入和利润。企业中的各成本中心，如果只要对其提供的产品或劳务制定内部转移价格，就是人为的利润中心。

建立人为的利润中心的主要目的是划分经济责任，正确评价各责任中心的业绩。由于能够为本中心相互提供的产品或劳务确定一个适当的内部转移价格，成本中心可以取得收入进而评价其业绩，因此，大多数成本中心总能转化为人为的利润中心。

一个部门或责任中心是否为利润中心，关键的因素是要有独立的经营决策权，即生产何种产品、生产多少、用什么材料生产等都可以由利润中心决定，否则就无法对其收入和成本负责。所以，与成本中心相比，利润中心的权力更大，但责任也更重。对于利润中心来说，营业利润是评价管理者业绩的一项重要指标。

建立利润中心的主要目的是通过授予必要的经营权和确立利润这一综合性指标来推动和促进各责任中心扩大销售、节约成本，努力实现自己的利润目标，使企业有限的资金得到最有效的利用。同时，通过利润这一综合性指标的考核，将各利润中心的经营业绩与其经济效益紧密挂钩，有效地调动全体职工的积极性。

3. 投资中心

投资中心是既对成本、收入和利润负责，又对投资负责的责任中心。与投资中心相比，利润中心只有短期的经营决策权，而投资中心除此之外还拥有长期的投资决策权，因此，投资中心在责任中心中处于最高层次，具有最大的决策权，也承担最大的责任。投资中心着重考核的是投资效益，这类责任中心一般为子公司或分公司。

投资中心实质上也是利润中心，但它的控制区域和职权范围比一般的利润中心要大得多，它与利润中心的主要区别：利润中心没有投资决策权，因而它是在企业确定投资方向后进行的具体经营；而投资中心拥有投资决策权，即当企业总部将一定数额的资本交给投资中心后，应投资什么行业、生产什么产品等都是投资中心的职责，企业总部一般不予干涉，但投资中心必须对其投资的收益负责。所以，投资中心包括利润中心的特点，但比利润中心范围更大，特别是要更多地考虑长期效益。企业的分部经常被认为是投资中心，投资中心的管理者除了控制成本和进行价格决策，还有权进行投资决策，如开设或关闭一家工厂，保持或停产某一生产线。因此，营业利润和某种类型的投资报酬率都将成为评价投资中心管理者的重要指标。

为了准确地计算出各投资中心的经济业绩，必须将各投资中心共同使用的资产划分清楚；对共同发生的成本应按适当的标准进行分配；各投资中心之间相互调剂使用的现金、存货、固定资产等，均应计息清偿，实行有偿使用。只有这样，才符合责任会计的要求，才能正确计算、评价与考核各投资中心的经济效益和工作业绩。

综上所述，成本中心、利润中心和投资中心并非各自孤立存在，每个责任中心必须对其分工负责的指标向其上一级责任中心承担经管责任。例如，最基层的成本中心（如班组）应就其经管的可控成本，向其上层的成本中心（如车间）负责；上层的成本中心（如车间）应就其本身的可控成本和下属转来的责任成本，一并向利润中心（如分厂）负责；利润中心（如分厂）应就其本身经管的收入、成本（包括下属单位转来的责任成本）和税前利润，向投资中心（如事业部）负责；投资中心（如事业部）应就其经管的投资报酬率和剩余收益，向总经理或董事会负责。这样，企业的各种类型和层次的责任中心就形成了一个“连锁责任”网络，促使每个责任中心为保证经营目标一致性的实现而协调工作。

问题与思考

- 各责任中心有何联系与区别？
- 各责任中心的考核指标包括哪些？

（二）责任成本的含义

责任成本是指由特定的责任中心所发生的耗费。当将企业的经营责任层层落实到各责任中心后，就需要对各责任中心发生的耗费进行核算，以正确反映各责任中心的经营业绩，这种以责任中心为对象进行归集的成本称为责任成本。责任成本是企业目标成本管理的核心，它可以作为评价各责任中心成本责任的履行情况，考核成本经营绩效的依据。将责任成本与经济利益相结合，就能达到控制成本费用、提高经济效益的目的。

（三）责任成本与产品成本的区别与联系

1. 责任成本与产品成本的区别

责任成本与产品成本有很大的不同，其主要区别表现在以下几个方面。

1）成本核算的对象不同。产品成本以一定种类或批次的产品为对象归集产品的生产耗费，而责任成本以责任中心为对象归集生产或经营管理费用。

2）成本核算的原则不同。产品成本的核算原则是谁受益谁承担，而责任成本的核算原则是谁负责谁承担。

3）成本核算的内容不同。产品成本既包括可控成本，又包括不可控成本，只要归属产品的，都是产品成本；而责任成本只包括可控成本，不可控成本只作为参考指标。

4）成本核算的目的不同。产品成本核算能为考核成本计划完成情况及计算利润、制定产品价格提供依据，是实施经济核算制的重要手段；而责任成本核算是为了评价和考核责任预算的执行情况，是进行成本控制和成本考核的重要手段。

2. 责任成本与产品成本的联系

分清产品成本与责任成本的区别是责任中心成本核算的一个基本前提，责任成本与产品成本虽然有许多不同点，但它们之间也存在着密切联系。

1）两者核算的原始成本信息是相同的，只是加工整理的主体不同。

2）责任成本控制的有效与否将直接影响产品成本的耗费水平，所以，虽然责任成本和产品成本控制的角度不一样，但它们的总目标是一致的。

3）如果没有不可控成本，一定时期的责任成本总额和一定时期的产品成本总额是相等的。

二、责任成本的计算

为了正确计算各责任中心的责任成本，提高成本控制的有效性，首先必须将成本划分为可控成本和不可控成本。

（一）可控成本与不可控成本

可控成本是相对于不可控成本而言的。凡是责任中心能控制的各种耗费都可称为可控成本，凡是责任中心不能控制的各种耗费都可称为不可控成本。对某个责任中心来说，可控成本应具备三个条件：①能预知将发生的各种成本费用；②能确切计量所发生的成本费用；③能为该责任中心控制并调节各种成本费用。

某个责任中心的各项可控成本之和，即为该中心的责任成本。需要注意的是，成本的可控性是就特定的责任中心、特定的期间和特定的权限而言的，因此，可控成本与不可控成本的划分不是绝对的，而是相对的。首先，某项成本对某责任中心是可控的，但对另一责任中心可能是不可控的。例如，直接材料的耗用量，对生产部门来说是可控的，但对供应部门来说是不可控的。其次，有些成本在这段时间是可控的，而在另一段时间可能是不可控的。例如，在建造新厂房之前，管理部门可以决定厂房规模的大小、成本的多少，此时，新厂房的建造成本是可控的；但厂房一旦建成，则厂房的建造成本就是不可控成本。再次，可控性还与特定的权限有关，有些成本费用对下一级责任中心来说是不可控成本，而对于上一级责任中心来说却是可控的。例如，固定性制造费用，对生产车间来说是不可控的，但对厂部来说是可控的。由此可见，对某责任中心进行成本考核，应以其可控成本为主要依据，不可控成本仅作为参考。

（二）责任成本与产品成本

责任成本的计算与产品成本的计算是两个不同的核算体系。产品成本以产品品种等为核算对象，将各种产品在各责任中心所发生的料、工、费加总起来，就是生产各该产品的生产成本。责任成本以各责任中心为核算对象，将各责任中心为生产各种产品所发生的料、工、费加总起来，就构成责任成本。所以，根据责任成本核算的特点，应建立责任成本核算体系，以保证责任成本计算的顺利进行。

责任成本核算体系的具体内容如下。

1）明确划分责任中心。

2）根据责任成本计算的要求做好各项基础工作，如原始凭证的设计与填制、计量设备的购置、内部零部件转移价格的制定等。

3）建立和完善各种内部控制制度等。

各责任中心将各月的责任成本加总起来，即为全年的责任成本。如果是成本中心，就以此作为生产业绩的考核依据。如果是利润中心或投资中心，则将其与各责任中心的收入相配比，计算出利润作为考核经营业绩或投资业绩的依据。

三、责任成本的考核

成本考核只有与目标成本责任制结合起来，才能使成本目标落到实处。目标成本责任制的核心是责、权、利相结合，如不进行考核，成本责任便无法实施，成本目标就要落空。所以说，按归口分级管理的渠道进行目标成本的考核过程，就是对目标成本管理成果的检查过程，只有经常检查考核，才能奖惩分明，激励降本增效的积极性。

在实行成本责任制的企业，成本考核是评价各责任中心特别是成本中心业绩的主要手段，通过考核，促进各责任中心控制和降低各项耗费，并借以控制和降低各种产品的生产成本及经营管理费用。成本考核工作主要包括编制和修订责任成本预算、确定成本考核指标及分析和评价最终业绩三个方面的内容。

（一）编制和修订责任成本预算

责任成本预算是根据预定的生产量、生产消耗标准和成本标准，运用弹性预算方法编制的各责任中心的责任成本核算。严格地遵守和完成责任成本预算是各责任中心应履行的职责。

弹性预算就是在编制预算时，预先估计到预算期间业务量可能发生的变动，编制出一套能适应多种业务量的成本费用预算，以便分别反映各责任中心在不同业务量的情况下所应开支的责任成本。

（二）确定成本考核指标

进行成本考核的关键在于成本考核指标的制定。企业产品的预算成本制定完成后，应进行归口分级管理，层层分解至每个有关部门，明确其经济责任和经济利益，定期考核兑现。成本考核指标主要集中于目标成本的完成情况，包括预算成本节约额和预算成本节约率两个指标。

1. 预算成本节约额

预算成本节约额是一个绝对数指标，它以绝对数形式反映目标成本的完成情况，其计算公式为

预算成本节约额＝实际产量下的预算成本－实际成本
＝实际产量×预算单位成本－实际产量×实际单位成本
＝实际产量×（预算单位成本－实际单位成本）

2. 预算成本节约率

预算成本节约率是一个相对数指标，它以相对数形式反映目标成本的完成情况，其计算公式为

预算成本节约率＝预算成本节约额÷实际产量下的预算成本×100%
＝［实际产量×（预算单位成本－实际单位成本）］
÷（实际产量×预算单位成本）×100%
＝（预算单位成本－实际单位成本）÷预算单位成本×100%

【例 10-11】梧桐公司有甲、乙、丙三个车间，每个车间只生产一种产品，均作为成本中心进行考核。各车间预算数与实际数如表 10-8 所示。

表 10-8　各车间预算数与实际数

车间	甲车间	乙车间	丙车间
预算产量	110 件	180 千克	55 吨
实际产量	100 件	200 千克	50 吨
预算单位成本	500 元/件	400 元/千克	800 元/吨
实际单位成本	508 元/件	390 元/千克	792 元/吨

甲车间预算成本节约额＝100×500－100×508＝100×（500－508）＝－800（元）

甲车间预算成本节约率＝－800÷（100×500）×100%＝－1.6%

乙车间预算成本节约额＝200×400－200×390＝200×（400－390）＝2 000（元）

$$乙车间预算成本节约率=2\ 000÷（200×400）×100\%=2.5\%$$

$$丙车间预算成本节约额=50×800-50×792=50×（800-792）=400（元）$$

$$丙车间预算成本节约率=400÷（50×800）×100\%=1\%$$

在进行责任成本考核时，应注意区分可控成本和不可控成本，不可控成本不应计入其责任成本。另外，需要注意的是，如果预算产量与实际产量不一致，应先按弹性预算的方法调整预算指标，再进行考核。

（三）分析和评价最终业绩

预算成本节约额和预算成本节约率两个指标是相辅相成的，因此，评价一个责任中心业绩时必须综合考虑两个指标的计算结果。从例 10-11 的计算结果可以看出，甲车间预算成本完成情况较差，预算成本节约额为－800 元，即超支 800 元，预算成本节约率为－1.6%，即超支 1.6%，没有完成预算；乙车间预算成本完成情况较好，预算成本节约额为 2 000 元，预算成本节约率为 2.5%，完成了预算；丙车间预算成本完成情况中等，预算成本节约额为 400 元，预算成本节约率为 1%，完成了预算。但在实际工作中，还应考虑一些具体情况。例如，几种产品耗用的材料是否相同；标准成本前一次修订时间的长短，因为如果标准成本很久没有修订，就很难适应环境的变化，这样以过时的标准来衡量现在的工作业绩，就会失之偏颇；有无特殊情况或不可预计或不可控情况的发生，只有综合考虑各方面因素的影响，业绩评价才能做到公正、合理，才能收到良好的效果。

需要说明的是，对于可控的间接费用，各责任中心还应将其划分为固定费用与变动费用分别进行考核。固定费用总额在一定相关的范围内一般不随产量的增减而变动，当实际支出与预算数有较大差异时，应视为不合理超支。变动费用按产量或有关业务量增减比例调整后，若实际支出数仍有较大超支差异，就隐含着不合理现象。

总之，责任中心的成本考核应以可控成本为重点，编制各该责任中心的业绩报告，据此可使各责任中心负责人全面了解与其有关的成本。根据业绩报告，可以进一步对差异形成的原因和责任进行剖析，充分发挥信息的反馈作用，这将有助于各责任中心积极采取措施，促使其可控成本不断降低，以最大限度地提高企业的经济效益。

本章小结

标准成本的制定应按成本项目进行，通常有直接材料标准成本、直接人工标准成本和制造费用标准成本。成本差异包括数量差异和价格差异，其中，直接材料数量差异、直接人工效率差异、变动制造费用效率差异等属于数量差异，而直接材料价格差异、直接人工工资率差异、变动制造费用耗费差异等属于价格差异。各项成本差异账户的期末余额全部转入“主营业务成本”账户。

作业成本法基于“作业消耗资源、产品消耗作业”的原则，按照资源动因将资源费用追溯或分配至各项作业，计算出作业成本，然后根据作业动因，将作业成本追溯或分配至各成本对象，最终完成成本计算的过程。

责任中心按照责权利大小分为成本中心、利润中心和投资中心，各责任中心都有成本发生，都要考核其责任成本，主要考核其可控的成本。责任成本考核指标包括预算成本节约额和预算成本节约率。

理论知识练习

一、单项选择题

1．在某公司月成本考核例会上，各部门经理正在讨论，认定直接材料价格差异的主要责任部门。你认为该责任部门应是（　　）。

A．采购部门　　B．销售部门

C．劳动人事部门　　D．管理部门

2．下列成本差异中，应该由劳动人事部门承担责任的是（　　）。

A．直接材料数量差异　　B．直接人工工资率差异

C．直接人工效率差异　　D．变动制造费用效率差异

3．在二差异分析法下，固定制造费用的差异可以分解为（　　）。

A．价格差异和产量差异　　B．耗费差异和效率差异

C．能量差异和效率差异　　D．耗费差异和能量差异

4．下列关于固定制造费用差异的表达式中，不正确的是（　　）。

A．能量差异＝（预算产量下标准工时－实际产量下标准工时）×标准分配率

B．产量差异＝（预算产量下标准工时－实际产量下实际工时）×标准分配率

C．效率差异＝（实际产量下实际工时－实际产量下标准工时）×标准分配率

D．标准分配率＝固定制造费用预算总额÷实际产量标准总工时

5．某公司生产单一产品，实行标准成本管理。每件产品的标准工时为 3 小时，变动制造费用的标准成本为 6 元，企业生产能力为每月 380 件。7 月公司实际生产产品 350 件，发生变动制造费用 2 250 元，实际工时为 1 100 小时。该公司 7 月的变动制造费用效率差异为（　　）元。

A．－30　　B．100　　C．－150　　D．－300

6．下列属于产量级作业的是（　　）。

A．加工零件　　B．设备调试　　C．生产准备　　D．产品工艺设计

7．下列属于批别级作业的是（　　）。

A．产品加工　　B．新产品设计　　C．生产准备　　D．车间管理

8．某企业内部某车间为成本中心，生产甲产品，预算产量为 900 件，预算单位成本为 10 元，实际产量为 1 000 件，实际单位成本为 8 元，则该成本中心的预算成本节约额为（　　）元。

A．800　　B．1 000　　C．18 000　　D．2 000

9．某企业内部某车间为成本中心，生产乙产品，预算产量为 2 000 件，单位成本为 300 元，实际产量为 2 450 件，实际单位成本为 270 元，则该成本中心的预算成本节约率为（　　）。

A．10%　　B．20%　　C．9.8%　　D．10.2%

二、多项选择题

1．产品标准成本的构成包括（　　）。

A．直接材料标准成本　　B．直接人工标准成本

C．变动制造费用标准成本　　D．固定制造费用标准成本

2．在下列变动成本差异中，可以从生产过程分析中找出产生原因的有（　　）。

A．直接人工效率差异　　B．变动制造费用耗费差异

C．变动制造费用效率差异　　D．直接材料价格差异

3．在标准成本差异的计算中，下列成本差异属于价格差异的有（　　）。

A．直接人工工资率差异　　B．变动制造费用耗费差异

C．固定制造费用能量差异　　D．变动制造费用效率差异

4．固定制造费用三差异分析法需要计算（　　）。

A．耗费差异　　B．产量差异　　C．能量差异　　D．效率差异

5．本月生产产品 1 200 件，使用材料 7 500 千克，材料单价为 0.55 元/千克；直接材料的单位产品标准成本为 3 元，每千克材料的标准价格为 0.5 元。实际使用工时 2 670 小时，支付工资 13 617 元；直接人工的标准成本为 10 元/件，每件产品标准工时为 2 小时。下列结论正确的有（　　）。

A．直接材料成本差异为 525 元　　B．直接材料价格差异为 375 元

C．直接人工效率差异为 1 350 元　　D．直接人工工资率差异为 240 元

6．某企业生产乙产品，月标准总工时为 14 400 小时，单位产品工时标准为 1.2 小时/件，标准变动制造费用总额为 21 600 元，标准固定制造费用总额为 187 200 元。下列相关计算中，正确的有（　　）。

A．变动制造费用标准分配率为 1.5 元/小时

B．变动制造费用标准成本为 1.8 元/件

C．固定制造费用标准分配率为 13 元/时

D．固定制造费用标准成本 14.4 元/件

7．下列关于作业成本计算法的说法中，正确的有（　　）。

A．作业成本计算法基于资源耗费的因果关系进行成本分配

B．作业成本法以“作业消耗资源、产出消耗作业”为原则

C．一项作业是指一项非常具体的业务或活动

D．根据作业活动耗用资源的情况，将资源消耗分配给作业

8．下列作业中属于非增值作业的有（　　）。

A．检验作业　　B．次品返工作业

C．印刷厂的装订作业　　D．裁缝厂的裁剪作业

9．按照企业内部责任中心的权责范围及业务活动的不同特点，责任中心一般可以划分为（　　）。

A．成本中心　　B．管理中心　　C．利润中心　　D．投资中心

10．根据责任成本管理的基本原理，成本中心只对可控成本负责。可控成本应具备的条件有（　　）。

A．该成本是成本中心可计量的

B．该成本的发生是成本中心可预见的

C．该成本是为成本中心取得收入而发生的

D．该成本是成本中心可调节和控制的

三、判断题

1．理想标准成本考虑了生产过程中不可避免的损失、故障和偏差，属于企业经过努力可以达到的成本标准。（　　）

2．变动制造费用效率差异应当由采购部门负责。（　　）

3．在作业成本法下，成本动因是成本发生的诱因，是成本分配的依据。（　　）

4．增值作业中因低效率而发生的成本属于增值成本。（　　）

5．责任成本的核算原则是谁负责谁承担。（　　）

实务操作练习

阳光公司运用标准成本系统计算甲产品成本，有关资料如下。

1）本期单位产品直接材料的标准用量为 5 千克，单位材料的标准价格为 2 元，单位产品的标准工时为 4 小时，预计标准总工时为 2 000 小时，标准工资总额为 6 000 元，标准制造费用总额为 7 200 元（其中，变动制造费用为 5 000 元，固定制造费用为 2 200 元）。

2）其他情况：本期产品的实际产量为 490 件，耗用直接人工 2 100 小时，支付工资 6 620 元，支付制造费用 7 300 元（其中，变动制造费用 5 400 元，固定制造费用 1 900 元），采购原材料的价格为 2.1 元/千克，本期领用原材料 2 050 千克。

要求：

1）编制甲产品标准成本卡，填写表 10-9。

表 10-9　甲产品标准成本卡

项目	数量标准	价格标准	单位标准成本
直接材料			
直接人工			
变动制造费用			
固定制造费用			
单位产品标准成本			

2）计算直接材料价格差异和直接材料用量差异。

3）计算直接人工效率差异和直接人工工资率差异。

4）计算变动制造费用效率差异、变动制造费用耗费差异。

5）计算固定制造费用耗费差异、能量差异、产量差异和效率差异。

6）编制上述成本差异的相关会计分录。

第十一章　成本报表与成本分析

内容提要

本章内容分为三节，主要介绍成本报表的作用和种类，以及成本报表编制与分析相关内容。通过学习本章内容，理解成本报表的意义与编制要求，掌握产品生产成本表、主要产品单位成本表和各种费用报表的编制，理解成本分析的意义和内容，掌握成本分析的基本方法，能够运用成本分析的基本方法，理解和掌握成本计划完成情况。

知识结构

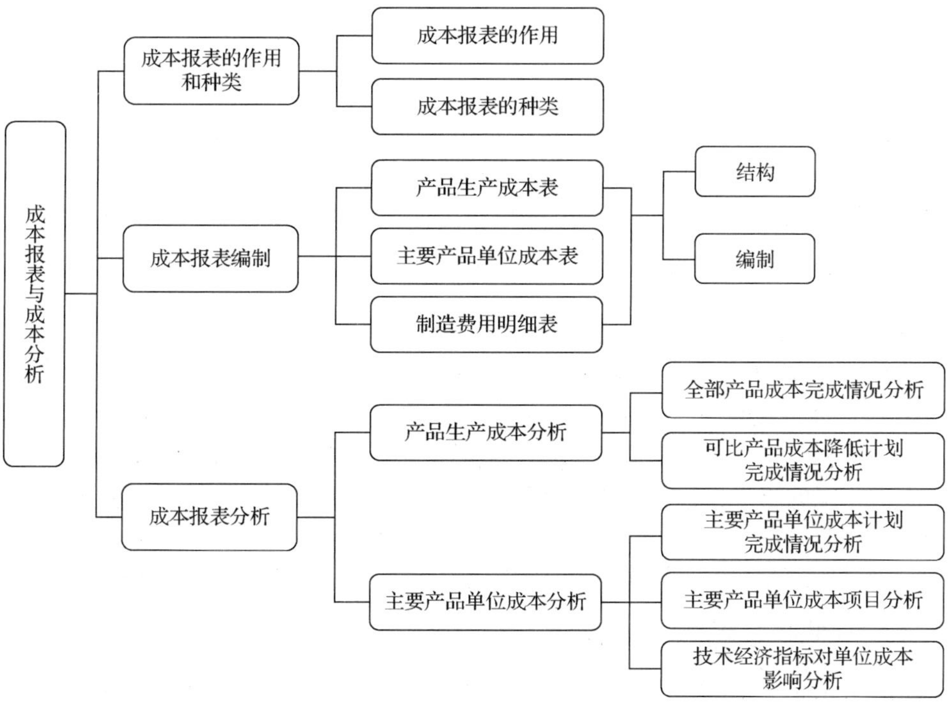

导入案例

【资料】星光办公用品股份有限公司是一家中型文教用品生产制造企业，同时面向国内市场和国际市场进行生产销售。近年来，由于国际经济危机的影响，该企业从国外市场取得的订单日益下滑，同时国内市场竞争日趋激烈，企业的经营业绩受到了很大的影响。公司董事会经过研究做出如下应对措施：加大产品研发投入，推出新产品；进行营销推广树立品牌形象，联合地区销售商抢占市场份额。经过一段时间的努力，星光公司的营业收入有较大幅度提高。但是在提交给董事会的近期财务报告中，显示企业的利润并未提高，而是持续下滑。董事会经过分析，认为是近来的成本水平变动影响了企业的财务状况和经营成果。但在对外披露的财务报告中并没有提供详尽的企业成本资料。于是董事会就此事向财务主管询问，财务经理解释说成本信息是企业的内部机密，它直接决定着企业的生命线，不属于对外披露财务信息的范畴，会计准则也并不要求企业向外披露成本报表及相关信息。星光公司一贯很重视产品成本的核算工作，但并没有进行系统的成本报表编制和分析工作。董事会认为，企业内部经营决策者在了解企业财务状况和经营成果的基础上，还需要对本公司的成本信息有充分的认识，应定期编制成本报表，及时揭示成本信息，并进行有效的成本分析工作，完善企业成本管理模式。

【问题】根据上述资料，思考并讨论以下问题。

1）企业的成本报表体系通常包括哪些内容？

2）对成本报表进行分析时需要考虑哪些方面？

3）成本分析可以使用哪些方法？

第一节　成本报表的作用和种类

成本报表是会计报表体系的重要组成部分，是根据成本管理的需要，依据日常成本核算资料和其他有关资料定期编制，用以反映和监督企业一定时期产品成本水平和构成情况，以及有关各项费用支出情况的一种报告文件，是成本会计的一项重要内容。

一、成本报表的作用

因为企业生产经营情况、资金耗费水平、产品成本构成等成本信息属于对外保密的资料，在市场经济环境中，成本信息是一种商业秘密，所以成本报表被作为向企业经营管理者提供信息进行成本分析的一种内部管理报表。但这并不意味着成本报表可有可无。成本会计应完成的任务和提供成本信息的工作是相辅相成的，成本会计的工作结果和企业成本管理的工作质量最终综合地反映在成本报表上，企业内部经营管理者借助成本报表所提供的信息达到成本管理的目的。因此，编制成本报表是企业成本管理的一项重要工作，对加强企业内部经营管理和增强企业竞争实力具有重要的作用。

1. 综合反映报告期产品成本水平

产品成本是企业生产经营活动的一项综合性指标，它反映了工业企业的供应、生产、销售和管理等各方面在生产经营活动中的成果，如材料动力消耗的多少，劳动生产率的高低，产品质量的好坏，设备利用是否充分，资金利用是否合理节约，以及劳动生产组织是否合理等，最终都会直接或间接地反映到产品成本中。利用成本报表的资料，能够及时发现企业在生产、技术、质量、管理等方面存在的问题，寻求降低产品成本的途径，提高企业的经济效益。

2. 作为评价和考核各成本中心成本管理业绩的依据

成本报表能客观地反映成本中心的管理控制业绩。利用成本报表提供的信息，可以定期评价和考核各有关部门及人员执行成本计划与预算的成绩和责任，总结经验采取有效措施保证企业的成本计划全面完成。

3. 为例外管理提供必要的线索

利用成本报表的资料进行分析，可以分析成本差异产生的原因和对产品成本升降的影响程度，把注意力集中在那些属于不正常、对成本有重要影响的关键性差异上，及时查明原因和责任，以便采取有针对性的措施来控制成本。

4. 为制定和修订成本计划提供重要的信息

计划年度的成本计划是在报告年度产品成本实际水平的基础上，结合报告年度成本计划执行情况，考虑计划年度可以出现的各种因素制定的。成本报表是反映报告期产品成本水平，考核报告期成本计划执行情况的会计报表。因此，制定成本计划的依据主要来自成本报表所提供的信息。各管理部门还可根据成本报表提供的资料，确定产品价格，对未来的成本进行预测，为企业加强成本管理提供重要的信息。

问题与思考

- 成本报表的作用有哪些？
- 成本报表的编制要求与财务报表有何不同？

二、成本报表的种类

成本报表作为企业的一种内部管理报表，它的种类、项目、格式和编制方法都是由企业根据自身生产经营的特点和内部管理的要求自行确定的。同时，在瞬息万变的市场中，企业还要随着生产条件的变化和管理要求的提高不断调整其成本策略。企业编制的成本报表可随成本策略的调整而随时进行修改和调整，具有较大的灵活性和多样性，因此，不仅各企业间成本报表的内容不尽相同，同一企业、不同时期也可能会要求编制不同的成本报表。为了充分而正确地认识和理解有关成本报表，有必要对其进行科学的分类。

（一）按反映的经济内容分类

成本报表按其反映的经济内容可以分为反映成本执行情况的报表、反映费用支出情况的报表、反映生产经营情况的报表。

1. 反映成本执行情况的报表

反映成本执行情况的报表主要有产品生产成本表和主要产品单位成本表，主要反映报告期内企业各种产品的实际成本水平。通过本期实际成本与前期平均成本、本期计划成本的比较，可以了解企业成本计划的完成情况。

2. 反映费用支出情况的报表

反映费用支出情况的报表主要有制造费用明细表等，反映企业在报告期内某些费用支出的总额及其构成情况。通过这类报表可以分析费用支出的合理程度及变化趋势，有利于企业制定费用预算，考核费用预算的实际完成情况。

3. 反映生产经营情况的报表

反映生产经营情况的报表属于反映企业某项专项成本、费用情况或成本管理中某些专题情况的报表，通常设置有生产情况表、材料耗用成本表、材料价格差异分析表等，主要反映企业在报告期内某些费用、成本的具体支出的总额及其构成情况。通过对此类信息的分析，有利于采取针对性措施加强企业的成本管理。

（二）按编制的时间分类

1. 定期成本报表

定期成本报表是指按规定期限编报的、反映企业有关成本情况的报表。按报送期限长短不同，可分为年报、季报、月报、旬报、周报、日报和班报。定期成本报表一般按月、季、年来编制，为及时反馈某些重要的成本信息，以便管理部门采取相应对策，也可以按旬、周、日乃至按工作班编制。产品生产成本表、主要产品单位成本表、制造成本明细表等都是定期报表。

2. 不定期成本报表

不定期成本报表是针对成本管理中出现的某些问题或急需解决的问题，而随时按要求编制的有关成本报表，如发生异常的成本差异，应及时将信息反馈给有关部门而编制的成本费用报表。

（三）按编制的范围分类

成本报表按编制的范围可分为全厂成本报表和车间成本报表等。一般地，产品生产成本表、主要产品单位成本表等是全厂成本报表，制造费用明细表、生产情况表既可以是全厂成本报表，也可以是车间成本报表。

在上述三种分类中，第一种分类能体现成本报表反映的经济内容，是最基本的分类。后两种分类则是对第一种分类的补充和完善。

第二节 成本报表编制

一、成本报表的特点和编制要求

（一）成本报表的特点

1. 灵活性

因为成本报表是满足企业内部成本管理需要编制的报表，不受对外报送报表所规定的要求限制，所以成本报表的种类、格式、指标项目、编报时间、报送程序和范围均可根据企业实际需要自行设计，并可根据企业的实际情况，不断进行修改与调整，具有较强的灵活性。

2. 多样性

由于成本报表是根据企业的生产特点和管理要求而设计的，不同企业的生产特点和成本管理要求有所不同，因此，成本报表在种类、格式、指标项目等方面有所不同，呈现出多样性。

3. 综合性

成本报表需要同时满足企业内部财会、生产技术、计划管理等部门对成本管理的需要，不仅要提供用于事后分析的资料，还要提供事前、事中控制所需要的大量信息。因此，成本报表不仅要设置货币指标，还要设置反映成本消耗的数量等指标，不仅包括会计核算提供的指标，还包括统计、业务核算提供的指标。成本报表包含各方面的信息，具有较强的综合性。

（二）成本报表编制的要求

成本报表除遵守会计报表的一般要求外，还应结合企业生产经营的特点和成本管理的要求，遵守以下几个方面的要求，使成本报表能够在企业生产经营的管理活动中发挥应有的作用。

1. 考虑报表的专题性

虽然有些成本报表反映的是企业成本的全貌，但作为企业内部管理的报表，专题性是其应主要考虑的内容。专题性是指成本报表的设计必须满足成本管理对某一方面的需要，重点反映成本管理的关键问题。对成本形成有重大影响和费用发生集中的部门，应单独编制有关成本报表，以提供充分的成本信息，使成本报表的编制取得理想效果。产品生产成本表一般按产品种类反映，但也可根据成本管理的需要，按成本项目反映。为了突出反映和考核主要生产部门，也可以设置生产部门的产品成本表。

2. 注意报表格式的针对性

成本报表格式的设计，要能针对某一具体业务的特点及存在的问题，突出重点，简明扼要，要避免格式繁杂、计算烦琐。

3. 达到报表指标内容的实用性

成本报表的指标设计应以满足企业内部成本管理的需要为标准，既可以用完全成本进行反映，也可以按变动成本和固定成本进行反映，还可以考虑将成本指标与生产工艺规程及各项消耗定额对照，以便从最原始的资料入手，分析成本升降的原因，挖掘降低产品成本的潜力。例如，产品生产成本表可以根据企业管理的需要和成本核算特点，按全部成本或按固定成本和变动成本反映产品生产成本情况；主要产品单位成本表的成本指标与材料的各种消耗对照等。

4. 做到编制及时

成本报表虽然是企业内部经营管理的报表，不受外部报表规定的限制，但为了反映成本计划和预算的执行情况，也要定期按月、季、年编制，以便为企业编制成本计划提供必要的成本信息。在日常核算过程中，为了及时将成本信息反馈给有关部门，以便于及时了解生产成本变化情况和发展趋势，并采取相应的措施，加强控制，降低成本，还需要编制以旬报、周报、日报甚至班报为形式的不定期成本报表，以满足企业对生产经营进行全面控制的需要。

问题与思考

- 如何理解成本报表的特点？
- 成本报表的编制有哪些要求？

二、产品生产成本表

（一）按成本项目反映的产品生产成本表

1. 按成本项目反映的产品生产成本表的结构

按成本项目反映的产品生产成本表可以说明工业企业在一定时期内全部生产成本发生的情况，使人了解产品成本发生的全貌；可以考核全部产品成本计划的执行结果，使人了解产品成本升降的情况；可以揭示成本差异，分析成本差异的原因，挖掘降低产品成本的潜力。

按成本项目反映的产品生产成本表由表首和表体组成。表首列示报表的名称、编报单位名称、编报日期、货币单位等内容。表体格式分纵栏和横栏，纵栏包括生产费用和产品生产成本合计两部分，生产费用按直接材料、直接人工、制造费用三个项目列示并结合期初和期末余额计算本期生产费用合计；横栏则列示各成本项目和产品生产成本的上年实际、本年计划、本月实际、本年累计实际等成本指标。实例如表 11-2 所示。

2. 按成本项目反映的产品生产成本表的编制

按成本项目反映的产品生产成本表根据企业本期各产品生产成本明细账、上年本表资料和本年成本计划资料编制。现举例说明该表各项目的填列方法。

【例 11-1】华阳厂生产甲、乙、丙三种产品。该厂 2020 年 12 月产品产量及成本资料如表 11-1 所示。根据以上资料编制该厂按成本项目反映的产品生产成本表（表 11-2）。

表 11-1 有关产量及成本资料

2020 年 12 月

可比产品名称	项目	2019 年实际	2020 年计划	2020 年累计
甲产品	产量/件	12 000	14 000	16 000
	年初余额/元	96 400	81 300	81 300
	年末余额/元	87 200	77 500	78 400
	直接材料/元	778 320	804 570	786 450
	直接人工/元	448 560	648 730	537 290
	制造费用/元	177 450	192 430	189 350
乙产品	产量/件	10 000	10 250	10 200
	年初余额/元	65 620	66 740	66 740
	年末余额/元	66 740	58 750	59 820
	直接材料/元	406 608	475 400	457 500
	直接人工/元	563 616	600 650	585 700
	制造费用/元	197 784	242 540	202 450
不可比产品成本	项目	2020 年计划	2020 年 12 月	2020 年累计
丙产品	产量/件	8 000	700	8 500
	年初余额/元	25 000	2 000	26 000
	年末余额/元	28 000	2 600	25 600
	直接材料/元	560 000	40 000	611 600
	直接人工/元	472 000	38 000	568 000
	制造费用/元	160 000	15 000	180 000

表 11-2 产品生产成本表（按成本项目反映）

编报单位：华阳厂　　2020 年 12 月　　单位：元

项目	上年实际	本年计划	本月实际	本年累计实际
直接材料	1 184 928	1 839 970	132 000	1 855 550
直接人工	1 012 176	1 721 380	117 800	1 690 990
制造费用	375 234	594 970	41 220	571 800
生产费用合计	2 572 338	4 156 320	291 020	4 118 340
加：在产品期初余额	162 020	173 040	26 700	174 040
减：在产品期末余额	153 940	164 250	10 958	163 820
产品生产成本合计	2 580 418	4 165 110	306 762	4 128 560

在实际工作中，按成本项目反映的产品生产成本表各项目应按下列方法编制。

1）上年实际数根据上年 12 月本表的本年累计实际数填列。

2）本年计划数根据成本计划有关资料填列。

3）本年累计实际数根据本月实际数，加上上月本表的本年累计实际数计算填列。

4）本月实际数的填列方法如下。

① 按成本项目反映的各种生产费用数，根据各种产品成本明细账所记本月生产费用合计数，按照成本项目分别汇总填列。

② 期初、期末在产品、自制半成品的余额，应根据各种产品成本明细账的期初、期末在产品成本和各种自制半成品明细账的期初、期末余额，分别汇总填列。

③ 产品生产成本合计数，按生产费用合计数加在产品、自制半成品期初余额，减在产品、自制半成品期末余额计算填制。

（二）按产品品种反映的产品生产成本表

1. 按产品品种反映的产品生产成本表的结构

按产品品种反映的产品生产成本表可以显示工业企业在一定时期内生产的全部产品的总成本和单位成本，可以考核各品种产品和全部产品成本计划的执行情况，分析各种可比产品成本降低计划的执行结果，促使企业采取有效措施，不断降低产品成本，为进行产品单位成本分析指明方向。

按产品品种反映的生产成本表由表首和表体组成。表首列示报表的名称、编报单位名称、编报日期、货币单位等内容。表体内容由可比产品成本、不可比产品成本和补充资料三部分组成，其格式分纵栏和横栏，纵栏按各种产品的名称列示；横栏分别列示各种产品的实际产量单位成本、本月总成本和本年累计总成本等成本指标，同时分别设置了上年计划、本月或本年成本数。现列示华阳厂 2019 年 12 月按产品品种反映的产品生产成本表，如表 11-3 所示。

2. 按产品品种反映的产品生产成本表的编制

按产品品种反映的生产成本表也根据企业本期各产品生产成本明细账、上年本表资料和本年成本计划资料编制。

【例 11-2】根据例 11-1 所列华阳厂有关成本资料编制按产品品种反映的产品生产成本表（表 11-3）。

在实际工作中，表 11-3 中所列各项指标的编制方法如下。

1）各种产品的本月实际产量，应根据相应的产品成本明细账填列。

2）本年累计实际产量，应根据本月实际产量加上上月本表的本年累计实际产量计算填列。

3）上年实际平均单位成本，应根据上年度本表所列全年累计实际平均单位成本填列。

4）本年计划单位成本，应根据本年度成本计划填列。

5）本月实际单位成本，应根据表中本月实际总成本除以本月实际产量计算填列。

6）本年累计实际平均单位成本，应根据表中本年累计实际总成本除以本年累计实际产量计算填列。

7）按上年实际平均单位成本计算的本月总成本，应根据本月实际产量乘以上年实际平均单位成本计算填列。

8）按上年实际平均单位成本计算的本年累计总成本，应根据本年累计实际产量乘以上年实际平均单位成本计算填列。

9）按本年计划单位成本计算的本月总成本，应根据本月实际产量乘以本年计划单位成本计算填列。

表 11-3　产品生产成本表（按产品品种反映）

编报单位：华阳厂　　　　2020 年 12 月　　　　金额单位：元

产品名称	计量单位	实际产量		单位成本				本月总成本			本年累计总成本		
		本月	本年累计	上年实际平均	本年计划	本年实际	本年累计实际平均	按上年实际平均单位成本计算	按本年计划单位成本计算	本月实际	按上年实际平均单位成本计算	按本年计划单位成本计算	本年实际
（1）	（2）	（3）	（4）	（5）	（6）	（7）	（8）	（9）＝（3）×（5）	（10）＝（3）×（6）	（11）＝（3）×（7）	（12）＝（4）×（5）	（13）＝（4）×（6）	（14）＝（4）×（8）
可比产品成本合计								249 517	263 173		3 074 878	3 205 204	2 768 560
甲	件	1 300	16 000	117.79	117.82	89.51	94.75	153 127	153 166	116 363.84	1 884 640	1 885 120	1 516 000
乙	件	850	10 200	116.69	129.42	93.89	122.8	96 865	110 007	79 805.92	1 190 238	1 320 084	1 252 560
不可比产品：丙		700	8 500		148.63	132	160		104 041	92 400		1 263 312.5	1 360 000
全部产品成本合计												4 468 516.5	4 128 560

10）按本年计划单位成本计算的本年累计总成本，应根据本年累计实际产量乘以本年计划单位成本计算填列。

11）本年实际总成本，应根据产品成本明细账或产成品成本汇总表填列。

12）本年累计实际总成本，应根据产品成本明细账或产成品成本汇总表中的本年各月产成品成本计算填列。

表 11-3 中的纵栏可分别按可比产品成本和不可比产品成本编制。可比产品是指以前年度正式生产过的产品，具有上年成本资料，应反映上年成本；不可比产品是指以前年度没有正式生产过的产品，没有以前年度的成本资料，所以不反映上年成本。

按产品品种反映的产品生产成本表中的本月实际总成本合计数和本年累计实际总成本合计数，应与按成本项目反映的产品生产成本表中的本月实际产品生产成本合计数和本年累计实际产品生产成本合计数分别核对相符。

三、主要产品单位成本表

（一）主要产品单位成本表的意义

主要产品单位成本表是反映企业在报告期内生产的各种主要产品单位成本构成情况的成本报表，是按产品品种反映的产品生产成本表中主要产品“单位成本”栏的补充和说明。

主要产品单位成本表可以反映企业各种主要产品生产的实际成本水平、成本构成和技术经济指标的现状，考核主要产品单位成本计划的执行结果，分析各项单位成本节约或超支的原因；可以将本月实际单位成本和本年累计实际平均单位成本与上年实际平均单位成本和历史先进水平进行对比，找出差距，挖掘降低成本的潜力；还可以通过各厂不同时期的此表的连续对比，分析各主要产品单位成本变化、发展的趋势，为企业编制计划、修订定额提供参考资料。

（二）主要产品单位成本表的结构

主要产品单位成本表由表首、表体构成，表首主要列示报表的名称、编报单位、编报时间、产品名称、规格、计量单位、销售单价、本月实际产量、本月累计实际产量等；表体一般包括按成本项目反映的单位成本和主要技术经济指标两个部分，并分别反映历史先进水平、上年实际平均、本年计划、本月实际和本年累计实际平均的单位成本等。技术经济指标主要反映原料、主要材料、燃料和动力的消耗数量。

（三）主要产品单位成本表的编制

【例 11-3】编制华阳厂甲产品 2020 年 12 月的单位成本表，如表 11-4 所示。

表 11-4　主要产品单位成本表

单位：华阳厂
产品名称：甲产品
产品规格：
计量单位：件

2020 年 12 月

本月实际产量：1 000
本月累计实际产量：16 000
单位：元

成本项目	历史先进水平	上年实际水平	本年计划	本月实际	本年累计实际平均
直接材料		778 320	786 450	58 000	804 570
直接人工		448 560	537 290	31 920	648 730
制造费用		177 450	189 350	10 488	192 430
生产成本		1 413 530	1 517 990	117 028	1 649 530
主要技术经济指标： 1. 主要材料 2. 燃料					

表 11-4 中各指标应分别根据产品定价表、产品成本明细账或产成品成本汇总表的有关数字，以及成本计划的有关资料填列，主要技术经济指标应根据企业成本管理的具体需要设计和填列。表中的上年实际水平、本年计划、本月实际和本年累计实际平均的单位生产成本合计数，应与按产品品种反映的产品生产成本表中相同品种、相应项目的指标核对相符。

四、制造费用明细表

（一）制造费用明细表的意义

制造费用明细表是具体反映工业企业在报告期内发生的各项制造费用及其构成情况的成本报表，一般只反映基本生产车间的制造费用情况。

通过制造费用明细表，可以按费用项目分析制造费用本年累计实际数比上年同期累计实际数的增减变化情况；可以按费用项目分析制造费用年度计划的执行情况及其原因；可以分析本月实际和本年累计实际制造费用的构成情况，并与上年同期实际构成情况和计划构成情况进行比较，分析制造费用构成的变化趋势及其原因。

（二）制造费用明细表的结构

制造费用明细表一般是按制造费用项目设置，分别反映各项费用的本年计划数、上年同期实际数、本月实际数、上年累计实际数和本年累计实际数，其格式如表 11-5 所示。

表 11-5　制造费用明细表

2020 年 12 月　　　　单位：元

项目	本年计划	上年同期实际	本月实际	上年累计实际	本年累计实际
工资及福利费					
折旧费					

续表

项目	本年计划	上年同期实际	本月实际	上年累计实际	本年累计实际
修理费					
办公费					
水电费					
保险费					
差旅费					
合计					

（三）制造费用明细表的编制

制造费用明细表的本年计划数应根据本年制造费用计划填列；上年同期实际数应根据上年本月实际数填列；本月实际数应根据本月各制造费用明细账合计汇总填列；本年累计实际数应根据上月本表的本年累计实际数加计本月实际数填列。

制造费用明细表本月实际数合计应与按成本项目反映的产品生产成本表中的制造费用项目的“本月实际”栏核对相符；年末该表的“上年累计实际”栏合计数、“本年累计实际”栏合计数，应分别与年末按成本项目反映的生产成本表中制造费用项目“上年实际”栏和“本年累计实际”栏的数字相符。

第三节　成本报表分析

一、成本报表分析的意义

成本分析是成本管理的重要组成部分。成本分析贯穿成本管理的全过程，包括事前成本预测分析、事中成本控制分析及事后分析。由于成本报表是成本信息的主要载体，成本分析也就主要是对成本报表中提供的成本信息的进一步分析，成本报表分析属于事后分析。

成本报表分析就是运用一定方法对成本报表的数据及有关资料进行加工处理，查明成本升降的各因素及其相互作用，确定各因素对成本的影响程度，挖掘降低成本的潜力的手段。通过成本报表分析，可以对企业成本计划的执行情况进行有效的控制，并对企业成本计划的执行结果进行评价；可以提示存在的问题和差距，促使企业寻求降低成本的途径和方法；可以认识和掌握成本变动的规律性，总结成本管理的经验和教训，提高企业的成本管理水平，从而提高企业的经济效益；可以为编制下期成本计划和进行经营决策提供依据。

二、成本报表分析的基本方法

（一）对比分析法

对比分析法是通过成本指标在不同时期的数据对比，确定数量差异，揭示经济活动的成绩和问题的一种分析方法。对比分析法可以采用绝对数指标对比，也可采用相对数指标对比。

1. 绝对数指标对比

1）本期实际指标与成本计划、定额或预算指标对比。通过对比，可以说明计划（定额、预算）的完成情况，揭示实际指标与计划、定额、预算指标的差异，为进一步分析指明方向。

2）本期实际指标与前期（上期、上年同期或历史上最好水平）实际指标对比。通过对比，可以考察企业的成本发展动态和变动趋势，揭示本期实际指标与前期成本指标之间的差距，有助于吸取历史经验，改进成本管理工作。

3）企业实际指标与国内外同行业先进指标对比。通过对比，可以揭示企业的成本水平与先进水平的差距，促进企业赶超先进，改善经营管理。

2. 相对数指标对比

对比分析法除用于绝对指标对比外，在很多情况下还需要进行相对数的对比分析，即通过计算和对比经济指标的比率，进行数量分析，也称为比率分析。相对数指标对比主要有以下几种形式。

1）相关指标比率分析。它是将两个不同质但相关的指标对比求出比率。例如，将成本指标与产值、销售收入、利润指标对比求出产值成本率、销售成本率和成本利润率指标等，然后用相关比率的实际数与计划（或前期实际）相关指标比率进行对比分析，以便从经济活动的客观联系中更深入地考察企业的生产经营状况。

2）构成比率分析。构成比率是指成本指标中的某项经济指标占总成本指标的比例。例如，通过计算出原材料费用、直接人工费用和制造费用等占产品成本的比例，并与企业不同时期、其他企业相同构成比率指标进行对比分析，可以反映本企业产品成本的构成是否合理和未来发展的趋势。

3）动态比率分析。它是将不同时期同类指标的数值进行对比求出比率，进行动态对比，据以分析该项指标的增减速度和变动趋势，主要包括定基比率分析和连环比率分析。定基比率分析是将不同时期的指标都与固定年度的同类指标进行比较，反映不同时期经济指标相对于固定年度指标的增减速度和发展趋势；连环比率分析是将本年经济指标与相邻前期经济指标相比较，反映本年比上年经济指标的增减幅度和发展趋势。

（二）因素分析法

因素分析法是指将某一综合指标分解为若干个相互联系的因素，按顺序分别计算和分析各因素影响程度的一种分析方法。

成本指标是一个综合性指标，它受许多因素的影响。只有把成本指标分解为若干个构成因素，才能明确成本指标完成情况的原因和责任，还能克服对比分析法的不足，即能揭示产生差异的因素和各因素对指标的影响程度。

运用因素分析法时，首先要确定综合指标由哪几个因素构成，并建立各因素与该指标之间的函数关系，然后根据分析目的，选用适当的方法进行分析，测定各因素变动对指标的影响程度。因素分析法按照计算程序可分为以下两种。

1. 连环替代法

连环替代法是在影响综合指标的各因素中，顺序地把其中一个因素当作可变的，而暂时把其他因素看作不变的进行替代，从而测定出各因素对综合指标影响程度的一种分析方法。实施该法的基本程序如下。

1）确定综合经济指标及其影响因素的实际数与基数（计划数或前期实际数）。

2）以综合指标实际数和基数的差额作为分析对象，根据各因素与指标的内在依存关系，如乘除或加减关系，确定各因素影响指标的排列顺序。

3）以基数为计算基础，按照各因素的排列顺序，逐次以各因素的实际数替代其基数，且每次替换后实际数就被保留下来，直到所有因素的基数都被实际数所替代为止。每次替换后都计算出新的结果。

4）将该因素的替代结果与这一因素被替换前的结果进行对比，两者的差额就是替换因素变动对综合指标的影响程度。

5）计算各因素变动影响结果的代数和。这个代数和就是分析对象。

【例 11-4】某产品原材料费用有关资料如表 11-6 所示，据以分析各因素变动对材料费用的影响。

表 11-6　原材料费用资料

指标	单位	计划数	实际数	差异
产品产量	台	180	200	+20
单位产品材料消耗量	千克/台	15	12	−3
材料单价	元/千克	8	10	+2
材料费用总额		21 600	24 000	2 400

分析对象：

$$24\,000-21\,600=2\,400（元）$$

关系式：

$$材料费用总额=产品产量\times单位产品材料消耗量\times材料单价$$

计划指标：

$$180\times15\times8=21\,600（元）$$

第一次替代：

$$200\times15\times8=24\,000（元）$$

$$24\,000-21\,600=2\,400（元）$$

因产品产量增加而使材料费用增加 2 400 元。

第二次替代：

$$200\times12\times8=19\ 200\text{（元）}$$

$$19\ 200-24\ 000=-4\ 800\text{（元）}$$

因单位产成品材料消耗量减少而使材料费用减少 4 800 元。

第三次替代：

$$200\times12\times10=24\ 000\text{（元）}$$

$$24\ 000-19\ 200=4\ 800\text{（元）}$$

因材料单价提高而使材料费用增加了 4 800 元。

材料费用变动差额合计＝2 400－4 800＋4 800＝2 400（元）

从例 11-4 的计算分析中可以看出，连环替代法具有以下特点。

1）计算程序的连环性。在计算每一因素变动对指标的影响程度时，除第一次替换在基数基础上进行外，每个因素的替换都在前一因素替换的基础上进行，并采用连环对比的方法确定各因素变化的影响结果。

2）因素替换的顺序性。各因素的替换顺序，要根据其内在的客观联系、影响差异的作用等顺序进行。不同的替代顺序，虽然不会改变各因素的影响数值之和，但可以改变各因素的影响数值。通常确定各因素替换顺序的原则是：先替换数量因素，后替换质量因素；先替换实物量因素，后替换价值量因素；先替换原始因素，后替换派出因素；先替换主要因素，后替换次要因素；在有除法运算的关系式中，先替换分子因素，后替换分母因素。

3）计算条件的假定性。采用连环替代法测定某一因素变动的影响时，是在某种假定条件下进行的，也就是假定其他各因素不变。这种方法计算的各因素变动的影响数值会因替代顺序的不同而有差别，因此，计算结果具有一定程度的假定性，而这种假定性的分析方法在确定事物内部各种因素影响程度时是必不可少的。

2. *差额计算分析法*

差额计算分析法是连环替代法的一种简化形式。它是利用各因素的实际数与基数之间的差额，计算出各因素变动对综合经济指标影响程度的一种分析方法。实施该法的基本程序如下。

1）确定各因素实际数与基数的差额即分析对象。

2）以某种因素的差额乘以函数关系式中排列在该因素前各因素的实际数和后面各因素的基数，得到该因素的影响程序。

3）将各因素的影响数值相加，其代数和就是分析对象。

例 11-4 的资料，采用差额计算分析法计算分析各因素变动对材料费用的影响程度。

分析对象：

$$24\ 000-21\ 600=2\ 400\text{（元）}$$

关系式：

材料费用总额＝产品产量×单位产品材料消耗量×材料单价

① 产量变动的影响：

（200－180）×15×8＝2 400（元）

② 单位产品材料消耗量变动的影响：

200×（12－15）×8＝－4 800（元）

③ 材料单价变动的影响：

200×12×（10－8）＝4 800（元）

④ 三个因素影响的结果：

2 400－4 800＋4 800＝2 400（元）

以上结果表明，差额计算分析法与连环替代法计算的结果完全相同，但简化了计算步骤。因此，在实际工作中普遍采用该种方法。

问题与思考

- 成本报表分析的方法有哪些？
- 如何分析主要产品的单位成本？

三、产品生产成本分析

（一）全部产品成本完成情况分析

工业企业全部产品包括可比产品和不可比产品，因为不可比产品没有历史成本资料，所以产品成本分析只能将实际总成本同计划总成本对比。此外，总成本的升降受到产量变动的影响，为了使成本对比指标具有可比性，在分析全部产品成本计划完成情况时，应剔除产量变动对成本计划完成情况的影响，实际总成本和计划总成本均按实际产量计算。

全部产品成本完成情况分析是一种总括性的分析。在实际工作中，主要从按产品品种和按成本项目两个方面进行分析，分别确定成本降低额和成本降低率。相关计算公式为

成本降低额＝按实际产量计算的计划总成本－实际总成本

$$=\sum（实际产量×计划单位成本）－\sum（实际产量×实际单位成本）$$

$$成本降低率＝成本降低额÷\sum（实际产量×计划单位成本）×100\%$$

1. 按产品品种进行分析

按产品品种进行分析主要根据产品生产成本表的资料，分别确定可比产品和不可比产品的成本降低额和成本降低率。

根据表11-3所列资料计算出的该企业全部产品成本和可比产品成本的计划降低额和计划降低率如下。

全部产品成本比计划降低额＝4 468 516.5－4 128 560＝339 956.5（元）

全部产品成本比计划降低率＝339 956.5÷4 468 516.5×100%≈7.6%

可比产品成本比计划降低额＝3 205 204－2 768 560＝436 644（元）

可比产品成本比计划降低率＝436 644÷3 205 204×100%≈13.62%

不可比产品成本比计划降低额＝1 263 312.5－1 360 000＝－96 687.5（元）

不可比产品成本比计划降低率＝－96 687.5÷1 263 312.5×100%≈－7.7%

如果该企业全部产品均为可比产品，则与上年对比计算降低额和降低率。由以上计算可以看出，该企业全部产品比计划总成本降低 339 956.5 元，降低率为 7.6%，其中，可比产品成本比计划降低 436 644 元，降低率为 13.62%，但不可比产品比计划超支 96 687.5 元，超支率为 7.7%。由此表明，企业本年度虽然总体上完成了全部产品成本计划，但其中包含着丙产品的成本超支，应进一步分析各产品成本计划完成和超支的原因，特别要检查有无人为混淆可比产品与不可比产品成本的情况，以确保产品成本的真实性。

2. 按成本项目进行分析

按成本项目进行分析是将产品生产成本按成本项目汇总，将实际总成本与计划总成本进行比较，确定每个成本项目的降低额和降低率。相关计算公式为

某成本项目降低额＝按实际产量计算的本年计划该成本项目总额－本年实际该成本项目总额

某成本项目降低率＝某成本项目降低额

$\div\sum$（实际产量×本年计划该成本项目单位成本）×100%

全部产品直接材料降低额＝1 839 970÷32 250×34 700－1 855 550

≈1 979 750.67－1 855 550

≈124 200.67（元）

上式计算中：1 839 970÷32 250≈57.05（元）为直接材料计划单位成本；

1 839 970÷32 250×34 700≈1 979 750.67（元）为按实际产量计算的直接材料本年计划总额。

全部产品直接材料降低率＝124 200.67÷1 979 750.67×100%≈6.27%

直接人工、制造费用降低额、降低率的计算原理与此相同。

全部产品直接人工降低额＝1 721 380÷32 250×34 700－1 690 990

≈1 852 151.50－1 690 990

≈161 161.5（元）

全部产品直接人工降低率＝161 161.5÷1 852 151.50×100%≈8.7%

全部产品制造费用降低额＝594 970÷32 250×34 700－571 800

≈640 169.27－571 800

≈68 369.27（元）

全部产品制造费用降低率＝68 369.27÷640 169.27×100%≈10.68%

经过计算：该企业全部产品完成了成本计划，主要是由于产品直接材料费用比计划降低 124 200.67 元，降低率为 6.27%；直接人工比计划降低 161 161.5 元，降低率为 8.7%；制造费用比计划降低 68 369.27 元，降低率为 10.68％。同时，直接材料的成本降低率低于直接人工和制造费用的成本降低率。因此，还应进一步分析，结合产品生产的实际情况查明各成本项目节约的具体原因，以便采取有效措施，降低产品成本。

（二）可比产品成本降低计划完成情况分析

1. 可比产品成本降低计划完成情况的计算

在全部产品成本中，可比产品成本一般占有很大比例。因此，可比产品成本分析是生产成本报表分析的重要内容。在企业成本计划中，对可比产品不但制定了计划成本，还确定了成本降低任务的指标，即计划成本降低额和降低率。可比产品成本降低任务完成情况的分析，就是通过可比产品实际成本降低额和降低率与计划成本降低额和降低率进行比较，评价可比产品成本降低任务的完成情况。相关计算公式为

$$计划成本降低额=\sum[计划产量\times(上年实际单位成本-本年计划单位成本)]$$

$$计划成本降低率=计划成本降低额\div\sum(计划产量\times上年实际单位成本)\times100\%$$

$$实际成本降低额=\sum[实际产量\times(上年实际单位成本-本年实际单位成本)]$$

$$实际成本降低率=实际成本降低额\div\sum(实际产量\times上年实际单位成本)\times100\%$$

使用表 11-1 和表 11-3 提供的资料，本年度可比产品计划降低额和降低率计算如下。

$$\begin{aligned}计划成本降低额&=14\,000\times(117.79-117.82)+10\,250\times(116.69-129.42)\\&=-420+(-130\,482.5)\\&=-130\,902.5（元）\end{aligned}$$

$$计划成本降低率=-130\,902.5\div(14\,000\times117.79+10\,250\times116.69)\times100\%\approx-4.6\%$$

$$实际成本降低额=3\,074\,878-2\,768\,560=306\,318（元）$$

$$实际成本降低率=306\,318\div3\,074\,878\times100\%\approx9.96\%$$

经过上述计算和对比可以看出，可比产品成本降低任务的完成情况可从两个方面分析：从绝对额看，实际成本降低额比计划成本降低额增加了 437 220.5 元［306 318－（－130 902.5)］；从相对数看，实际成本降低率比计划成本降低率提高了 14.56%［9.96%－（－4.6%)］。由此可见，企业超额完成了可比产品成本降低任务。

2. 可比产品成本降低情况的因素分析

通过可比产品成本降低额和降低率的有关计算得知，在多种产品生产情况下，影响可比产品成本降低计划完成的因素主要有产量、产品品种结构和单位成本。各因素对可比产品成本降低指标的影响程度主要采取差额分析法进行分析。

1）产量因素分析。如果其他条件不变，只考虑产品产量因素，则单纯的产量变化只影响成本降低额，不影响成本降低率。因为各种产品的产量计划完成率相同，计算成本降低率时因分子、分母都具有相同的产量增减比例而不变。产品产量因素变动对成本降低的影响可按下列公式计算。

$$\begin{aligned}产量变动对成本降低额的影响&=\sum[(实际产量-计划产量)\times上年实际单位成本]\\&\quad\times计划成本降低率\\&=[(16\,000-14\,000)\times117.79+(10\,200-10\,250)\\&\quad\times116.69)]\times(-4.6\%)\\&\approx-10\,568.3（元）\end{aligned}$$

计算表明，产品产量因素变动使商品产品总成本实际降低额比计划降低额减少了10 568.3元。

2）产品品种结构因素分析。产品品种结构是指各种产品产量占总产量的比例，从实质上讲，全部可比产品成本降低率是以各种可比产品的个别成本降低率为基础，以各种可比产品的产量比例为权数计算的平均成本降低率。因此，可比产品成本降低率的变动必然受到各种产品产量比例和单位成本的影响。由于各种可比产品成本降低率在通常情况下都不相同，成本降低幅度大的产品产量在全部可比产品产量的比例比计划提高时，可比产品成本降低率就会随之提高，成本降低额也就增加；反之则相反。产品品种结构因素变动对成本降低额和降低率的影响可用下列公式计算。

品种结构变动对成本降低额的影响＝∑［实际产量×（年实际单位成本－计划单位成本）］
－∑（实际产量×上年实际单位成本）
×计划成本降低率
＝［16 000×（117.79－117.82）＋10 200
×（116.69－129.42）］－（16 000×117.79
＋10 200×116.69）×（－4.6%）
＝11 118.39（元）

品种结构变动对成本降低率的影响＝品种结构变动对成本降低额的影响额
÷∑（实际产量×上年实际单位成本）×100%
＝11 118.39÷（1 600×117.79＋10 200×116.69）×100%
≈0.36%

计算表明，产品品种结构因素变动使产品总成本实际降低额比计划降低额增加11 118.39元，使成本降低率提高了0.36%。

3）单位成本因素分析。可比产品计划成本降低额和实际成本降低额都是以上年度单位成本为基础进行对比的。因此，可比产品成本降低任务的完成程度，实际上是各种产品单位成本发生变化的结果，也就是说，当本年度可比产品实际单位成本比计划单位成本降低或升高，必然会引起成本降低额和降低率升高或降低。产品单位成本的变动与成本降低额和降低率的变动呈相反方向。单位成本因素变动对成本降低任务完成的影响可用下式计算。

单位成本变动对成本降低额的影响＝∑［实际产量×（计划单位成本－实际单位成本）］
＝16 000×（117.82－94.75）＋10 200
×（129.42－122.8）
＝436 644（元）

单位成本变动对成本降低率的影响＝单位成本变动对成本降低额的影响÷∑（实际产量
×上年实际单位成本）×100%
＝436 644÷（16 000×117.79＋10 200×116.69）×100%
≈14.2%

计算表明，单位成本因素变动使可比产品总成本实际降低额比计划降低额增加了

436 644 元，使成本降低率提高了 14.2%。

四、主要产品单位成本分析

（一）主要产品单位成本分析的意义

对企业成本计划完成情况的分析，仅仅是在总体上说明企业成本计划的完成情况，对完成或未完成计划的原因做出综合性的分析。为了揭示各种产品单位成本及成本项目的变动情况，进一步查明成本升降的原因，寻找降低成本的途径和方法，需要对各种产品的单位成本进行分析。由于企业生产产品的种类较多，为了突出分析工作的重点，一般只对主要产品进行分析。主要产品是指在企业总产品中，产品成本所占的比例较大，能代表企业生产经营状况、体现企业经营管理水平的产品。主要产品单位成本分析的主要内容包括主要产品单位成本计划完成情况分析、主要产品单位成本项目分析和技术经济指标对单位成本影响分析三个方面。

（二）主要产品单位成本计划完成情况分析

主要产品单位成本计划完成情况分析，应采用比较分析法，计算实际单位成本比计划、比上期、比历史先进水平的升降情况，以便对某些产品进一步按成本项目比较其成本变动情况，查明影响单位成本升降的原因。

由表 11-3 可以看出，甲产品单位成本实际比计划有较大的降低，可作为深入分析的重点。经过分析表明，甲产品实际单位成本比计划下降了 23.07 元，降低率为 19.58%，主要原因是直接材料节约 8.35 元，降低率为 7.1%；直接人工节约 12.78 元，降低率为 10.85%；制造费用节约 1.94 元，降低率为 1.63%。对此应结合生产情况对各成本项目做进一步具体分析。

（三）主要产品单位成本项目分析

1. 直接材料项目分析

直接材料的变动主要受单位产品原材料消耗数量和原材料单价两个因素变动的影响。变动影响的计算公式为

原材料消耗数量变动的影响＝（实际单位耗用量－计划单位耗用量）×原材料计划单价

原材料单价变动的影响＝（原材料实际单位－原材料计划单价）×单位产品实际材料耗用量

【例 11-5】根据乙产品所耗 A、B 两种材料的有关资料（表 11-7），进行直接材料费用的分析。

表 11-7 乙产品材料消耗资料表

原材料名称	材料耗用量/千克		材料单价/元		原材料费用/元	
	计划	实际	计划	实际	计划	实际
A	40	42	3	3.5	120	147
B	20	15	5	5.4	100	81

直接材料消耗量变动的影响＝（42－40）×3＋（15－20）×5＝－19（元）

直接材料价格变动的影响＝42×（3.5－3）＋15×（5.4－5）＝27（元）

计算表明，直接材料费用增加 18 元，其中，直接材料消耗量变动使直接材料费用降低 19 元，而直接材料价格变动使直接材料费用升了 27 元。有必要对影响直接材料耗用量变动和直接材料单价变动的主要因素做进一步分析。

（1）影响材料耗用量变动的因素

1）材料质量的变化。实际购入和消耗的材料质量有高低。当材料质量较低时，造成废品增加，必然使材料消耗量增加。因此，必须加强材料质量管理，严把材料入口关，使生产所用材料的质量得到保证。

2）产品生产工艺和操作方法的改变。在产品生产过程中，不断改进生产工艺，改革加工的操作方法，就会不断地提高各种材料的利用率，降低材料的消耗。

3）产品设计的改进。产品设计上的浪费是根本的浪费，不断改进提高设计水平，改进结构，将使产品质量更高，体积更小，重量更轻，从而减少材料消耗，降低材料费用。同时，结构的改进也会使通用件、标准件用量增加，从而减少材料消耗。改进产品设计、减轻产品重量对单位产品原材料费用的影响的计算公式为

改进产品设计、减轻产品重量对原材料费用的影响＝产品重量改变前的原材料成本
×（1－改进后产品实际重量
÷改进前产品实际重量）

假设前述乙产品由 01、02 两个部件组成，其中，01 部件由 B 材料制成，通过改进产品设计，该部件的重量由原来的 20 千克减少为 16 千克，该部件的计划单位成本为 100 元，则

节约原材料费用＝100×（1－16÷20）＝20（元）

4）原材料利用率的变动。材料在产品成本中只有较大比例，提高材料利用率是降低材料成本的重要途径；反之，如果忽视原材料在产品生产或加工过程中的合理利用，增加废弃的边角料，则会加大原材料的耗费，导致原材料成本上升。原材料利用率变动对单位产品原材料费用的影响可按下列公式计算。

实际原材料利用率＝实际利用材料消耗量÷投入生产的原材料重量×100%

原材料利用率变动对单位产品原材料费用的影响＝基期原材料费用×（1－基期材料利用率÷实际材料利用率）

假设前述乙产品 01 部件由 A 材料制成，计划材料利用率为 84% ，单位部件计划材料成本为 134 元，本月投入生产的 A 材料为 4 000 千克，实际利用的 A 材料 3 200 千克，则

实际材料利用率＝3 200÷4 000×100%＝80%

原材料费用降低额＝134×（1－84%÷80%）
＝134×（－5%）
＝－6.7（元）

即实际材料利用率的下降使材料费用比计划超支 6.7 元。

5）原材料作用或配料比例的变化。在保证产品质量的前提下，合理地使用普通材

料代替贵重材料，选用经济合理的技术配方，既可以扩大材料的来源，又可以节约材料成本。原材料代用或配料比例变化对材料成本的影响的计算公式为

材料代用对单位产品原材料费用的影响＝（单位产品代用前材料耗用量－单位产品代用后材料耗用量）×该种材料计划单价

配方变化对单位产品原材料费用的影响＝单位产品实际耗用配料总量×（按实际配方计算的平均单价－按原配方计算的平均单价）

（2）影响直接材料价格变动的因素

影响直接材料价格变动的主要因素有两个：一是材料采购价格；二是采购费用。

1）材料采购价格的变动。材料采购的价格大多是市场采购时确定和支付的。这种材料采购价格的变动一般属于与企业无关因素。应引起注意的是与企业或企业内部人员有关的因素，如采购地点或供应商选择不当而提高了采购价格等。对于材料采购价格的变动，要结合市场供求、材料价格变动、材料质量等认真查明原因，明确具体责任归属。

2）采购费用的变动。运输部门调整运费时，会引进采购费用的变化，这种变化属于企业无关的因素。当采购地点、运输方式等发生变动时都会引起采购费用的变化，从而影响材料价格的变动。企业应从降低采购成本出发，选择适当的采购地点和运输方式。

2. 直接人工费用分析

单位产品直接人工费用的变动，主要受劳动生产率（效率差异）和平均工资水平（工资率差异）两个因素变化的影响。劳动生产率提高意味着单位产品消耗工时减少，然而，随着劳动生产率的提高，平均工资水平也有所增长，使单位产品的工资费用有所增加。因此，只有劳动生产率增长超过平均工资水平增长速度时，才会使单位产品成本降低。劳动生产率和平均工资增长率变化对单位产品直接人工费用的影响可按下列公式计算。

单位产品工时耗用量变动对单位产品成本影响额（效率差异）

＝（单位产品实际工时消耗量－单位产品计划工时消耗量）×计划平均小时工资率

平均小时工资率变动对单位产品成本影响额（工资率差异）

＝单位产品实际工时消耗量×（实际平均小时工资率－计划平均小时工资率）

【例 11-6】乙产品直接人工成本相关资料如表 11-8 所示。

表 11-8　乙产品直接人工成本相关资料

项目	本年计划	本年实际
单位产品工时耗用量/小时	18	15
平均小时工资率	4	5
单位产品直接人工成本/元	72	75

工时耗用量变动对单位成本的影响＝（15－18）×4＝－12（元）

平均小时工资率变动对单位成本的影响＝15×（5－4）＝15（元）

两个因素共同影响＝15－12＝3（元）

通过上述计算表明，乙产品单位成本中直接人工成本实际比计划超支 3 元，主要是

单位产品工时耗用量减少 3 小时，使单位产品工资成本减少 12 元，但平均小时工资增长 1 元，使单位产品工资上升 15 元。由此可以看出，直接人工成本项目超支主要是因为工资水平增长高于劳动生产率的提高所致。

3. 制造费用项目分析

由于制造费用分配标准通常是工时消耗量，因此，单位产品制造费用的变动主要受单位工时消耗量和小时费用分配率变动的影响，这两个因素对制造费用变动的影响程度可通过下列公式计算。

工时耗用量变动的影响＝（实际单位工时消耗量－计划单位工时消耗量）×计划小时费用分配率

费用分配率变动的影响＝（实际小时费用分配率－计划小时费用分配率）×实际单位工时消耗量

【例 11-7】乙产品制造费用相关资料如表 11-9 所示。

表 11-9 乙产品制造费用相关资料

项目	单位产品工时消耗量/小时	小时费用分配率/%	单位产品制造费用/元
本年计划	18	4	72
本年实际	16	3	48

工时消耗量变动的影响＝（16－18）×4＝－8（元）

费用分配率变动的影响＝（3－4）×16＝－16（元）

两个因素变动的影响＝－8＋（－16）＝－24（元）

以上计算表明，实际工时消耗量比计划工时消耗量减少 2 小时，使单位产品制造费用节约 8 元，实际制造费用分配率比计划制造费用分配率下降 1%，使单位产品制造费用节约 16 元。

（四）技术经济指标对单位成本影响分析

技术经济指标是指与企业的生产技术特点有着内在联系的经济指标。由于不同企业的生产技术特点不同，用来考核各企业的技术经济指标也各不一样，而且不同的技术经济指标影响单位成本的途径也不一致。在此主要从产品的产量、产品质量和劳动生产率等技术经济指标的变动对单位成本的影响进行分析。

1. 产品产量变动对单位成本的影响

产品成本中既有变动成本也有固定成本，当产量变动时，单位产品的变动费用没有变化，固定成本总额也不会发生变化，但是单位产品中的固定成本会随产量的增加而减少或随产量的减少而增加。可见，产量变动对单位成本所负担的固定费用产生影响，这种影响程度的计算公式为

单位产品成本降低额＝基期单位成本中的固定成本×［1－1÷（1＋产量增长率）］

单位产品成本降低率＝单位产品成本降低额÷基期产品单位成本×100%

【例 11-8】乙产品成本相关资料如表 11-10 所示。

表 11-10 乙产品成本相关资料

项目	产量/件		单位成本/元		总成本/元	
	计划	实际	计划	实际	计划	实际
变动费用			18	18	1 728	2 160
固定费用			10	8	960	960
合计	96	120	28	26	2 688	3 120

产量增长率＝（120－96）÷96×100%＝25%

单位产品成本降低额＝10×［1－1÷（1＋25%）］

单位产品成本降低率＝2÷28×100%＝7.14%

以上分析结果表明，产量提高 25%，单位成本下降 7.14%，这实际上是由产量增加而单位固定费用相对节约造成的。

2．产品质量变动对单位成本的影响

在生产消耗水平不变的前提下，产品质量对产品单位成本也会产生影响。产品质量的指标一般有反映本身质量的指标（如等级产品）和反映工作质量的指标（如合格品率、废品率等）。产品质量对单位成本的影响可以从不同角度分析，下面仅以废品率和等级产品系数指标的变动对产品单位成本的影响进行说明。

（1）废品率变动对单位成本的影响

在生产一定数量产品的情况下，废品越少，合格品就越多，废品的数量不计入产量，但废品的损失由合格产品的成本负担。在其他因素不变的条件下，合格品率越高，废品率则越低，单位产品成本也就越低。废品率变动对产品单位成本的影响可由下列公式计算。

单位产品成本降低率＝（上年实际废品率－本年实际废品率）÷（1－本年实际废品率）×100%

【例 11-9】 企业由于提高工人操作技能，废品率由上年的 2% 降为本年的 1%，则废品率的这一变化对单位产品的影响为

单位产品成本降低率＝（2%－1%）÷（1－1%）×100%≈1.01%

（2）等级系数变动对单位成本的影响

等级系数是各等级产品产量折合成一等品的产量占折合前总产量的比例。等级系数越高，说明产品质量越好。但不同等级产品的单位成本是相同的。因此，分析等级系数对单位成本的影响，就是指质量的变动引起等级系数发生变动，在平均单位成本不变的情况下，折合为一等品产量的单位成本相应发生变动的数额。相关计算公式为

单位产品成本降低额＝折合为一等品计划单位成本×（1－计划等级系数÷实际等级系数）

单位产品成本降低率＝1－计划等级系数÷实际等级系数

【例 11-10】企业等级产品相关资料如表 11-11 所示。

表 11-11　企业等级产品相关资料

产品等级	折合率	产量/件		折合一等品产量/件		计划单位成本/元
		计划	实际	计划	实际	
一等品	1	100	120	100	120	80
二等品	0.8	60	50	48	40	80
合计		160	170	148	160	

计划等级系数＝148÷160×100%＝92.5%

实际等级系数＝160÷170×100%≈94.12%

实际等级系数由 92.5%提高到 94.12%，说明产品质量提高，这样折合为一等品的单位成本就会下降，计算公式为

单位产品成本降低额＝折合为一等品计划单位成本×（1－计划等级系数÷实际等级系数）

＝（160×80）÷148×（1－92.5%÷94.12%）

≈1.49（元）

单位产品成本降低率＝1－计划等级系数÷实际等级系数

＝1－92.5%÷94.12%

≈1.72%

3．*劳动生产率变动对单位成本的影响*

劳动生产率提高意味着单位产品所耗时间减少，从而使产品负担的工资成本相应地减少。但在实际工作中，劳动生产率的提高往往伴随着工资率的增长，从而会使单位产品成本提高。因此，只有劳动生产率的增长速度超过工资率增长速度，才能使产品成本降低。劳动生产率变动对单位成本的影响的计算公式为

单位产品成本降低额＝［1－（1＋平均工资增长率）÷（1＋劳动生产率增长率）］×基期（或计划）单位产品的工资成本

单位产品成本降低率＝单位产品成本降低额÷基期（或计划）单位成本×100%

其中：

劳动生产率增长率＝［单位产品基期（或计划）工时消耗－单位产品实际工时消耗］÷单位产品实际工时消耗×100%

平均工资增长率＝［实际平均小时工资率－基期（或计划）平均小时工资率］÷基期（或计划）平均小时工资率×100%

【例 11-11】某产品成本分析资料如表 11-12 所示。

表 11-12　某产品成本分析资料

指标	本年计划	本年实际
单位产品工时消耗/小时	1 200	1 000
小时平均工资率	4	4.4
单位产品工资成本/元	4 800	4 400
单位产品成本	8 000	7 800

劳动生产增长率＝（1 200－1 000）÷1 000×100%＝20%
平均工资增长率＝（4.4－4）÷4×100%＝10%
单位产品成本降低率＝4 800×［1－（1＋10%）÷（1＋20%）］＝400
单位产品成本降低率＝400÷8 000×100%＝5%

本 章 小 结

成本报表是会计报表体系的重要组成部分，是根据成本管理的需要，依据日常成本核算资料和其他有关资料定期编制，用以反映和监督企业一定时期产品成本水平等构成情况，以及有关各项费用支出情况的一种报告文件。它综合反映报告期产品成本水平，作为评价和考核各成本中心成本管理业绩的依据，为成本管理提供必要的线索，为制定和修订成本计划提供重要的信息。成本报表可按反映的经济内容分为反映成本执行情况的报表、反映费用支出情况的报表、反映生产经营情况的报表。成本报表具有灵活性、多样性、综合性的特点。成本报表的编制应考虑报表的专题性、注意报表格式的针对性、达到报表指标内容的实用性、做到编制及时。成本报表分析就是运用一定方法对成本报表的数据及有关资料进行加工处理，查明成本升降的各因素及其相互作用，确定各因素对成本的影响程度，挖掘降低成本的潜力的手段。成本报表分析可采用对比分析法、因素分析法。产品生产成本表的分析主要是全部产品总成本计划的完成情况分析和可比产品成本降低计划完成情况分析。

理论知识练习

一、单项选择题

1．劳动生产率的增长速度（　　）工资率增长速度时，才会使产品成本降低。
A．等于　　B．超过　　C．小于　　D．等于或大于

2．产量变动因素对企业降低主要产品成本的影响为（　　）。
A．只影响成本降低额，不影响成本降低率
B．既影响成本降低额，又影响成本降低率
C．不影响成本降低额，只影响成本降低率
D．成本降低额、成本降低率都不受影响

3．产品品种结构变动因素对企业降低主要产品成本的影响是（　　）。
A．只影响成本降低额，不影响成本降低率
B．既影响成本降低额，又影响成本降低率
C．不影响成本降低额，只影响成本降低率
D．成本降低额、成本降低率都不受影响

二、判断题

1．成本报表只能定期进行编制。（　　）

2．制造费用明细表不需要“本年计划”栏。（　　）

3．用连环替代法分析各因素对指标的影响值，采用不同替代顺序，其计算结果总是相同的。（　　）

4．产品单位成本降低只影响成本降低额，不影响成本降低率。（　　）

5．成本报表的种类、格式可根据企业实际需要自行设计。（　　）

6．按成本项目反映的成本报表可以考核全部产品成本计划的执行情况。（　　）

7．按产品品种反映的成本报表可以反映工业企业在一定时期内全部生产成本发生的情况。　　）

8．对比分析法只能用绝对指标。（　　）

9．可比产品成本降低率的变动必然受到各种产品产量比例和单位成本的影响。（　　）

10．分析全部产品成本计划完成情况时，实际总成本和计划总成本均按实际产量计算。（　　）

实务操作练习

一、分析全部产品成本完成情况

海峰公司生产 A、B、C 三种产品，A、B 产品系上年度已生产过的产品，C 产品系本年新产品，本期各种产品产量和单位成本如表 11-13 所示。

表 11-13　本期各种产品产量和单位成本

产品	产量/件		单位成本/元		
	计划	实际	上年	本期计划	本期实际
A	900	1 000	170	160	140
B	1 800	1 800	80	82	78
C	1 000	1 200		120	110

要求：

1）根据上述资料，确定可比产品成本的降低任务，分析其完成情况。

2）分析全部产品成本计划的完成情况。

二、分析产品单位成本

资料：产品单位成本相关资料如表 11-14 所示。

表 11-14　产品单位成本相关资料

单位：元

项目	计划	实际
直接材料	700	780
直接人工	120	140
制造费用	80	80

要求：用因素分析法分析产品单位成本。

三、编制按成本项目反映的产品生产成本表

某企业生产 101、102、103 三种产品，产品成本明细账中相关资料如表 11-15 所示。

表 11-15　产品成本明细账中相关资料

单位：元

项目		101 产品	102 产品	103 产品
本月生产费用	直接材料	14 440	13 000	14 000
	直接人工	4 400	5 600	6 070
	制造费用	10 900	8 000	8 080
在产品成本	期初余额	1 500	13 770	12 400
	期末余额	17 400	17 230	15 600

该企业上年实际成本、本年计划成本和本年累计实际成本资料如表 11-16 所示。

表 11-16　该企业上年实际成本、本年计划成本和本年累计实际成本资料

单位：元

项目		上年实际	本年计划	本年累计实际
生产费用	直接材料	454 960	411 310	421 270
	直接人工	174 550	193 840	182 410
	制造费用	323 088	288 070	294 607
在产品	期初余额	49 200	47 920	38 498
	期末余额	38 498	39 860	50 230

要求：编制按成本项目反映的产品生产成本表。

四、编制按产品品种反映的产品生产成本表

某企业生产 201、202、203 三种产品，201、202 产品为可比产品，203 为不可比产品。产品生产相关资料如表 11-17 所示。

表 11-17　产品生产相关资料

产品名称	产量/件		单位成本/元			
	9 月末累计	本月实际	上年实际平均	本年计划	本年实际	累计实际平均
201	1 100	100	326.2	324.6	323	321.6
202	2 450	200	268.4	270	273.6	271.2
203	3 500	300	—	—	212.8	210.6

要求：编制按产品品种反映的产品生产成本表。

参 考 文 献

崔国萍，2021．成本管理会计[M]．北京：机械工业出版社．

丁小云，王秀春，2015．成本会计[M]．2 版．上海：上海财经大学出版社．

胡玉明，潘敏虹，2019．成本会计[M]．4 版．厦门：厦门大学出版社．

刘金彬，曹明才，2018．成本会计学[M]．北京：北京理工大学出版社．

潘飞，乐艳芬，2018．成本会计[M]．5 版．上海：上海财经大学出版社．

万寿义，任月君，2016．成本会计[M]．4 版．大连：东北财经大学出版社．

谢培苏，2016．成本会计[M]．2 版．北京：科学出版社．

于富生，黎来芳，张敏，2018．成本会计学[M]．8 版．北京：中国人民大学出版社．

袁堂梅，2018．成本会计学[M]．北京：清华大学出版社．

ZY